Xadrez internacional
e social-democracia

Fernando Henrique Cardoso

Xadrez internacional
e social-democracia

PAZ E TERRA

© 2010, Fernando Henrique Cardoso

Preparação de originais: Gabriela Delgado
Revisão: Simone Zac
Projeto gráfico e diagramação: Acqua Estúdio Gráfico
Capa: Miriam Lerner

CIP-BRASIL. CATALOGAÇÃO NA FONTE
SINDICATO NACIONAL DOS EDITORES DE LIVROS, RJ

C261x

Cardoso, Fernando Henrique, 1931-
    Xadrez internacional e social-democracia / Fernando Henrique Cardoso. – São Paulo : Paz e Terra, 2010.
    224p.

    Inclui bibliografia
    ISBN 978-85-7753-130-1

    1. Política internacional. 2. Crise econômica. 3. Economia. 4. Democracia. 5. Desenvolvimento econômico – Brasil. 6. Desenvolvimento econômico – América Latina. I. Título.

10-3084.   CDD: 327
CDU: 327

020115

EDITORA PAZ E TERRA LTDA.
Rua do Triunfo, 177
Santa Ifigênia, São Paulo, SP — CEP 01212-010
Tel.: (011) 3337-8399
E-mail: vendas@pazeterra.com.br
Home page: www.pazeterra.com.br
2010
Impresso no Brasil / *Printed in Brazil*

Para Danielle Ardaillon e Eduardo Graeff, amigos e colaboradores cujo crivo crítico melhora, há décadas, a qualidade de meus escritos.

Sumário

Introdução	....	9
1	As surpresas do capitalismo	29
2	A cena global e os limites à hegemonia norte-americana	51
3	Desdobramentos da crise financeira	77
4	Novos caminhos na América Latina?	95
5	Desafios e perspectivas da democracia	125
6	Os fundamentos da estabilidade	143
7	Autonomia pela inserção: o caso do Brasil	167
8	Políticas sociais no Brasil	195
Bibliografia	....	221

Introdução

Este livro reúne textos escritos nos últimos três anos com propósitos diversos. Possuem, entretanto, um fio condutor: eles analisam as consequências das grandes transformações econômico-políticas mundiais sobre a América Latina e, mais diretamente, sobre o Brasil. Trata-se de antiga obsessão minha. Nos anos 1950 e 1960, dediquei boa parte de meus estudos às teorias do desenvolvimento e às limitações impostas pelo "imperialismo". A questão, em contexto diverso, era a mesma: que oportunidades teriam países como o Brasil para crescer economicamente e se desenvolver socialmente num clima de liberdade? A despeito de a situação mundial nos condicionar, ela não determinava um percurso único, mesmo porque naquela época o bloco de poder capitaneado pelos Estados Unidos ainda se confrontava com o Bloco Soviético e com a Guerra Fria. Nos anos 1970 e 1980, com os golpes militares, as preocupações com a democracia sobrepuseram-se às preocupações com o desenvolvimento econômico.

Nas correntes de esquerda latino-americanas e brasileiras, a questão democrática sempre foi minimizada pelo desafio maior do crescimento econômico e, sobretudo, pelo da redução das desigualdades sociais. Os aspectos autoritários do planejamento centralizado eram desculpados pelos êxitos de suas políticas sociais. Com as ditaduras militares, entretanto, não havia mais como deixar de lado a preocupação com os temas da liberdade, dos direitos humanos e das regras do jogo. Daí por diante, a vertente da democracia foi sendo incorporada às reflexões mais amplas sobre desenvolvimento e desigualdade. Isso ocorreu, contudo, sem ter havido uma reflexão maior sobre os fundamentos da teoria democrática por parte da maioria dos políticos e dos intelectuais de esquerda.

Esses fundamentos foram elaborados em sua versão moderna no século XVIII, com o advento das sociedades burguesas e, por sua vez, foram desafiados quando a força dos movimentos dos trabalhadores impôs o tema da social-democracia. Eram os prenúncios das sociedades de massa que surgiram a partir dos fins do século XIX e, principalmente, na primeira metade do século XX. Tanto a formação da democracia liberal-burguesa como o advento social-democrático das sociedades de massa foram tratados com relativo descaso pelo pensamento progressista latino-americano, com as exceções de praxe. O ponto de referência para o qual o pensamento político não conservador convergia era outro: "A Revolução", a implantação do socialismo, mesmo que acompanhado pelos males da ditadura de classe, que seria passageira... Mesmo assim, em reação às ditaduras, a democracia pouco a pouco foi sendo assumida como um valor pelas correntes de esquerda. Faltou quase sempre, contudo, a revisão das posturas anteriores de descaso condescendente e de ardor por uma revolução cujos efeitos perversos se apresentavam aos olhos de quase todo mundo. E talvez seja assim até hoje.

Passadas tantas décadas desde que comecei a escrever sobre esses temas, muita coisa mudou no mundo, no Brasil e na América Latina. Não mudaram, entretanto, minhas preocupações intelectuais com as formas de crescimento econômico, as relações de poder, a democracia e o encaminhamento das políticas sociais para, se não corrigir radicalmente as desigualdades, mitigá-las. O livro trata dessas questões no contexto atual. Nos capítulos iniciais volto ao tema do condicionamento que a globalização impõe ao crescimento econômico dos países situados no que chamávamos de periferia do sistema capitalista. Trato de repetir o que se vem tornando lugar comum: a globalização não significa "fim da história" (capítulo 1) nem assegura que o mundo pós-Muro de Berlim deva obedecer à hegemonia de uma só Grande Potência (capítulo 2), mesmo porque os abalos provocados pelas crises financeiras e as mudanças tecnológicas contínuas que são inerentes ao crescimento econômico capitalista podem produzir perdas de posições relativas de poder e mudanças na cena da dominação global, como parece estar ocorrendo (capítulo 3).

Retorno também ao tema da dependência (que foi objeto de um livro que escrevi com Enzo Faletto) e aos caminhos alternativos de desenvolvimento que os países latino-americanos estão percorrendo hoje. Tento mostrar de que forma seria possível repensar a situação atual da América Latina utilizando pressupostos metodológicos semelhantes aos que adotamos para interpretar o desenvolvimento integrado (econômico, político e social) nos anos 1960. Para isso, publico um texto (capítulo 4) que foi originariamente preparado para uma conferência na Universidade de North Carolina, em Chapel Hill. Nova versão desta conferência foi apresentada em um seminário que a Universidade de Brown realizou para celebrar os 40 anos da primeira edição, em espanhol, de *Dependência e desenvolvimento na América Latina*.[1] A nova versão da conferência foi publicada pela revista *Studies in Comparative International Development* do Watson Institute daquela universidade.[2]

Os capítulos subsequentes referem-se mais explicitamente a temas políticos e ao relacionamento entre democracia e as questões sociais, sempre tomando em conta os diferentes percursos econômicos dos países. As análises vão desde observações de caráter mais geral sobre a crença na democracia e a institucionalização de suas formas (capítulo 5), até ao foco mais detalhado no caso brasileiro, tanto no aspecto econômico e político (capítulo 6), como no que parece ser uma tentativa relativamente bem-sucedida de maior inserção no espaço global com manutenção das regras da democracia e da autonomia decisória nacional (capítulo 7). No último capítulo (8) procuro mostrar o conjunto de políticas sociais que vêm sendo postas em prática para reduzir a pobreza e, mais limitadamente, diminuir a desigualdade. Embora me refira a vários países da região, discuto mais especificamente o caso do Brasil.

No transcorrer dos capítulos distingo, sem muito rigor, três tipos de percursos históricos: 1) o dos países que pretendem evoluir mantendo um distanciamento relativo de tudo que a economia globalizada implica politicamente, até mesmo das formas representativas de democracia; 2) o de países que não lograram uma inserção positiva na economia global e tampouco adotam políticas sociais inclusivas, mantendo, não obstante, as formas democráticas nos moldes de uma "democracia restrita"; e, finalmente, 3) o dos países que se estão integrando à economia globalizada e buscam avançar na direção de formas mais substantivas de democracia, pondo em marcha políticas sociais consistentes para diminuir a desigualdade e a pobreza.

Como a caracterização dos percursos mencionados não é exaustiva, convém dizer que as dimensões selecionadas para fazer as distinções não se restringem à maior ou menor integração ao mercado mundial. Cada país constrói formas de organização e de reação às pressões sociais, aos estímulos econômicos e à maneira de ordenar o poder político, que aparecem como "dadas", mas podem ser reconstruídas. Países, por exemplo, que originariamente se organizaram como "economias de enclave", podem diversificá-las e criar uma dinâmica social distinta. O mesmo se diga quanto aos arranjos políticos que podem variar no tempo, mesmo de governo para governo. Trata-se, pois, de caracterizar tendências e não de colocar as sociedades em camisas de força determinísticas. Há uma dialética em jogo. Nela os objetivos estratégicos (os "projetos") econômico-político-sociais contam. Seus resultados dependem da forma como os grupos e as classes sociais se posicionam, se articulam, lutam, ganham ou perdem pugnas. Por consequência, um país que em determinado momento se caracteriza por uma economia mais fechada e por um governo menos cioso da democracia constitucional pode mudar de situação. Nada assegura tampouco que um país que obteve êxito na integração à economia global siga necessariamente políticas sociais mais conformes com o que chamo de "patrimônio social-democrático", e assim por diante.

Ainda como precaução introdutória, esclareço que vez por outra falo de "populismo" para caracterizar situações políticas. Trato, contudo, de qualificá-las, pois não se deve englobar toda forma atual de governo personalista-autoritário e, até certo ponto, "antiglobalização", como "populista". Para os casos contemporâneos de personalismo-autoritário concordo, como já veremos, com a observação de Rubens Ricupero que fala da vocação "fundacional" desses regimes, quer dizer, de sua vocação para "inaugurar a História", jogando fora, com frequência, a criança com a água do banho, ao incluir socialmente as populações carentes e anular seus direitos fundamentais. Os tempos e as situações são outros em comparação com o populismo mais tradicional da América Latina. O mesmo se diga quanto à utilização, talvez abusiva, que faço da noção de "social-democracia globalizada". São tantas as diferenças entre as situações dos países latino-americanos e as que foram vividas pelos países europeus, que é preciso maior cuidado para não utilizar conceitos sem a devida dimensão histórica, como é de regra nas ciências humanas.

SOCIAL-DEMOCRACIA E OUTROS PERCURSOS CONTEMPORÂNEOS

Chamar alguém de social-democrata, para os militantes de esquerda do passado, soava como uma desqualificação. Os social-democratas não assumiriam posições verdadeiramente de esquerda, mais se pareceriam a "burgueses" ou "liberais" disfarçados. Vai longe esse tempo. Com a queda do mundo soviético e com as transformações ocorridas na China, o "socialismo real" caiu em desprestígio, sobrando dele a saga cubana (como símbolo de resistência às tropelias do imperialismo) e o anacronismo da Coreia do Norte. Paralela e progressivamente, algumas correntes que não eram de inspiração social-democrática, como o Partido dos Trabalhadores (PT) no Brasil, o Partido Socialista no Chile ou a Frente Ampla no Uruguai, para ater-me ao Cone Sul, passaram a atuar como partidos social-democráticos. Alguns deles nem sempre reconhecem a mudança ideológica que sofreram. Mantêm o qualificativo de "socialista" ou de "partido dos trabalhadores" nas legendas, mas na prática são social-democratas. O que, entretanto, significa isso hoje em dia?

Recordo-me de que na discussão travada em 1988, para a criação do Partido da Social Democracia Brasileira (PSDB), a ênfase na social-democracia não foi unânime. A discussão englobou até o nome do partido.

Eu próprio preferia outro título, Partido Democrático Popular (PDP) ou Partido Popular Democrático (PPD), se bem me recordo. No caso dos fundadores do PSDB, a resistência a fazer uma referência explícita à social-democracia não decorria do temor de que o partido deixasse de ser percebido como parte da "esquerda" ou do "progressismo", pelo preconceito que a marca carregava. Entre os fundadores, havia líderes com origens na democracia-cristã que temiam que a influência da Internacional Socialista – a que se opunham os democratas cristãos europeus – terminasse por marcar a nova agremiação política. Outros receavam que a ressonância auditiva das siglas PSDB e PMDB confundisse o eleitorado. Minhas razões eram outras: a história política do Brasil discrepava muito da europeia. Nesta os sindicatos, os movimentos revolucionários, as ideologias marxistas e reformistas demarcavam o campo histórico no qual nasceu a social-democracia. Como justificar tal nome no Brasil?

O partido que talvez pudesse reivindicar com mais propriedade a tradição europeia era o PT, o qual, entretanto, por considerar-se "de esquerda" e, portanto, contrário à ordem capitalista, recusava veementemente o qualificativo social-democrata, uma vez que os partidos europeus filiados a esta corrente terminaram por conviver com o sistema capitalista, embora defendendo um Estado capaz de regulamentá-lo. Para evitar dúvidas e cobranças de explicação sobre o porquê do nome, acrescentamos o qualificativo "brasileira" à denominação da nova agremiação: Partido da Social Democracia Brasileira (PSDB).

Mas existe de fato alguma corrente que se possa denominar social-democrática no Brasil e na América Latina e, se existe, no que consiste sua proposta básica? No caso europeu os partidos social-democráticos constituíram-se a partir das lutas operárias e das formulações políticas muitas vezes conflitantes que se foram elaborando desde Marx e Engels. Isso sem mencionar Proudhon – e seus antecessores na França –, Ferdinand Lassalle na Alemanha, bem como, neste mesmo país, August Bebel e Wilhelm Liebknecht. Do confronto entre teorias críticas do capitalismo e movimentos sociais concretos, diversas tendências, facções e partidos foram se formando na Europa. Os dois primeiros, a Associação Geral dos Trabalhadores e o Partido dos Trabalhadores Social-Democratas, foram criados na Alemanha na década de 1860. Em

1875 fundiram-se como Partido Social Democrático da Alemanha, o SPD. Se desde o início havia nuances e conflitos entre as propostas de Lassalle e as marxistas, pois havia choques entre certo corporativismo de uns e uma visão mais revolucionária de outros, com a guerra franco-prussiana e com a derrota da Comuna de Paris em 1872 a tendência social-democrática foi se fortalecendo e a Segunda Internacional, organizada em 1889, é a prova disso.

Os êxitos da social-democracia foram retumbantes. Aceita a via eleitoral como um caminho evolutivo para uma sociedade mais igualitária (via endossada pelo próprio Engels em 1890), os resultados foram expressivos. O SPD passou de meio milhão de votos em 1875 para 1,5 milhão em 1890 e alcançou 4.250.000 votos, ou seja, 35% do eleitorado, em 1912. No interior da Segunda Internacional continuavam a disputar a hegemonia ideológica setores inspirados por Lassalle, mais favoráveis ao corporativismo e à ação do Estado – sempre valorizando os meios legais, as liberdades civis e a democracia – e setores mais próximos do marxismo revolucionário, propondo uma ação proletária mais radical. Os marcos dessa luta ideológica estão bem representados pelo que ficou conhecido como o Programa de Gotha, da convenção do SPD realizada em 1875, e o Programa de Erfurt, de 1891, quando já era mais forte a ênfase na formação de partidos obreiros nacionais bem organizados, sob inspiração marxista. Os anarquistas de Bakunin, que se opunham à formação de partidos, perderam para a posição marxista, que a favorecia. Bakunin terminou expulso da Internacional Socialista.

As correntes social-democráticas revolucionárias e as reformistas continuaram em pugna, mesmo quando a partir de 1891 predominou a visão socialista mais radical. Para os objetivos deste capítulo não é necessário entrar em pormenores, de mais a mais conhecidos. Basta referir que os êxitos eleitorais do SPD não aplacaram as divergências ideológicas. Décadas depois da fundação do grande partido alemão, as tendências continuavam a se debater: Rosa de Luxemburgo e Liebknecht sustentando o "marxismo revolucionário", e Karl Kautsky sustentando posições "de centro". Ou seja, da evolução possível do capitalismo, mediante reformas, para um tipo de socialismo, com a manutenção da propriedade privada dos meios de produção, exceto em setores socialmente relevantes que deveriam ficar sob controle público ou estatal. Eduardo Bernstein foi até mais longe em "concessões ideológicas", como diriam os mais radicais, opondo-se à revolução bolchevique de 1917 e recusando teses marxistas como a da tendência ao empobrecimento crescente acarretada pelo capitalismo. O desdobramento dessas tensões é conhecido. Em 1920, a ala mais favorável a posições radicalmente revolucionárias criou o Partido Comunista, sob inspiração bolchevique, rompeu com o SPD e se filiou à Terceira Internacional. Esta fora fundada em 1918, já sob influência direta de Lênin e de seus companheiros.

A guerra de 1914 colocara os socialistas internacionalistas contra a parede: servir a pátria ou desmascarar os interesses capitalistas que se pagavam à custa do sangue dos trabalhadores que iam para as frentes de batalha? Finalmente, tanto os social-democratas alemães como os socialistas franceses votaram os créditos de guerra. A pátria pesou mais do que a classe. O dilema sobre o caminho da revolução *versus* o das reformas dissolveu na Alemanha e na Europa inteira a unidade anterior entre socialistas e comunistas, por um lado, e social-democratas, por outro.

Ao final da Segunda Guerra Mundial, os social-democratas alemães reconstruíram o SPD na democracia. Entre os congressos de Frankfurt em 1951 e as proclamações de Bad Godesberg de 1959, o partido foi diluindo os alicerces não só revolucionários, mas marxistas. Progressivamente aceitou o abandono dos métodos revolucionários e da violência como instrumento político. Deixou de aspirar a ser um partido do proletariado para representar "todo o povo", participar de coalizões governamentais, abandonar as nacionalizações das empresas como base da economia social-democrática, aceitar a liberdade de mercado desde que haja livre concorrência e, sobretudo, opor-se a quaisquer totalitarismos, fazendo arraigada defesa da democracia.

Transformações semelhantes ocorreram na França, na Áustria, na Holanda etc., para não falar da Suécia, onde de longa data o reformismo social-democrata, com forte apoio sindical, deu o rumo do partido, colocando mais ênfase do que nos outros países europeus nas regulamentações e centralizações estatais. Não é o caso de relatá-las.

Quanto à Inglaterra, convém rememorar um pouco, dada a influência que exerceu no movimento da social-democracia atual. A história do

Labour Party difere bastante do que ocorreu com os partidos socialistas ou social-democráticos continentais. A força dos sindicatos, sobretudo os da mineração, o pragmatismo prevalecente, certa vertente mais igualitária da formação protestante inglesa e a própria luta operária dos inícios da industrialização, com os "cartistas", por exemplo, ou o "owenismo", deram feição própria à social-democracia britânica. Some-se a isso que enquanto no continente os "intelectuais orgânicos" – como Kautsky com sua revista *Die Neue Zeit* – atuavam dentro do partido e da Internacional, os influentes pensadores socialistas ou social-democratas ingleses (como o casal Webb e Bernard Shaw) formavam parte da Sociedade Fabiana que não se incorporou formalmente ao Labour. Mesmo de fora da organização partidária foi forte sua influência no Labour em favor de certo gradualismo, contraposto a visões revolucionárias. Já em 1906 os trabalhistas se uniram aos liberais em uma coalizão governamental e não por acaso, anos mais tarde, em 1981, uma ala trabalhista se desprendeu para formar, junto com alguns liberais, o Partido Social-Democrático, o qual, um pouco mais tarde, se aliou aos liberais, constituindo hoje os Liberais Democratas. Mais recentemente, com Tony Blair e sob a influência de Anthony Giddens, renovaram-se as teses do velho Labour com a proposta da Terceira Via, que vai mais longe do que qualquer outra tendência social-democrática na defesa da convivência entre reformas sociais e a economia de mercado, suscitando oposição no seio da própria Segunda Internacional.[3]

É certo, também, que aos sucessos inegáveis dos partidos social-democráticos europeus seguiu-se uma ferrenha crítica a eles, dita neoliberal, especialmente exemplificada por Margareth Thatcher. A reação conservadora baseou-se em que o custo elevado das políticas de proteção social teria freado o apetite para a acumulação produtiva na Europa. Certo ou errado, a partir dessa reação conservadora a maioria dos países do Velho Continente refez seu caminho na direção de políticas menos intervencionistas na economia. Igualmente, o papel político dos sindicatos – mesmo em países, nórdicos – se retraiu. Nos zigue-zagues da história, em alguns países a esta maré thatcherista se seguiu novamente um relativo predomínio social-democrático (na Inglaterra, na Espanha e na Alemanha, por exemplo). Mas é forçoso reconhecer que se trata de uma social-democracia afeita às virtudes do mercado e do grande capital. Foi o que ocorreu tanto com a Terceira Via inglesa como com a coalizão liberal-cristã e social-democrata da Alemanha. Sem falar da Itália com suas surpreendentes reviravoltas fascio-liberais... ou da França onde Sarkozy se elegeu "pela direita" e se somou às vozes ditas "de esquerda", sustentando agressivo intervencionismo pós-crise financeira. Depois da crise de 2008, há opiniões que voltam a reivindicar uma restauração mais claramente social-democrática e a revalorização do patrimônio das políticas de proteção social construído depois da Segunda Grande Guerra.[4]

Feitas essas breves indicações sobre o contexto no qual surgiram alguns partidos social-democráticos na Europa,[5] que relação há entre ele e aquele em que se formaram os partidos na América Latina? Por certo a luta operária, a influência da Internacional Socialista (mais da Terceira do que da Segunda), a organização sindical (em nosso caso terminando em um corporativismo fascistoide, desde Vargas) contaram nas definições partidárias. Os desafios, contudo, eram e são de outra índole: basicamente, os da miséria e desigualdade, o da precariedade das instituições democráticas e o da urgência do desenvolvimento econômico. As discrepâncias na Europa ocorreram entre classes e setores de classe mais organizados, em uma situação em que o Estado nacional estava constituído e na qual as forças capitalistas haviam dado o molde da economia e da sociedade. No caso dos países latino-americanos, não só esses processos eram incipientes quando se formaram os primeiros partidos comunistas, socialistas e, mais tarde, os social-democráticos, como a pobreza ultrapassava os limites da classe operária para alcançar enorme massa posta à margem do sistema propriamente capitalista-industrial: a massa rural e as periferias urbanas compostas por um sem número de semiempregados. O processo de industrialização atraíra para as cidades enormes contingentes humanos. A urbanização cresceu mais depressa do que o mercado urbano-industrial e, à medida que o agro-negócio avançou no campo, libertou mais e mais mão de obra da economia de subsistência e fragilizou esta última.

Por outra parte, diferentemente dos problemas postos nas sociedades europeias depois do feudalismo, com a lenta afirmação de sociedades aristocráticas e, mais tarde, burguesas, na América Latina partimos do colonialismo europeu, em alguns países da escravidão, e da formação de sociedades rurais e patrimonialistas. Estas, ao se urbanizarem rapidamente graças à incipiente industrialização e à modernização do Estado, mantiveram o patrimonialismo e o clientelismo político. Além disso, houve a contaminação das organizações sociais reivindicativas pelo corporativismo dos sindicatos e das profissões liberais, ao qual não ficaram imunes os empresários.

As evoluções desse processo resultaram, no século XX, no chamado populismo latino-americano. E, de fato, enquanto vigem as condições acima mencionadas há caldo de cultura para que atores políticos carismáticos usem sua retórica para embalar as carências populares. O Estado, por sua vez, surge nestas sociedades de forma mais imediata do que na Europa – cujas sociedades civis e mercados são mais fortes – como o instrumento privilegiado para a definição de políticas compensatórias ou para desenvolver ações que revertam os frutos do desenvolvimento econômico em benefício das maiorias despossuídas. Frequentemente ele se transforma em estado-empresário, para suprir a insuficiência de capitais privados e de recursos sociais para impulsionar o crescimento do país. Em sociedades subdesenvolvidas e dependentes, a ideologia quase natural para legitimar a ação estatal é nacionalista, enquanto na Europa os socialistas e social-democratas nasceram de uma tradição internacionalista, vendo o Estado nacional como um instrumento de dominação de classe e não como um libertador da nação em face da prepotência estrangeira.

A globalização e o crescimento de algumas economias nacionais, ao lado da reafirmação das instituições democráticas com o fim da Guerra Fria, mudaram bastante o panorama sociopolítico dos países da região latino-americana. Parece-me equivocado qualificar simplesmente como *populista* sem maiores considerações toda situação política que escape dos moldes da evolução havida nas sociedades de capitalismo avançado. Nestas a democracia representativa se afiançou como um valor. Por outro lado, com a industrialização e a urbanização, as condições de vida de quase todas as camadas da população melhoraram no transcorrer do tempo. Seja como resultado da ação de governos social-democráticos, seja pela prevalência de políticas de bem-estar social mais eficientes postas em prática por governos de centro-direita, o certo é que as sociedades europeias passaram a desfrutar de um padrão de vida que, embora socialmente desigual, retirou muito do ímpeto revolucionário e transformador que existia no período em que surgiram os partidos social-democráticos.

Ao processo democrático que voltou a se instalar na América Latina a partir da década de 1980, não seguiu nada de parecido com uma "sociedade de bem-estar social". Nessas circunstâncias é compreensível que o protesto popular e a busca por outros modelos de desenvolvimento continuem a ter forte apelo, sobretudo nas sociedades em que além das desigualdades de classe se justapõem desigualdades culturais e étnicas. Para explicar os estilos políticos em muitos desses países não é suficiente, contudo, chamá-los de populistas, sobretudo no caso de sociedades cujas maiorias ou minorias expressivas são não apenas pobres, mas pertencem a tradições culturais diversas das ocidentais. Esses processos ocorrem em muitos países andinos e em alguns da América Central. Neles, mas sem exclusividade – basta ver o caso da Venezuela, onde a questão étnico-cultural tem pouco peso –, têm surgido tendências qualificadas recentemente por Rubens Ricupero como "refundacionais".[6]

Em contraposição à história de opressão social, econômica e cultural sofrida por boa parte da população, ocorreram, nos últimos anos, movimentos político-ideológicos imantados por teses nacionalistas, que voltam a ver no Estado nacional, ao estilo do que ocorrera nos anos posteriores à Segunda Grande Guerra, o crisol do futuro e a adotar uma retórica antiglobalização e mais especificamente antiamericana. Ao mesmo tempo, incentivam a formação de partidos "de todo o povo", suscitados, organizados e controlados de cima a baixo por agentes políticos ligados aos governos. Esta tendência ganha força quando se apoia em diferenças culturais, mas ela expressa também a insatisfação com os sistemas democráticos tradicionais. Seja pela insuficiência dinâmica do capitalismo em alguns países, seja pela difusão de informações propiciada pela revolução nos meios de comunicação que mostram os êxitos das políticas de crescimento econômico e de bem-estar nas sociedades mais avançadas em contraste com as situações locais, o fato é que partes consideráveis da população anseiam por outro modelo político e econômico. Por vaga que seja a formulação deste outro caminho, ela aponta para maior participação popular, ainda que manipulada pelos governos, e para políticas mais rápidas de integração social e econômica (independentemente de serem ou não enganadoras). Vemos renascer assim tendências anticapitalistas e mesmo antidemocracias representativas.

O interessante é notar que os "refundadores" assumem o poder pela via eleitoral e em seguida passam a distorcer os cânones, propondo plebiscitos, novas constituições e processos mais sumários para lograr "justiça social" e étnica e, no embrulho das transformações, sua perpetuação no poder... Os caminhos a serem percorridos para construir o novo modelo, bem como no que consistirá e até que ponto será compatível com o capitalismo e com a democracia, ficam obscurecidos em uma retórica ambígua. Como características desses regimes sobram certo personalismo com aspirações carismáticas, um burocratismo estatal vigoroso e restrições crescentes à iniciativa privada e às garantias democráticas. Tudo servido com muita retórica anti-"os grandes", do mundo ou do país, mais em benefício dos humildes e dos pobres do que propriamente, como no discurso da velha esquerda, dos trabalhadores.

Certamente os regimes que se vêm constituindo ao redor dessas linhas nada têm de semelhante à social-democracia. Mas tampouco repetem o mantra populista do passado. Na análise do "populismo clássico" – vá lá a qualificação –, sempre se atribuiu certo carisma aos líderes, embora exercido muito diversamente, como exemplificam a demagogia populacheira e antiamericana peronista, por um lado, e o distanciamento senhorial das formas vulgares da retórica de Getúlio Vargas. Mas não é em função do carisma que se explica o populismo. Os casos paradigmáticos de populismo na Argentina, no Brasil ou no México deram-se em um período de transição para a formação das sociedades urbano-industriais, e isso conta em sua caracterização sociológica. O mercado de trabalho incorporava as massas trabalhadoras e o Estado criava mecanismos institucionais para assegurar maior bem-estar social. Nos casos atuais (da Venezuela, Equador, Bolívia etc.) a incorporação ao mercado de trabalho é menos intensa, e o Estado, mais do que fortalecer sindicatos, incentiva e controla movimentos sociais difusos. As "massas" desses países estão acampadas nas periferias das cidades ou se encontram espalhadas em redutos étnicos de muito mais difícil absorção pela economia atual que, além de ser industrial, requer crescentemente serviços de maior qualificação. A reivindicação popular, mais do que ocorreu no passado, é de pertencimento simbólico e efetivo à nação. O líder é o totem dessa nação que habita o imaginário coletivo. Este se mantém vivo pela esperança em um "outro" desenvolvimento (como o "socialismo do século XXI") que integre todos e dê sentido de respeito, dignidade e igualdade *a los de abajo*. Redimir do sentimento de humilhação as massas pobres, periféricas e desconectadas das elites passa a ser tão importante na motivação política quanto oferecer-lhes caminhos reais de ascensão social e instrumentos de organização, como os sindicatos. É certo, contudo, que sem políticas assistencialistas que ofereçam melhoria de vida imediata tampouco o "carisma" do líder ou os apelos retóricos se sustentam.

Este estilo de política não é característico de todos os países da América Latina, embora em quase todos existam traços que possam assemelhá-los aos regimes de aspirações "fundacionais" (como aspectos da política "lulista" no Brasil). Em alguns países da região existe maior aproximação com políticas de estilo social-democrático europeu. A mesma tendência que houve na Europa, de valorização da democracia representativa e das garantias constitucionais, especialmente de respeito aos resultados eleitorais e de periodicidade nas eleições, é mais forte nos governos latino-americanos com tendências social-democráticas. Nestes, a prevalência das instituições sobre o carisma do líder e, portanto, a continuidade das políticas econômicas e sociais que assegurem a melhora gradual das condições de bem-estar da população valem mais do que projetos grandiosos de "redenção nacional" e de fundação de uma nova ordem. O apelo ao "inimigo externo", seja a potência dominante, seja o sistema econômico vigente – a globalização, para ser sucinto – não conta tanto na sustentação política das situações social-democráticas quanto o bem-estar crescente da maioria da população. Nesse sentido a "estabilidade econômica" – tese que chega a ser amaldiçoada nos regimes políticos "refundadores" – passa a ser virtude. A integração à economia global, sempre que haja aumento da oferta de empregos e dinamização dos mercados internos, pode ser vista como instrumento para o progresso e o bem-estar.

Poder-se-ia qualificar como social-democratas os partidos que sustentam tais políticas? A resposta não é simples. No caso da América Latina, os partidos, só como exceção, mobilizam e organizam setores da sociedade civil para sustentar as políticas de governo e para realizar um programa. No geral fazem-se coalizões heterogêneas para assegurar o que se chama de "governabilidade", descaracterizando a marca originária do partido que venceu as eleições presidenciais. Isso quando não se fazem coalizões eleitorais que também esmaecem o perfil político do partido que elege o presidente. Mesmo em países com tradição partidária mais forte, como no Chile com a *Concertación* ou no Uruguai com a Frente Ampla, o que cada componente da coalizão proclama como seu ideal político não se parece com o modelo social-democrata. Para não falar no PT brasileiro, como já dito. Nem mesmo o PSDB invoca as origens ideológicas social-democráticas para ganhar votos ou para justificar sua ação governamental. No México nem o Partido da Revolução Democrática (PRD) nem menos ainda o Partido Revolucionário Institucional (PRI) se enquadrariam rigorosamente em tal vertente. Quem sabe os partidos costa-riquenses aceitem mais facilmente o qualificativo.[7]

Não obstante, para enfrentar o desafio de situações sociais precárias os governos adotam com frequência políticas sociais que poderiam ser classificadas como oriundas do "patrimônio social-democrático". Algumas dessas políticas, paradoxalmente, foram difundidas por instituições internacionais e apoiadas localmente por técnicos e setores modernizadores da sociedade, sem qualquer ligação com pensamentos de esquerda. O certo é que obtêm resultados positivos para o bem-estar social. O diálogo implícito entre governos, opinião pública, consentimento das massas e vitórias eleitorais conta mais na América Latina do que a predominância de partidos e programas ideológicos. Dessa forma, à margem de posições programáticas definidas, formou-se um patrimônio de políticas governamentais que se poderiam classificar sem muito rigor como políticas social-democráticas, embora talvez não resistissem a uma comparação acurada com o que foi sua evolução na Europa. As condições e os tempos são outros. Mais do que as metodologias de políticas sociais, conta, neste caso, o invólucro político que lhes possa ser dado, pelo simbolismo dos líderes ou dos governos que as adotam.

O conjunto de políticas comuns dos países que escapam das tentações de procurar um desenvolvimento de tipo "fundacional" e tampouco ficam asfixiados pelo conservadorismo tradicional inclui o respeito às regras básicas da democracia, advindas do liberalismo político. Ou seja, valorizam-se as liberdades individuais e públicas, dentre as quais a de informação, asseguram-se a liberdade de iniciativa econômica e o respeito às regras de mercado. Caminha-se, por outro lado, na direção da "democracia substantiva" incorporando-se ao elenco de valores da democracia os direitos do consumidor, os direitos sociais e as preocupações com o meio ambiente e o desenvolvimento sustentável. A visão social-democrática não dispensa a ação reguladora do Estado e nem tampouco acredita que a ausência de investimento estatal na área produtiva seja um princípio sacrossanto. Vê com naturalidade a manutenção de empresas públicas para evitar o monopólio privado ou para contrabalançar a força deste setor em áreas consideradas fundamentais, como bancos, petróleo, mineração etc.

Em outras palavras, se para os social-democratas alemães as nacionalizações deixaram de ser a base da política econômica, para os social-democratas latino-americanos as privatizações são ferramentas a serem utilizadas, mas não excluem a permanência de empresas públicas em áreas que possam ser úteis para o crescimento econômico, conforme os interesses e as tradições de cada país. A questão central é outra: quanto menos essas empresas agirem como repartições estatais – em benefício de governos e dos partidos – e mais como públicas, em benefício dos cidadãos e dos consumidores, melhor. Do mesmo modo, quanto mais seja possível evitar o monopólio, mesmo estatal, em benefício da concorrência, melhor. Neste caso as empresas públicas serão mais ligadas ao Estado do que aos governos. Obedecerão as regras do mercado e suas ações serão transparentes, sempre reguladas por agências independentes do jogo político. Visarão ao interesse do Tesouro (pagando impostos), mas também ao dos contribuintes, dos consumidores e, no caso de empresas mistas, ao dos acionistas. Há, portanto, para os social-democratas latino-americanos (valha a liberdade de expressão) uma relação intrínseca entre democracia, gestão, eficiência, benefício social e resultados econômicos.

Percursos variáveis

Como parte do que venho chamando de patrimônio social-democrático contam os avanços na oferta de serviços educacionais, de saúde, de previdência e de assistência social. A maioria desses serviços tem longa história na região e não necessariamente originaram-se da ação de governos com tendências social-democráticas. Assim como na Alemanha fortes traços do estatismo bismarckiano deram as linhas dos serviços públicos que os social-democratas herdaram, na América Latina muitas vezes governos autoritários criaram algumas instituições para lidar com as carências populares. Só para dar um exemplo: uma instituição que contribui para a mitigação da pobreza no Brasil, a Previdência Rural (pela qual os trabalhadores do campo a partir de certa idade fazem jus à aposentadoria, mesmo sem ter contribuído para a caixa de previdência) foi instituída por um governo militar, e Getúlio Vargas criou o salário mínimo em plena ditadura.

Não foi diferente no Chile, cujos sistemas públicos de saúde e educação vêm de muito antes dos governos da *Concertación*, embora os socialistas e radicais tenham contribuído para seu aperfeiçoamento desde os momentos iniciais.[8] Do mesmo modo, no Uruguai, foi Battle quem deu impulso às políticas sociais desde os fins do século XIX. Talvez o diferencial contemporâneo do percurso social-democrático latino-americano caminhe na direção oposta do que foi o percurso na Europa. Lá o Estado foi o propulsor do bem-estar. O que vemos em nossa região é uma abertura maior dos governos de inspiração social-democrática, como no Chile da *Concertación* ou no Brasil do PSDB, para que parcerias entre Estado e sociedade civil façam frente às carências sociais e difundam novas práticas de mobilização comunitária. Estas parcerias facilitam a resolução de problemas em áreas ou segmentos sociais nos quais a ação estatal tem pouca capacidade de penetrar. O modo como as políticas de bem-estar se efetivam conta decisivamente: apenas por meio da ação burocrática ou com consentimento e engajamento das comunidades. Esta nova relação entre governo e sociedade, com cidadania mais ativa, é característica da social-democracia contemporânea.

De qualquer forma, o que marca os objetivos centrais das políticas de inspiração social-democrática em nosso continente é a redução da pobreza e, em menor proporção, das desigualdades sociais, com a manutenção do respeito às regras da democracia e do mercado (com as ressalvas assinaladas). A combinação entre taxas razoáveis de expansão do PIB, pressão da sociedade, integração à economia global e, sobretudo, políticas sociais consistentes vem permitindo aumentar a inclusão social e reduzir a pobreza em países como Brasil, Chile, Uruguai, México, Costa Rica e outros mais. Muitas destas políticas se estão generalizando por força dos órgãos internacionais, como o Banco Mundial e a ONU (com as Metas do Milênio e as classificações dos países de acordo com o progresso social), as quais são postas em prática mesmo em países cujos governos não cabem na classificação de social-democráticos. Graças às pressões difusas das massas e à pressão internacional, quase todos os países – mesmo alguns de regimes conservadores – veem-se obrigados a adotar políticas sociais modernas inspiradas pela ONU e demais órgãos internacionais, como o Banco Mundial e o BID, e por ONGs.

A passagem de uma tipificação conceitual, abstrata, para a caracterização de situações concretas nunca é simples. Nos percursos históricos os governos variam de orientação e os regimes assumem características parciais dos tipos polares que estou tentando caracterizar. Frequentemente tanto os regimes com vocação "fundadora" como os social-democráticos mesclam-se com linhas dos antigos regimes oligárquicos ou dos populistas.

Torna-se difícil caracterizar o que ocorre, por exemplo, na Argentina, país cujos governos, que vêm da tradição peronista, adotam algumas políticas social-democráticas, respeitam no limite as regras formais da democracia, mas operam com instituições menos consistentes do que, por exemplo, as chilenas ou mesmo as brasileiras e assumem, vez por outra, posturas antiglobalização. Ou, noutro polo, a Colômbia, cujas políticas sociais têm êxito e cujo respeito às regras democráticas é real, mas que convive com a luta tenaz contra o narcotráfico e a guerrilha, o que leva o governo a ações próximas da transgressão do estado de direito. A Colômbia, ademais, vem sendo governada por partidos que se reclamam mais conservadores do que social-democráticos. Não é menor a dificuldade para caracterizar o Peru, país que se tem distinguido por taxas contínuas de crescimento econômico, respeita a democracia, mas cujas políticas sociais parecem insuficientes para promover a melhoria de vida da população mais pobre, além de não ter desenvolvido mecanismos suficientemente vigorosos de integração cultural, mantendo parte das populações autóctones afastadas dos processos decisórios, sem integrá-las à sociedade nacional.

Ainda assim, creio que as distinções gerais feitas nesta Introdução ajudam a compreender os percursos políticos e sociais dos países da América Latina e mostram como se tornou vã a referência genérica à região. Dizer-se que hoje mais do que ontem ela tende "à esquerda" é tão equívoco quanto dizer o contrário. É preciso considerar o conteúdo específico das políticas postas em marcha em cada momento e em cada país para compreender o que está ocorrendo. Como pano de fundo, há modelos distintos conceitualmente: democracias conservadoras, regimes populistas "fundacionais" e regimes tendencialmente social-democráticos. Essas distinções não qualificam concretamente situações históricas variáveis, mas ajudam a interpretá-las.

Notas

1   Cardoso, Fernando Henrique; Faletto, Enzo. *Dependencia y desarollo en América Latina. Ensaio de interpretación sociologica*. México: Siglo XXI, 1969, 166 p.
2   Ver "New Paths: Globalization in Historical Perspective". *Studies in Comparative International Development*, vol. 44, n. 4, winter, 2009, p. 296-317. A versão preliminar em português foi "Caminhos novos? Reflexões sobre alguns desafios da globalização". *Política Externa*. São Paulo: Paz e Terra, v. 16, n. 2, set./nov. 2007, p. 9-24.
3   Tanto eu como Ricardo Lagos e, mais recentemente, Lula, participamos de alguns encontros da Terceira Via, na busca de atualização das posições social-democráticas em um mundo globalizado. Isso, entretanto, não significa que tenhamos aceitado todas as teses dessa corrente política.
4   Ver Judt, Tony. "What is Living, What is Dead in Social Democracy". *New York Review of Books*, vol. 56, n. 30, 17/12/2009.
5   É grande a diversidade de visão sobre o papel que cabe ao Estado ou ao mercado nos vários países europeus, bem como quanto às áreas cruciais nas quais as

políticas social-democráticas devam se concentrar para criar uma situação de bem-estar social. Para uma síntese, ver Esping-Andersen, G.; Myles, J. *The Welfare State and Redistribution*, no prelo.

6   Ver o ensaio luminoso de Rubens Ricupero, cuja síntese foi publicada com o título "Como entender nossos rotos heróis" em *O Estado de S.Paulo*, caderno *Aliás*, 2/08/2009.

7   Para a análise da social-democracia na Costa Rica, ver Sandbrook, Richard; Edelman, Marc; Heller, Patrick; Teichman, Judith. *Social Democracy in the Global Periphery: Origins, Challenges, Prospects*. Cambridge: Cambridge University Press, 2007, p. 93-122.

8   Para analisar as transformações ocorridas no Chile com as políticas introduzidas pelos governos da *Concertación*, quer dizer, da coligação entre Partido Socialista, Partido Democrata Cristão e Partido Radical, ver o livro de Castells, Manuel. *Desarrollo y democracia en Chile en el contexto mundial*. Santiago: Fondo de Cultura Económica, 2005.

1
As surpresas do capitalismo[1]

O século passado foi qualificado de distintas e contraditórias maneiras: século breve, pois teria durado da Primeira Grande Guerra (1914-1918) até o final dos anos 1980; era dos extremos; século da globalização; século longo; era da turbulência e assim por diante. Ele poderá ter sido tudo isso, mas o foi sempre armando surpresas. Quem diria que os Estados Unidos, país que apareceu na cena mundial como campeão do isolacionismo, iriam à guerra mundial de 1914-1918 de maneira quase forçada, sairiam vitoriosos e apresentariam a proposta de criação de uma Liga das Nações para gerir o mundo? Que dizer da vitória da revolução comunista em um império atrasado, coisa que não estava no mapa dos pensadores socialistas, como tampouco estava a ideia de "comunismo em um só país"? E da China, então? Humilhada, invadida e dividida, não renasceria unida sob o Partido Comunista chinês (PC) motivada pela visão arcaizante de Mao Zedong com sua revolução cultural? E, poucos anos mais tarde, sob o influxo modernizador de Deng Xiaoping, não viria a competir com os Estados Unidos no comércio mundial e, ao mesmo tempo, a complementar financeiramente seu rival, aceitando, no limite, as regras da economia capitalista? Não foi ainda no entardecer do século que a Europa, berço dos Estados nacionais e das guerras territoriais, juntou-se numa União Europeia totalmente impensável até meados do século? Como entender a surpreendente reviravolta da Rússia sob a batuta de um antigo *aparatchik* que se tornou "verde" e deu a partida para o fim do império vermelho? Que dizer do renascimento do Islã na cena política global e da tragédia da descolonização da África respeitando os limites impostos pelos colonizadores ou, no plano oposto, do êxito do Japão, derrotado na Segunda Grande Guerra (1939-1945), que se transformou em país democrático, economicamente próspero? Ou de estarmos vendo agora um *boom* no preço das *commodities* impulsionado pela fome de importações da Índia e da China, abrindo espaço para as novas economias emergentes, inclusive as daqueles dois países e outros mais, que antes eram chamados de subdesenvolvidos, como o próprio Brasil?

Por trás dessas reviravoltas, rápidas se avaliadas na perspectiva da história mundial, encontram-se dois processos, não necessariamente dependentes um do outro, mas interconectados, um no plano econômico, outro no político. Ao primeiro costumamos qualificar, genérica e inespecificamente, de "globalização econômica"; ao segundo, menos discutido, poderíamos qualificar de "quebra das hegemonias mundiais" ou, mais simplesmente, desarticulação das formas globais de dominação, dificultando a vigência de uma ordem mundial estável. Estamos, portanto, vivendo um momento no qual a economia corre para um lado no plano mundial – o de estabelecer regras universais – e a política vai para outro, o da impossibilidade da aceitação de regras para definir o convívio entre as nações, sem ser possível, outrossim, impor uma hegemonia unilateralmente. Este é o cerne de tanto desencontro e de tanta surpresa.

Não se deve pensar, entretanto, que tudo isso é novo. A respeitada *The Economist*, há quase 80 anos, em outubro de 1930, logo depois do *crash* de Wall Street, escrevia:

> A suprema dificuldade da nossa geração [...] é que nossas realizações no plano econômico da vida superaram nosso progresso no plano político a tal ponto que nossa economia e nossa política estão num permanente descompasso entre si. No plano econômico, o mundo organizou-se numa abrangente unidade de atividades. No plano político, não só continuou dividido em 60 ou 70 Estados soberanos, como também as unidades nacionais tornaram-se constantemente menores e mais numerosas, e a consciên-

cia nacional, mais aguda. A tensão entre estas duas tendências contrárias vem produzindo uma série de turbulências na vida social da humanidade.²

De 1930 para cá o número dos Estados-nação só fez crescer, ultrapassando 180 atualmente. Mas seria enganoso pensar, por se notar há quase um século a divergência de caminhos entre a economia e a política, que atualmente essa seja da mesma natureza. É verdade que o mundo, na linguagem da *The Economist*, se organizou em um número mais abrangente de atividades econômicas, mas o fez de maneira diferente do que ocorria nos anos 1930. Os Estados nacionais tampouco têm a capacidade que tinham de controlar as sociedades locais e de exercerem plenamente o monopólio legítimo da força. E nem muito menos – embora *The Economist* não se referisse a isso – os esforços contemporâneos para a constituição de uma ordem política global são equiparáveis aos intentos do Congresso de Viena do século XIX, que buscava o equilíbrio entre as "grandes potências" europeias.

É preciso reconhecer que o declínio do poderio mundial da Grã-Bretanha marcou também o fim de um desígnio propriamente imperial ou imperialista. Os Estados Unidos, sucessores da Grã-Bretanha no predomínio econômico e político no mundo, agridem com certa frequência países menores. Veem-se como xerifes do mundo, preponderam economicamente, mas não colonizam nem se dispõem a permanecer no exercício de um controle político-administrativo nos países agredidos, o que poderia, eventualmente, assegurar maior êxito ao pretenso papel civilizatório que parece motivar alguns de seus líderes que creem existir um destino manifesto da América para a salvação universal.

Assim, nem chegamos ao "fim da história" com a globalização, nem, por persistirem contradições entre os rumos da economia e os da política, é correto pensar que "a história se repete". Ela não termina nem se repete, embora cada novo período possa guardar afinidade com experiências anteriores. A diversidade de situações concretas que as pessoas, grupos sociais e instituições constroem no decorrer da História é tão grande que é possível encontrar aqui ou ali tanto pontos de continuidade como formas de ruptura parecidas. Mas em cada circunstância – em cada período, diriam os historiadores – é preciso reconstruir as circunstâncias específicas nas quais esses arranjos foram feitos, bem como identificar os sentimentos, os valores – as ideologias – e os sonhos (os projetos) que moveram as pessoas.

Política e economia na evolução do capitalismo

Nem mesmo é nova a afirmação da *The Economist*, citada anteriormente, sobre a diversidade de ações econômicas e a lerdeza dos Estados para se adaptarem a elas. Desde os albores do capitalismo houve formas muito diversas de entrelaçamento entre política e economia. Desde Henri Pirenne ou Fernand Braudel, para não falar de Marx, Weber ou Sombart, há análises consistentes sobre a variabilidade nos imbricamentos e distanciamentos entre a ordem política e a atividade econômica no mundo capitalista. As pesquisas de Fernand Braudel, por exemplo, mostram que esse processo é antigo, cheio de variantes, e em geral as mudanças no relacionamento entre essas duas ordens foram prenunciadas por uma guinada do comércio das mercadorias para o comércio das moedas (Marx, na análise das crises, antecipara-se a esse reconhecimento).

Giovanni Arrighi, inspirando-se em Braudel, reiterou que as forças de mercado se relacionaram muito distintamente com o que se poderia chamar, com certa liberdade conceitual, de Estado ou, pelo menos, o fizeram variavelmente com a camada dirigente em um determinado território. Assim, se em Veneza ou Florença, no século XV, a elite dominante e os "protoburgueses" se entrelaçavam em uma unidade comum de pessoas e interesses (Arrighi chega a afirmar que a visão marxista do Estado como um comitê para administrar os negócios comuns de toda a burguesia se aplica àquelas cidades), em Gênova, quando emergiu o capitalismo pós-medieval, não havia tal articulação: "o capitalismo genovês, em contraste, moveu-se em direção à formação do mercado e a estratégias e estruturas de acumulação cada vez mais flexíveis". E foi em Gênova que Braudel encontrou o germe do "capitalismo moderno".

Não cabe refazer a evolução das relações entre poder e mercado, entre Estado e capitalismo. Mas é óbvio que mesmo na formação dos grandes impérios houve muita diversidade nessas relações. Gênova, do século XIV ao XVI, embora articulada socialmente de forma dicotômica – de um lado os aristocratas fundiários, de outro os mercadores financistas –, teve a capacidade de dinamizar as forças de mercado e de articulá-las em redes que atingiam o que naquela época era o mundo disponível para as trocas mercantis. Quando o capitalismo genovês encontrou seus limites na falta de um amálgama mais sólido entre os senhores do capital e os do território e dos exércitos, tratou de obter suporte político para seus negócios ao oferecer apoios financeiros à expansão de um Estado territorial forte, a Espanha de Carlos V. Mais tarde, junto com a Família Fugger e outros banqueiros beneficiários da tecnologia financeira da Casa di San Giorgio – o *bunker* bancário da cidade –, os genoveses passaram a financiar outros príncipes europeus. Assim, os comerciantes-banqueiros genoveses expandiram suas relações à escala global, sem nunca terem sido eles próprios conquistadores políticos nem disporem de poder territorial.

Já não foi este o caso da Holanda. Sucessores do domínio político espanhol, os holandeses, depois de haverem enriquecido no comércio do Báltico e de haverem investido em terras e no comércio de produtos alimentícios, tornaram-se abastecedores "globais", grandes intermediários comerciais e, sobretudo, como seus antecessores genoveses, capazes de lidar com a moeda e de inventar instrumentos financeiros para dar curso à produção de bens, ao comércio e à acumulação de riquezas. Nos dois casos, no genovês – o dos inventores da "moeda forte" para obter lucros no intercâmbio entre moedas e para se defenderem das desvalorizações das outras moedas – e no holandês – dos criadores da bolsa de Amsterdã –, o predomínio mundial se baseou não só no comércio e na capacidade político-militar, mas principalmente na capacidade de lidar com o capital financeiro. Diferentemente um do outro, pois os genoveses nunca controlaram um Estado próprio, os capitalistas holandeses se aliaram à Casa de Orange, dispensaram a proteção britânica e puderam ser, ao mesmo tempo, do século XVI ao XVIII, influentes política e economicamente em todo o mundo. Depois da Espanha (e dos portugueses, enfraquecidos pela falta de apoio financeiro) seriam os primeiros "globalizadores", com a diferença de que os espanhóis jamais tiveram predomínio no capitalismo financeiro e os holandeses sim.

Enquanto os genoveses não dispunham de poder estatal-territorial, a Holanda dispunha de meios bélicos para controlar seu território e dar proteção a seu comércio. São conhecidas as causas, os modos e as consequências do predomínio britânico que se seguiu ao holandês. O domínio britânico foi substituindo pouco a pouco a influência do capitalismo holandês sem jamais eliminá-lo. Ao contrário, entrosaram-se, pois a história se modifica sem necessariamente fazer tábula rasa do passado. Desde fins do século XVIII, Londres competia com Amsterdã como centro financeiro global. Posteriormente às guerras com a França, no início do século XIX, com a revolução industrial, a Grã-Bretanha centralizou tudo: finanças, manufaturas, comércio, e se tornou o "centro do universo". Hobsbawm descreve o processo pelo qual, sem que houvesse praticamente qualquer conquista territorial nova (a Índia já estava sob influência britânica desde 1757), entre o final de década de 1840 e meados da década seguinte, a Inglaterra criara um mundo que chamaríamos hoje de "globalizado".

O específico da nova fase de predomínio britânico no capitalismo mundial não foi o aumento das garras do capital financeiro, embora, como já assinalarei, isso também tivesse ocorrido. O traço distintivo do capitalismo inglês não foi ter-se baseado apenas no comércio, entrelaçando sistemas produtivos locais isolados, mas sim ter criado novos produtos e novos métodos de trabalho pelo dinamismo da Revolução Industrial. A Grã-Bretanha assegurava sua posição de controle mundial não só porque tinha capacidade de financiar e comerciar mundialmente (além de dispor de meios políticos e bélicos para proteger seus interesses), mas porque produzia localmente e exportava bens manufaturados. Da revolução industrial em diante, o sistema produtivo se liberou das incertezas climáticas, embora não da disponibilidade de recursos naturais, como os metais. A indústria se tornou capaz de produzir ou de transformar seus ingredientes básicos. Como Max Weber ressalta na *História econômica geral*, as revoluções tecnológicas que permitiram o surto industrial a partir da máquina a vapor liberaram o sistema econômico das limitações impostas pela natureza. Anteriormente, de uma forma ou de outra, os produtos trocados no comércio mundial eram agrícolas ou dependiam de matérias-primas ligadas à economia rural. As novas tecnologias permitiram que se criasse a indústria siderúrgica e que ocorressem transformações nos sistemas de transporte das mercadorias que passaram a utilizar trens correndo sobre trilhos e puxados por locomotivas a vapor. A capacidade produtiva exponencial das manufaturas foi tanta que chegou a produzir um novo tipo de crise: a da abundância de produtos e escassez de consumo.

Desta época em diante, o mundo globalizou-se pela integração das várias economias existentes ao comércio britânico e pela capacidade da indústria daquele país de criar novos bens exportáveis. Mas o financiamento de tudo isso pela City não foi de menor importância. Quando, no final do século XIX, a Alemanha já avançara industrialmente e os Estados Unidos começavam a mostrar seu poderio industrial, as perdas na balança comercial inglesa eram compensadas pelas receitas dos itens chamados de invisíveis: fretes, juros de investimentos, seguros e assemelhados. Era o "capitalismo financeiro cosmopolita", na expressão de Arrighi, em contraposição à outra forma básica de capitalismo, o monopolista de Estado, embora não se deva esquecer que a conquista da Índia foi feita pela Companhia das Índias Ocidentais, mais propriamente do que pela Coroa Britânica, que só mais tarde jogou papel maior na administração colonial, como descrito por Amartya Sen.[3]

Essas duas formas de capitalismo, o monopolista de Estado e o cosmopolita financeiro, vêm convivendo pelos tempos afora, dependendo das circunstâncias, permitindo, cada qual à sua maneira, a continuidade do processo de acumulação, processo inerente à natureza do capitalismo, como é bem sabido. Para viabilizá-lo, os empresários verdadeiramente capitalistas (deixando à margem as demais características deste sistema no Ocidente, ligadas ao desenvolvimento da ciência, da racionalidade dentro e fora da empresa, do trabalho organizado, da existência de regras de direito e de um Estado "racional", bem como de uma ética justificadora da acumulação ilimitada de riquezas) dependem tanto da continuidade de processos produtivos inovadores e da expansão do comércio local e mundial como do avanço exponencial das formas de financiamento. Na visão de Braudel, quando esta expansão financeira se torna desmedida, chega-se ao outono de um ciclo e o centro dominante começa a dar passagem a outro "centro" de expansão.

O predomínio inglês durou até a Grande Depressão de 1929, e foi declinando até a Segunda Guerra Mundial, quando se tornou claro que havia novo gladiador comandando a cena, o capitalismo norte-americano. Note-se que entre 1873 e 1896 a economia mundial já passara por severa sucessão de crises e que, embora a produção continuasse a se expandir e o comércio a funcionar, as taxas de lucro apresentavam resultados decrescentes. A competição entre empresas e nações se acirrou, dando a impressão de que a fusão entre os interesses da economia e o dos Estados era plena. Esse processo levou Hobson e depois Lênin a definirem o imperialismo como a forma contemporânea do capitalismo. Houve, é verdade, um surto de prosperidade entre 1896 e a Primeira Grande Guerra (a "*Belle époque*"), mas no longo ciclo parecia inegável que a luta por conquistas territoriais – o colonialismo – e a prosperidade financeira eram irmãos siameses. Ledo engano: a City manteve suas redes financeiras com relativa autonomia da presença colonial britânica. Como contraprova, a Grande Depressão do século XIX se deu em momento de plena expansão do domínio territorial inglês, inclusive e principalmente com a submissão da Índia depois da derrota da revolta de 1846.

Posteriormente à crise de 1929 e à Segunda Guerra Mundial, o novo demiurgo, o capitalismo americano (cuja produção industrial desde os anos 1920 ultrapassara a britânica e respondia por 40% do total mundial) expandiu seu predomínio, acentuando a característica básica do sistema capitalista: a contínua modificação das técnicas produtivas e o entrelaçamento específico entre as ordens políticas, sociais e econômicas em cada período histórico (o que Marx chamava de modo de produção). O propriamente novo deste período – no qual ainda estamos – não foi o caráter global da economia, nem mesmo o papel central do capitalismo financeiro, pois essas características existiam nas anteriores etapas históricas. Foi a qualidade das inovações e a rapidez das mudanças tecnológicas, ao lado da flexibilidade político-social de seu novo centro – os Estados Unidos – para se adaptar a elas. A própria emergência desse novo polo se deveu a isso: recalcitrantes em seu isolacionismo, os Estados Unidos de Roosevelt foram à guerra tardiamente (do ponto de vista político europeu), mas o foram assentados na enorme superioridade que o industrialismo fordiano dera à economia daquele país. A vastíssima capacidade de mobilizar recursos humanos, tecnológicos, de matérias-primas e, sobretudo, organizacionais, asseguraram a vitória dos aliados sobre o Eixo. A mobilização guerreira, por outro lado, como sempre, motivou o empresariado a catapultar seus empreendimentos e os empréstimos públicos ajudaram o capital financeiro norte-americano a, pouco a pouco, deslocar para Nova York e Chicago o que antes estava concentrado em Londres: as bolsas financeiras e de mercadorias. Concentrar, entretanto, não quer dizer aniquilar: assim como Amsterdã sobreviveu a Londres, Londres (ou Paris ou Frankfurt) sobrevive a Nova York. Mas de alguma forma se tornam satélites do novo sol.

As bases do predomínio dos Estados Unidos

Chegamos ao miolo do que desejo discutir nesta parte do capítulo: a especificidade das formas políticas e econômicas do capitalismo de predomínio americano e seus eventuais limites. Antes convém ressaltar, ainda que sucintamente, como ocorreram os processos de mudança de "centros" do sistema mundial. Não há sustentação empírica para endossar as simplificações reducionistas que veem a fusão entre o poder de Estado, o poder econômico e a expansão territorial colonialista como base essencial do capitalismo. Mas é incorreto minimizar o alcance de outras interpretações ressaltadas pelos proponentes desta visão: a competição por mercados e por fontes de abastecimento tanto ocasionou expansões colonialistas, como, por esta e por outras razões, houve guerras entre Estados nacionais. Dessa obviedade não preciso me ocupar, pois está na memória de todos o processo de colonização da África e da Ásia, bem como o desencadear das guerras de 1914 e 1939. Com muita frequência os fatores de poder interferem na cena econômica e invertem a lógica expansiva do sistema produtivo.

O predomínio americano não se explica apenas pela maior capacidade inovadora, organizacional e tecnológica daquele país – fator que inegavelmente esteve presente no decurso do século XX. Não fosse o desafio da Alemanha nazista e a Revolução soviética de 1917, colocando a perigo o predomínio inglês, o capitalismo americano talvez não tivesse podido emergir como dominante depois da vitória sobre o Eixo. Em parte como consequência desta vitória, ele se tornou o centro indiscutível do sistema mundial. Do mesmo modo que, sem a derrocada soviética de 1989, talvez a história fosse outra. Mas não há como usar como contraprova o que não aconteceu. Reciprocamente, tanto a queda do império alemão nazista como as ruínas do comunismo soviético têm muito a ver com a forma pela qual o capitalismo se desenvolveu nos Estados Unidos.

Convém ressaltar a especificidade da relação entre o desenvolvimento das forças econômicas e as formas de cultura, organização social e instituições políticas na América. É sempre bom voltar a Tocqueville para entender melhor o que acontece nessa região, apesar dos séculos que distanciam seus escritos dos dias de hoje. O sábio francês se deslumbrou com a falta de hierarquia nas relações entre as pessoas nas Américas. Impressionou-se ao ver como o individualismo convivia com laços de solidariedade comunal, que se criaram com fundamento religioso. Mais ainda, encantou-se com a compatibilidade existente na América entre o "espírito religioso" e o "espírito de liberdade". Encantamento compreensível, partindo de um nobre europeu conhecedor da história das guerras de religião e testemunha de como as visões religiosas absorviam todas as dimensões da vida no Velho Continente. O individualismo americano, ao contrário, não implicava o desdém do outro, pois aceitava o compromisso de viver em comum com respeito às individualidades; e ao espírito religioso não repugnava a liberdade, direito visto como "natural" e inerente à condição humana. Assim, a religião não sufocava as decisões e escolhas livremente assumidas, e essas, embora fossem feitas individualmente, não desconsideravam a dos outros. Por mais que a América tenha mudado e por mais que hoje o fundamentalismo de mercado e a obsessão com o *regime change* tenham servido de instrumento para justificar tentativas de homogeneização das formas políticas pelo mundo afora, o dinamismo da sociedade, da cultura e da economia americanas continua a se nutrir daqueles valores fundamentais.

Essas observações, embora pareçam distantes do dia a dia da economia globalizada sob o predomínio americano, ajudam a entender como foi possível em curto espaço de tempo tornar os Estados Unidos não só a economia mais pujante do mundo (até a emergência da China, pelo menos), mas como seu modelo cultural influenciou tão fortemente a organização econômica e mesmo política de países como o Japão, a China e a Índia. Claro está que influenciar não quer dizer substituir. O Japão, por exemplo, vencido na Segunda Grande Guerra, ocupado por tropas americanas, submetido a uma reforma agrária antes impensável, se tornou a segunda maior economia do mundo, organizando sua produção em moldes americanos e competindo globalmente da mesma maneira. Não perdeu, entretanto, sua identidade nacional, nem se pode esquecer que, muito antes dessa "globalização à americana", ocorrera a Revolução Meiji no século XIX na qual, junto a importantes reformas domésticas, o expansionismo colonial japonês já estava prenunciado desde 1895, quando ocupou Formosa e a Coreia e seguiu ampliado nos anos 1930 pela ocupação da Manchúria e pelas guerras com a China. O Japão crescia como potência bélica, antes mesmo de ser um país capaz de competir economicamente com os europeus ou com os americanos. De forma semelhante, a Índia, se hoje começa a competir globalmente, passou antes pela "globalização inglesa" e, desde o começo do século XX, dispunha de indústrias razoáveis, embora estivesse longe de ser independente e, portanto, de ter um papel politicamente significativo na ordem global.

É inegável que o molde básico das operações econômicas, nestas e em outras economias emergentes, é o capitalismo americano. O que quero dizer com isso? Que o traço distintivo da acumulação capitalista – seu contínuo renovar graças a impulsos tecnológicos, à criação de novos produtos, à expansão comercial internacional e à exacerbação do capital financeiro – ganhou contornos específicos no molde americano. Quais contornos? Graças ao "espírito de liberdade" e à tolerância diante da diversidade – bem exemplificados pela maneira como funcionam as universidades nos Estados Unidos –, criou-se um estilo de adaptação rápida, das relações sociais (na fábrica, na organização empresarial mais ampla, na própria sociedade) aos novos inventos tecnológicos. Este estilo, por sua vez, dá um impulso enorme às atividades econômicas. Assim, não foi apenas o processo de inovação nas técnicas produtivas e de criação de novos produtos que deu ânimo redobrado à expansão atual do capitalismo. O modelo cultural e as técnicas de organização social que amalgamaram a economia com a sociedade também explicam o *boom* posterior à Segunda Grande Guerra, que perdura até nossos dias.

Quando Japão, China ou Índia passam a integrar o sistema global, é porque absorvem em parte esse mesmo *ethos*, que não é necessariamente exclusivo: ele convive com as identidades históricas daqueles países. O desenvolvimento das novas tecnologias e a difusão da internet tornaram mais fácil a adaptação rápida e parcial de países da antiga periferia do sistema mundial à globalização. Sob hegemonia americana, o formato da globalização dispensa a incorporação de territórios e possibilita que os modos de vida, a cultura, sejam mais segmentados, convivendo o antigo com o novo sem implicar necessariamente relações de subordinação de uma destas partes pela outra. Como se em lugar da "aldeia global" esteja se formando um grande arquipélago, cujas fronteiras são dadas pela internet, que, embora global, não leva à globalização integral de cada aldeia, e sim de setores de cada uma.

Com essa observação não quero negar os fatos, digamos, *"hard"* da história. Sem as guerras – que incentivaram a criatividade tecnológica nos armamentos, depois transferida para a produção civil –, sem a vitória sobre o Eixo, sem a bipolaridade e a competição do Bloco Ocidental com o Bloco Soviético durante a Guerra Fria, e assim por diante, os Estados Unidos não seriam a potência que são hoje. Tampouco o seriam sem que o poderio político-militar assegurasse seus interesses econômicos. Mas isso sempre foi assim. O novo é a forma de enlace da criatividade nos distintos planos da economia (tecnológico, organizacional e produtivo) com a sociedade, que se adapta contínua e fragmentariamente, com rapidez, ao impacto das novas ondas de inovação. Tudo isso gerando nos segmentos de população globalmente integrados um clima de confiança no futuro e uma predisposição a consumir sem paralelo na história.[4]

Aumenta dessa forma a velocidade da roda da acumulação: mais produção, mais consumo, mais financiamento. Nada disso impede, dirão os mais cautelosos, que de quando em vez, por mais que os meios técnicos de produção substituam a velha superexploração da mão de obra e permitam melhores salários (processo que ocorre nos polos dinâmicos do sistema produtivo, não em suas franjas), o sistema volte a ser sufocado pela expansão "desmedida" de capital financeiro, como diria Braudel, ou pela insolvência no lado da demanda. As crises continuam, portanto, a pipocar. Do mesmo modo vão se desenhando assimetrias crescentes entre os países integrados globalmente e os não integrados, ou melhor, entre os segmentos de cada país integrados às redes globais e os que não o são.

Mas o ponto que desejo ressaltar é outro: a partir do momento em que as invenções incorporadas ao processo produtivo se aceleraram muito (avião a jato, TV digitalizada, internet, telefonia móvel e assim por diante) e afetaram de modo mais direto o estilo de vida das pessoas, diferentemente dos inventos do passado (desde o uso da máquina a vapor até a utilização da energia nuclear e mesmo do rádio ou do telégrafo) que atingiam o cotidiano das pessoas de maneira mais limitada e com absorção mais lenta, mudou radicalmente a relação entre o sistema produtivo e as formas de sociabilidade e de cultura. É essa a característica típica da globalização contemporânea, como foi mostrado por Manuel Castells em vários trabalhos.[5]

Desse ponto de vista, o início da globalização contemporânea não ocorreu com a vitória sobre o Eixo e nem esperou a queda do Muro de Berlim para ser comemorado. Ele se deu quando a revolução nos meios de transporte, com seu enorme barateamento, e sobretudo quando as comunicações instantâneas pelos meios eletrônicos quebraram a diferença radical entre tempo e espaço. Por mais que a robotização e as técnicas microeletrônicas tenham transformado os sistemas produtivos e tenham potenciado o processo de acumulação, foram as novas técnicas de informação e sua disponibilidade prática (as *information technologies*, IT, ao estilo do Silicon Valley) que permitiram a incorporação desses avanços à vida cotidiana. Além disso, elas deram margem à multiplicação dos fluxos de capital e à criação de novos "produtos financeiros" (*hedge funds*, derivativos, mercados a futuro etc.), todos viabilizados graças às redes globais de comunicação, vinculadas pela internet.

Grosso modo, foi a partir da década de 1970 que o capitalismo americano, já então no centro do mundo capitalista, ganhou essa nova feição, e que as tecnologias de informação revolucionaram ao mesmo tempo as técnicas produtivas, as formas organizacionais das empresas e das entidades estatais ou públicas e o sistema de comando, tanto dentro das empresas, como – o que é decisivo – na sociedade. A transparência permitida pelo acesso rápido e aberto às informações, a interação imediata, a multiplicação das inovações, e assim por diante, estão mudando não só o sistema produtivo, mas a cultura das sociedades que absorvem as inovações. Por consequência, a própria capacidade de mobilização política e os processos decisórios estão sendo afetados.

O impacto das novas tecnologias sobre a sociedade é tão grande que a capacidade adaptativa das sociedades passou a ser condição para o crescimento econômico, enquanto, reciprocamente, sua rigidez dificulta o avanço socioeconômico dos países. É o que mostra o livro citado anteriormente de Castells e Kiselyova (2003), ao analisar a decadência do império soviético.

O isolamento do mundo soviético pode ter favorecido o estilo de crescimento rápido, poluidor e autoritário da Rússia e de seus satélites mas, tão logo emergiu um sistema econômico global interdependente, foi seu calcanhar de Aquiles. Em 1980, 90% das exportações soviéticas para o mundo capitalista se compunha de *commodities* – metais, ouro, gás e petróleo –, sendo que dois terços das exportações se compunham dos dois últimos itens. Ora, as oscilações de preço das *commodities* podem ser fatais, é só lembrar a queda do preço do petróleo em 1986. Paralelamente, o complexo industrial-militar soviético, poderosíssimo, alavancara o crescimento da economia. Entretanto, não havendo a mesma porosidade entre sociedade e Estado, como há nos Estados Unidos e nas democracias ocidentalizadas, foi pequena a transferência dos resultados das pesquisas militares para o uso civil. O colosso soviético estava emparedado por uma forma autoritária de organização política que concentrava recursos inovadores aos fins bélicos, deixando o resto da sociedade e da economia à míngua deles. A dona de casa russa de nada se beneficiava dos êxitos da produção espacial ou nuclear. Para ela, de pouco valiam os esforços tecnicamente competentes para lançar o Sputnik ou para dispor de ogivas nucleares e de meios de transporte capazes de as tornarem uma ameaça real. Não havia a dinamização do mercado pelo consumo das pessoas, das famílias. Por volta de 1980 a União Soviética havia ultrapassado os Estados Unidos na produção de aço, cimento, petróleo, fertilizante e tratores. Mas nela não se viu nada comparável com a revolução tecnológica e organizacional que já estava em marcha nos Estados Unidos.

Embora a União Soviética dispusesse de pesquisa científica de alta qualidade, a concentração de recursos na área militar e a forma de relacionamento da ciência com a produção e com a sociedade, guiada pelo olhar vigilante do "espírito estatista", em contraposição ao "espírito de liberdade" – que permitiu a fluidez entre pesquisa, indústria e governo, ancorada nas organizações universitárias e na vitalidade das pesquisas nas indústrias nos Estados Unidos – dificultaram e por fim impediram que a sociedade soviética pudesse seguir os passos do que ocorria no mundo capitalista em matéria de tecnologia de informação e comunicação.

Curiosamente, quando os hierarcas militares e políticos se aperceberam que os cientistas-burocratizados incrustados no aparelho de comando das Academias de Ciências dificultavam que os verdadeiros cientistas corressem os riscos da inovação, puseram de lado os avanços já conseguidos – por exemplo na área dos computadores com grande capacidade de armazenamento de informações e de processamento – e decidiram importar ou contrabandear inovações digitais, *hardware* e *software*, dos Estados Unidos e, mais tarde, do Japão. Usando técnicas de engenharia reversa, copiavam e tratavam de se adaptar às inovações, na ânsia de não perderem espaço na luta pelo predomínio político mundial. Mas perdiam tempo: enquanto copiavam, novas invenções ocorriam e, sobretudo, não podiam fazer com que as inovações se transmitissem ao conjunto da sociedade nem mesmo ao conjunto do sistema produtivo. O medo que o Grande Irmão, a máquina burocrático-autoritária movida pelo Partido, tinha das consequências subversivas (democratizadoras) do acesso à informação paralisava avanços vitais para a economia e para a sociedade. Foi em grande parte por esses motivos que o Império Soviético se desagregou, sem que pressões político-sociais internas tivessem tido um papel preponderante, nem que as externas – salvo a pressão desencadeada e mantida pela corrida armamentista do bloco ocidental – fossem a causa direta da ruína.

Convém chamar a atenção para o fato de que não foi propriamente a decisão de copiar os inventos ocidentais, em vez de produzi-los autonomamente, que inviabilizou o sistema soviético. Os japoneses e mais tarde os coreanos – e muitos outros países – copiaram, adaptaram-se, inovaram a partir das cópias e tiveram sucesso. Foi a rigidez do sistema social e político que bloqueou os efeitos eventualmente positivos das adaptações miméticas. Por isso insisti anteriormente em que o traço distintivo da forma atual de globalização é um amálgama específico entre cultura, política e sociedade que, embora não suponha o molde ocidental de democracia, supõe certa flexibilidade tanto nas instituições políticas como nas sociais. É só ver os êxitos da China de hoje ou mesmo a Coreia de ontem, para não mencionar Singapura, que é apenas uma cidade-estado, países onde tampouco impera a democracia ocidental.

As características descritas acima não substituem nem modificam fundamentalmente o modo de funcionar do sistema capitalista, mas dão-lhe recursos novos de adaptação às circunstâncias. Mesmo a resposta às crises pode ser diferente. Deixemos de lado a crise de 1929, a Grande Depressão, quando a recusa dos bancos centrais em prover a liquidez ao sistema financeiro aproximou todo o sistema "do abismo". Depois de Keynes é pouco provável que mesmo o mais ortodoxo monetarista proceda de maneira semelhante. Aproveitemos a análise aguda de um não economista com visão política e competência sociológica, Raymond Aron, para acrescentar algumas observações pertinentes. No livro *Une Histoire du XXième siècle*,[6] o autor mostra como se imbricaram os sistemas de dominação político e econômico. A expressão cabal disso foram os acordos de Bretton Woods, em 1944, quando se desenharam os instrumentos reguladores do sistema econômico mundial pós-vitória dos aliados. Se, no plano político, a posição americana ainda não era hegemônica, pois o bloco comunista estava entre os vencedores, no plano econômico-financeiro, depois que o Secretário do Tesouro americano, Harry Dexter White, derrotou as teses do negociador inglês, ninguém menos que Lord Keynes, os jogos estavam jogados.

Com efeito, ao se estabelecer que não haveria câmbio flutuante, que as moedas exprimiriam seu valor em ouro e que o governo dos Estados Unidos se comprometia a manter a convertibilidade do dólar em ouro, as consequências eram óbvias. Nas palavras de Aron: o dólar se transformava em equivalente do ouro; moeda transnacional, ao mesmo tempo que nacional, conversível em toda parte, não importa em que país, ela permitiria aos americanos (e permite ainda) comprar não importa que mercadoria com sua própria moeda. Os Estados Unidos transformar-se-iam assim na única entidade política que conservava a liberdade de não tomar medidas restritivas em caso de déficit da balança exterior de pagamentos.[7] Keynes, em Bretton Woods, propunha outra solução: a criação de uma moeda própria, à disposição do Fundo Monetário Internacional, que serviria para fornecer liquidez ao sistema financeiro em caso de necessidade. Mas o pavor da desvalorização competitiva, alimentado pela memória do que acontecera em 1929, fez a maioria dos países se alinharem à proposta americana de fazer valer o padrão ouro e de tornar o dólar conversível, e os Estados Unidos – como até hoje – passaram a poder colocar os bônus do Tesouro – instrumento de reserva monetária – à disposição dos bancos centrais que tivessem superávits comerciais, como ocorreu, algum tempo depois, com os da Alemanha e do Japão. Ao mesmo tempo, os títulos do Banco Central americano cobririam os déficits da balança comercial americana provocados pela valorização do dólar que restringia as exportações e facilitava as importações.

Disso não se deve inferir uma relação causal imediata entre o poderio político-militar americano (o imperialismo) e as decisões econômicas. Por certo os Estados Unidos agiram movidos pelo "egoísmo esclarecido", natural a todos os Estados. Mas se a imposição do dólar como moeda de reserva ligada ao ouro se impôs foi porque ela convinha à maioria dos Estados, seja pela fraqueza relativa destes, seja por seus interesses. As vantagens desse sistema, sob o estrito controle do FMI, tiveram efeitos diferenciados. Aos Estados Unidos elas permitiram, no início da aplicação do sistema de câmbio fixo, o melhor dos mundos: apesar da supervalorização da moeda americana, que dificultava as exportações e criava déficits na balança de pagamentos ao exterior (cerca de um bilhão de dólares anualmente durante os anos 1950), o governo não precisava atuar, pois os bancos centrais dos países superavitários se encarregavam de resolver a questão.

Foi Paul Samuelson quem, a pedido de Kennedy, identificou nos anos 1960 o problema que essa situação causava aos americanos: déficits externos crescentes e política monetária muito ativa para controlar a inflação. Daí por diante tanto Kennedy como Johnson trataram de tomar medidas tópicas para restringir compras no exterior e limitar o acesso ao mercado de capital dos Estados Unidos, medidas em geral ineficazes, devido aos interesses do mercado. Com a guerra do Vietnã e sem aumento de impostos, as despesas públicas cresceram e as pressões inflacionárias também. Foi Nixon quem teve de se haver com o problema, forçando os europeus (beneficiários da supervalorização da moeda americana) a aceitar uma desvalorização de 10%. Até então o pensamento dos *policy-makers* americanos era que caberia aos dirigentes dos bancos centrais dos outros países cuidarem da sanidade das finanças internacionais, sobrevalorizando suas moedas (um pouco como agora com a China...).

Daí por diante terminara o *benign neglect* com que os americanos viam as consequências da paridade ouro-dólar. Apesar de a desvalorização não causar a perda na qualidade da moeda americana como moeda de contas, moeda de operações comerciais e moeda de reserva, os europeus – melhor dito, os franceses – forçaram o governo Nixon a recuar em 1972. O governo desse mesmo presidente, diante das eleições, abriu as torneiras do Tesouro, aumentando as pressões inflacionárias. A política monetária do Fed, sozinha, teria de impor muitas restrições ao consumidor americano, aumentando a taxa de juros, se não viesse em seu auxílio uma política cambial mais favorável. Logo em seguida, em 1973, o governo americano, sem perguntar a opinião de qualquer outro país, quebrou o acordo de Bretton Woods e proclamou que ouro e moedas "flutuariam" ao sabor dos mercados. O dólar continuou a ser abrigo mais seguro frente às incertezas e crises, pois era a moeda emitida pela economia mais forte do mundo. Foram razões do próprio sistema econômico internacional, independentemente do poderio político-militar americano, que levaram à continuidade desta situação. A hegemonia política americana funcionava como pressuposto, não como causa da superioridade do dólar. A economia mundial se expandira grandemente e as relações de troca, a esta altura, já se faziam sob o guarda-chuva do Acordo Geral sobre Pautas Aduaneiras e Comércio (Gatt), que deu origem à Organização Mundial do Comércio (OMC). O dólar "flutuante" continuou sendo o bastião do sistema econômico internacional.

Durante o período em que a paridade cambial reinou, ela ajudou a expansão das multinacionais na Europa e no resto do mundo e permitiu a prosperidade europeia, o revigoramento da Alemanha e do Japão, ao contrário do que as queixas contínuas dos europeus faziam supor em nome de um nacionalismo econômico que deixava de ser eficaz com as modificações ocorridas na economia mundial. O dólar mais caro favoreceu as exportações dos países europeus e, por outro lado, permitiu que houvesse investimento americano na Europa, Ásia e América Latina, propagando o que chamei, no tópico anterior, de característica específica do capitalismo americano contemporâneo: novas formas de organização e gestão das empresas e novas tecnologias de informação e comunicação. Os efeitos desse elã mundializador, pelo menos com relação à Europa e, mais recentemente, também com relação à Ásia, foram benéficos para a diminuição da distância entre o nível de vida dos americanos e o daquelas regiões. Esse processo, que se iniciara entre 1947 e 1973, se ampliou daí em diante graças especialmente à nova divisão internacional do trabalho, à qual não foi alheia a decisão de deixar flutuar o câmbio.

Com efeito, rompida a paridade do dólar, os Estados Unidos tinham tudo, menos a hegemonia política indisputada – por causa da dualidade com o mundo soviético – para exercerem o papel central do sistema capitalista. A já referida vantagem da manutenção do dólar como moeda de reserva – mesmo depois da flutuação – permitiu, por exemplo, que o assessor econômico de Reagan, Martin Feldson, dissesse que era mais vantajoso deixar o dólar sobrevalorizar-se, apesar de prejudicar alguns setores exportadores, e aumentar as importações do que fixar restrições monetárias que levassem à redução das atividades econômicas (receituário oposto ao do FMI para as outras nações eventualmente em dificuldades...). O que não impediu o governo Reagan de elevar a taxa de juros e sustentar o dólar sobrevalorizado para controlar impulsos inflacionários, quando precisou expandir as despesas militares e não quis aumentar os impostos, mantendo o orçamento deficitário em 6% do PIB. Ou seja, o país economicamente dominante tinha os instrumentos para impor às demais economias o custo de seus ajustes. Aron sintetiza dizendo: "Nenhum Estado pode permitir-se semelhante déficit orçamentário e lutar contra a inflação usando exclusivamente os instrumentos monetários".[8]

A liberdade que os Estados Unidos se asseguraram no uso de duplo instrumental, cambial e monetário, somada à capacidade competitiva da nova economia tecnológica fizeram o país nadar de braçada na era global contemporânea. Eles gerenciam a moeda internacional como se fosse nacional. Nos choques do petróleo de 1972 e de 1982, essa mesma liberdade (assegurada pelo fato de o dólar ser moeda de reserva, e pela pujança da economia americana servir de atrativo seguro para os capitais em épocas de crise) permitiu uma reciclagem rápida dos "petrodólares" e mesmo de "eurodólares" (da Europa, no caso), que protegeu as economias mais desenvolvidas e deixou aquelas em vias de desenvolvimento atadas a dívidas que levaram decênios para serem resolvidas.

Tudo isso indica que a junção do capital financeiro globalizado ao ímpeto produtivo norte-americano criou, de fato, um sistema econômico bem diferente daquele vigente sob o capitalismo de predomínio britânico. Isso, mais as regras de comércio da OMC impondo disciplina na política de importações e exportações, permitiu aos Estados Unidos sonharem com uma *Pax Americana* de larga duração. Sonho que, contraditoriamente, a própria dispersão produtiva que as revoluções tecnológicas permitem somada a fatores políticos imprevistos, pode ser interrompido. Mesmo que se admita, com Aron, que as incursões norte-americanas na Coreia ou no Vietnã não decorreram de uma necessidade econômica – antes foram um fardo para o sitema capitalista –, é inegável que o predomínio político-militar dos Estados Unidos assegurou as condições para que o sistema econômico mundial sob o modelo atual funcionasse em seu benefício. Simetricamente, tudo que coloque em risco esse predomínio diminui as vantagens econômico-financeiras que podem ser auferidas por esta forma de globalização. Por isso mesmo, antes de dar mais um passo na descrição do que ocorre atualmente com a crise financeira, convém fazer um breve parêntese para mencionar no capítulo seguinte algumas questões relativas à hegemonia política.

Notas

1 Revisão da primeira parte do meu texto "Um mundo surpreendente". In: Barros, Octavio de; Giambiagi, Fabio (orgs.). *Brasil globalizado: o Brasil em um mundo surpreendente*. Prefácio de Henrique de Campos Meirelles. Rio de Janeiro: Elsevier/Campus, 2008. p. 3-62.
2 *The Economist*, 1930, p. 652, apud Kennedy, Paul. *Preparando para o século XXI*. Rio de Janeiro: Campus, 1993, p. 389.
3 Ver o admirável ensaio de Sen, Amartya, "Imperial Illusions". *The New Republic*, 31/12/2007. O autor refuta a tese de Marx, entre outros, sobre o papel "civilizador" da Grã-Bretanha, que teria enlaçado a economia indiana ao mundo. Ainda que assim tivesse ocorrido, cabe perguntar: a que preço? Como mostra Sen, na Índia pré-colonial havia desenvolvimentos no sistema produtivo que a impulsionariam ao mercado mundial, mesmo sem os ingleses. De forma semelhante, a pretendida "herança democrática inglesa", se tem traços de verdade histórica, não frutificou em terreno árido, pois existia na Índia a tradição da decisão pela discussão.
4 Ver instigante artigo de Moïsi, Dominique, "The Clash of Emotions" (*Foreign Affairs*, fevereiro de 2007), assinalando a mudança nas expectativas dos americanos e europeus, os quais estariam movidos desde o ataque às Torres Gêmeas pelo sentimento do medo. Sinal do fim do império?
5 Ver, especialmente, Castells, Manuel. *The Rise of the Network Society*. Oxford: Blackwell, 1996 [ed. bras. *A sociedade em rede*. São Paulo: Paz e Terra, 2009]. Em trabalho posterior, escrito em colaboração com Emma Kiselyova (Castells, Manuel; Kiselyova, Emma. *The Collapse of Soviet Communism*. Los Angeles: Figueroa Press, 2003), há uma definição sintética do que Castells chama de *Information Society*: "a estrutura social gerada em interação com o novo paradigma tecnológico constituído em meados dos anos 1970 ao redor das tecnologias da informação. Ela é caracterizada pelo papel decisivo desempenhado pelo conhecimento e pela informação na geração de riqueza e poder em escala global com base nas novas tecnologias da informação".

Há muitas referências às modificações ocasionadas na sociedade a partir da nova economia. Alguns autores qualificam as sociedades assim constituídas como "sociedades do conhecimento" ou "economias do conhecimento".

6 Ver Aron, Raymond. *Une Histoire du XXème siècle*. Paris, Plon, 1996. Ver especialmente o capítulo sobre "Privilèges et servitudes de l'économie dominante", do qual retirei as citações seguintes.
7 Aron, Raymond, 1996, p. 475.
8 Aron, Raymond,1996, p. 480.

2

A cena global e os limites à hegemonia norte-americana[1]

Vários autores analisaram a ordem política mundial pós-Segunda Guerra Mundial. Restringirei minhas observações neste capítulo ao que foi assinalado por Henry Kissinger e por Raymond Aron, além de acrescentar algumas notas sobre a situação atual.

A ideia fundamental de Henry Kissinger é que, depois que a Inglaterra criou a diplomacia do "equilíbrio de poder" a partir da Paz de Westfália (1648) e que, posteriormente à derrota de Napoleão, os austríacos, com o chanceler e príncipe Metternich à frente, a reviveram no Congresso de Viena (1814), foi Bismarck quem desfez esta tradição, rompendo a ferro e fogo o acordo entre os grandes. Antes do Chanceler de Ferro prevalecia um jogo diplomático – e militar – que favorecia a Inglaterra na medida em que nenhuma potência continental se sobrepunha às outras e, portanto, não faria frente ao poderio inglês. Por trás dessa política havia o pressuposto da aceitação consensual da legitimidade dos poderes monárquicos dominantes em cada país. Havia consequentemente uma *entente* das classes privilegiadas.

No século XX, segundo o mesmo autor, nenhum país influenciou mais decisiva e ambiguamente a cena internacional do que os Estados Unidos. Os dirigentes norte-americanos sustentaram a não intervenção nos assuntos dos demais países, ao contrário do que preconizavam as políticas realistas de equilíbrio de poder, ao mesmo tempo que proclamaram que os valores da democracia e da liberdade são universais.

O resultado foi uma política exterior em zigue-zague, permeada por grandes declarações de princípio e muitas intervenções militares para impor os interesses dos Estados Unidos. O presidente Woodrow Wilson,[2] rompendo o isolacionismo anterior, propugnou na Liga das Nações pelo fim da política de equilíbrio de poder e propôs que ela fosse substituída pelo respeito à autodeterminação dos povos, à condição de que os princípios morais norte-americanos prevalecessem para garantir a Paz Universal... Era Kant, uma vez mais, impondo o idealismo e tentando soterrar Hegel, para quem as guerras fortaleciam e purificavam o ânimo dos povos.

No fim da Segunda Guerra Mundial, foi Roosevelt quem levou o facho da democracia e da liberdade, deixando a Churchill o encargo de chamar a atenção, anos mais tarde no discurso de Fulton, para o fato de que nem todos os vencedores rezavam pela mesma cartilha. Era tarde, as Nações Unidas haviam sido criadas dando poder de veto na nova organização aos cinco Grandes vitoriosos, fossem democratas ou comunistas. Fora também aprovada a Declaração Universal dos Direitos Humanos com propostas humanísticas que passaram a ser bandeira de alguns países na luta contra os que não seguiam o credo democrático. Ainda assim o ideal "moral" de universalizar a democracia como fundamento da política externa continuou nos ardores retóricos dos líderes norte-americanos. De Truman a Reagan, de Bush pai a Clinton, ela nunca esteve ausente. O último presidente citado falava de uma "comunidade das democracias de mercado". Todos os presidentes, se posso abusar do julgamento de resultados, mas não de intenções, camuflavam o interesse nacional de assegurar a globalização econômica e abrir espaço para sua vocação de império.

Variando entre uma atitude isolacionista e outra missionária, os Estados Unidos entraram na segunda metade do século XX, depois da derrota do nazismo, dizendo uma coisa e fazendo outra, ardendo de fervor moral e fazendo arder os demais sob o fogo de suas armas sempre que o "interesse nacional" o exigisse. A interdependência criada pelo mercado globalizado e pelo predomínio tecnológico e organizacional das empresas norte-americanas não se compaginava mais com o isolacionismo. As razões de estado e, quem sabe, a vontade de império impediam que o ardor da crença universal na liberdade e na democracia levasse o governo norte-americano a apoiar apenas as "boas causas". A intolerância norte-americana às tentativas de estabelecimento de políticas sociais e econômicas alternativas na América Latina (República Dominicana, Guatemala, Chile, Nicarágua, para não falar em Cuba) exemplifica amplamente esse comportamento, pois todo tipo de opositor a esses governos, democratas ou facínoras, recebeu apoio de Washington.

A verdade é que, mesmo que os poucos idealistas de Washington não quisessem tirar as consequências do fato, os Estados Unidos e as demais potências ocidentais não saíram vitoriosos sozinhos da Segunda Grande Guerra. Havia a União Soviética e a China. Faltavam, por isso, as condições para o exercício de uma política de equilíbrio entre os poderes – faltava entre as potências dominantes consenso sobre a ordem legítima. As boas intenções morais, por outro lado, se evaporavam diante do fato bruto da História: uns queriam uma coisa, outros outra e os objetivos não eram conciliáveis. A advertência cautelar de Aron de que Hobbes continua vivo nas relações entre os Estados – haveria uma guerra latente de todos contra todos – mostrava-se oportuna. Iniciara-se a fase da Guerra Fria.

Kissinger, afeito às realidades europeias, pouco esconde seu mal-estar com as ambiguidades da política externa de um país que não passou pelas dificuldades dos Estados europeus, forjados na insegurança das fronteiras e nas guerras. O sentimento de superioridade e de predestinação da América, que a faz sentir-se arauto da liberdade, se explica por ter brotado em uma região protegida de ameaças externas por extensas fronteiras marítimas e pela fragilidade econômica e bélica de seus vizinhos. Os Estados Unidos podiam, assim pensa o autor citado, dar-se ao luxo de desdenhar dos objetivos da política de equilíbrio entre os poderes. Esses não eram os de negar nem de eliminar conflitos – quando isso é inexequível – mas os de limitar sua extensão para garantir a estabilidade, usando com moderação os meios coercitivos disponíveis. No período da Guerra Fria, contudo, por mais que os valores fossem proclamados para dar sustentação moral ao "excepcionalismo americano", os interesses divergentes entre os blocos eram de tal monta que o realismo se tornava conselheiro inevitável da política externa norte-americana.

Mais recentemente, entretanto, pondera Kissinger, terminada a bipolaridade com a queda do Muro de Berlim, "o idealismo norte-americano necessita do levedo da análise geopolítica, para achar seu caminho no labirinto das novas complexidades".³

É interessante ver, passadas tantas décadas, como a recaída realista da política norte-americana, ou seu ressurgimento glorioso, para quem vê o mundo pela ótica dos autores que comento, se deu com rapidez e mesmo com uma inegável vocação de império. O "equilíbrio do terror", baseado na disponibilidade de armas atômicas tanto pelo Bloco Ocidental como por seu rival, substituiu logo a procura das negociações no âmbito de uma instituição plural como as Nações Unidas. Os soviéticos reagiram com sucesso à supremacia nuclear norte-americana e mais tarde disputaram a corrida armamentista na busca de armas estratégicas até chegarem à guerra nas estrelas e aos escudos espaciais. A eficácia da ONU para se manter como foro negociador suporia, como no tempo do Congresso de Viena, uma legitimidade da ordem mundial que não existia. Rapidamente as discussões de fundo, sobretudo depois da crise dos mísseis soviéticos em Cuba em 1962, deram ênfase à *realpolitik*: quem tem mais recursos balísticos estratégicos? Quais são as alianças fundamentais (OTAN, Pacto de Varsóvia)? O cisma chinês, a quem serve? Estas se tornaram questões-chave. As tentativas de controle da guerra se restringiram a acertos bilaterais, como no caso dos acordos SALT (Strategic Arms Limitation Talks) de redução de armas estratégicas. Em suma, o mundo se tornara bipolar. Já não se poderia sonhar com uma hegemonia global nem portanto com um verdadeiro império. As poucas guerras nas quais os dois lados se envolveram diretamente (Coreia e Vietnã no caso norte-americano, Afeganistão no caso russo) ou que apoiaram (estas mesmas, mais os conflitos do Oriente Médio) não levavam, deliberadamente, ao envolvimento global dos dois contendores principais. Era guerra em fogo brando, sem risco de universalização.

Não obstante, e aí entra a ironia da história, no momento em que um dos polos, a União Soviética, após pregar sucessivos sustos ao Ocidente com o Sputnik, com seus avanços na produção industrial e na tecnologia guerreira e com as ameaças de Kruchev, parecia capaz de esmagar na Europa as forças terrestres que se lhe opusessem (lutando em todo caso no campo arruinado de um mundo contaminado atomicamente), ocorreu o imprevisto, não o inevitável. O mundo soviético desabou como consequência da concentração de suas energias no esforço bélico e, como vimos, graças à incapacidade de dominar as mais modernas técnicas industriais e de serviços baseadas nas tecnologias da informação.

A releitura da apresentação que Raymond Aron fez em maio de 1979 para a edição brasileira de *Paz e guerra entre as nações*, menos de dez anos antes da queda do Muro de Berlim, mostra bem como o desmoronamento soviético foi surpreendente. Aron temia que a União Soviética já houvesse ultrapassado os Estados Unidos. Não ultrapassara no campo da produção econômica, mas já tinha a capacidade de apoiar na África, no Oriente Médio e em outras partes do mundo quem se opusesse ao predomínio norte-americano. A "balança do terror" e as políticas de contenção dos norte-americanos e aliados não foram eficazes para controlar o que ele chamou de hegemonismo soviético, que estaria substituindo o imperialismo norte-americano em capacidade de influência. O mundo assistia a um estranho processo: "O enfraquecimento dos Estados Unidos na economia internacional agrava a contradição original do mundo contemporâneo: a existência de um mercado mundial sem um império universal. A supremacia norte-americana cria a aparência de um império".[4]

Havia fatores objetivos, segundo Aron, que minavam tal supremacia, tornando-a mais aparência do que realidade. Entre eles, assinalava que o fracasso da política de contenção e os acordos SALT levaram à igualdade de capacidade bélica entre os dois contendores. Da mesma forma, a redução da margem de superioridade econômica norte-americana e a fragilidade do dólar contribuíam para o enfraquecimento relativo dos Estados Unidos. As crises no Irã e nos países africanos, apoiados por conselheiros militares e armas soviéticas, e mesmo a ação deles no Oriente Médio, seriam exemplo disso.

Como tábua de salvação, ponderava Aron nos fins da década de 1970, surgia a China. Quem sabe uma nova aliança evitasse a derrocada frente ao hegemonismo soviético, "hegemonismo contra imperialismo, armas contra mercadorias, diriam os chineses. Hoje, o imperialismo [desprovido da conotação colonialista e de anexação territorial, acrescento] representa o concurso indispensável dos capitais e da tecnologia do Ocidente".

De lá para cá muita coisa mudou. A ruína do comunismo como ideologia e como princípio de organização social e econômica de uma potência parecia abrir um caminho sem obstáculos para os Estados Unidos deixarem de ser apenas o centro do mercado mundial e se tornarem de fato um império. Não foi isso, contudo, o que ocorreu. De novo, a história surpreendeu. A reconstituição da Europa como unidade econômica, até mesmo com moeda própria e Banco Central único, o ressurgimento da Federação Russa como potência energética e aspirações a um papel de "hegemonia limitada" (será mesmo limitada?) em sua posição estratégica entre a China, a Ásia Central, o Oriente Médio e a Europa podem mudar as condições políticas globais. Se a esses processos acrescentarmos a vitalidade insuspeitada dos países islâmicos (dentre os quais os árabes jogam papel decisivo e, mais recentemente, os antigos persas) e sobretudo a China, refeita dos males da guerra e dos desastres da Revolução Cultural, aderindo ao capitalismo de estado em aliança com as multinacionais, vê-se como se tornou difícil que o "espírito de império" substitua o "espírito de liberdade econômica". Até mesmo o crescimento dos países cujas economias são qualificadas atualmente de emergentes, entre os quais o Brasil, colabora para que a supremacia política dos Estados Unidos se transforme mais em aparência do que em realidade. Kissinger escreveu que a União Soviética era um colosso político-militar e um anão econômico. Inversamente, o Japão era um gigante econômico e militarmente irrelevante. Não nos enganemos, entretanto: os Estados Unidos estão longe de poder exercer a hegemonia global a que se pensavam destinados logo depois de 1989, mas continuam sendo um gigante econômico, talvez alquebrado, e não são um anão militar.

A percepção dos líderes da política externa norte-americana não foi, contudo, a de que vivessem um momento de relativa fragilidade. Vitoriosos sobre os soviéticos sem ter de dar-lhes batalha militar, sentiram-se suficientemente fortes para sonhar novamente com uma *Pax Americana* durável. Em uma contrafação do que fora a crença na excepcionalidade americana de Wilson – a convicção inabalável de que estão no mundo para disseminar os valores morais da democracia e da liberdade –, acreditaram com fé e cegueira que o unilateralismo corrigiria o que a mesa de negociações da ONU ou mesmo do Conselho de Segurança já não resolvia. Lançaram-se à aventura no Iraque, como cruzados de uma causa não revelada por nenhum deus nem justificada por qualquer filósofo. Nem se preocuparam com as consequências de questões não resolvidas, como as da Palestina e de Israel e tantas outras mais. Conseguiram a proeza de, mantendo-se como centro do sistema econômico mundial, não abrirem frestas de legitimidade para suas ações de interferência na ordem política mundial. Esquivaram-se de partilhar com outros países as responsabilidades do poder, cegando-se à realidade. Com isso ampliaram o que Aron temia: o enfraquecimento do dólar, a perda lenta de supremacia econômico-produtiva, como se vê atualmente. Demonstraram até mesmo a inutilidade de seu poder bélico para travar uma luta de novo tipo, com "não estados" (tipo Al-Qaeda) que se aliam ao que chamam de *rogue states*. As armas dos novos inimigos, do tipo *suicide bombers*, não servem para derrotá-los – o que parece impossível – mas para desgastá-los.

Uma nova ordem mundial?

Mas os Estados Unidos se enfraquecem diante de quem? Da China, é a resposta mais óbvia. Mas não é só: também da Rússia, eventualmente de uma Europa mais robusta política e economicamente, quem sabe da Índia, do Brasil e de outros novos atores mundiais, como a África do Sul, os países petroleiros etc. A era dos impérios provavelmente terminou em proveito de um momento em que continua a existir um sistema econômico global, mas submetido a influências políticas múltiplas e fragmentárias. Neste novo sistema dificilmente os Estados Unidos perderão centralidade, na medida em que continuarem a puxar o carro das inovações e da plasticidade cultural e social. Por outro lado, dificilmente poderão aspirar a ser o centro de um império, porque isso é um propósito irrealista. A fragmentação existente entre os Estados-nação, o fortalecimento econômico de alguns deles, a falta de força político-moral para justificar o domínio de um só e as dificuldades militares que as guerras de novo tipo ocasionam, levam a um dilema: ou se cria uma outra ordem internacional ou a desordem prevalecerá por muito tempo, sob aparente predomínio norte-americano.

Para manterem uma posição de centralidade nos mercados globalizados, que não funcionam como se fossem um sistema de "democracias de mercado", os norte-americanos deverão entender que a Europa não precisa atuar submissa aos interesses norte-americanos, como propôs Robert Kagan.[5] Ao contrário, a Europa deveria querer e se dispor a ter uma política externa ativa, como indica Javier Solana.[6] Ninguém melhor que o Velho Continente – junto com algumas novas nações, como o Brasil, a Índia ou a África do Sul, por suas experiências em algum desses temas – para dar mais flexibilidade à agenda dos novos desafios globais. Estes também dizem respeito e muito diretamente aos interesses norte-americanos, mas têm um significado universal. Refiro-me a temas como os do aquecimento global, das crises energéticas e da escassez das águas, ou os das imigrações, da igualdade racial e assim por diante. Em uma palavra: é preciso desenvolver a plasticidade sociocultural necessária para permitir que haja paz em um mundo interdependente. Será o idealismo de Obama suficiente para contrabalançar os interesses incrustados na matriz produtiva dos Estados Unidos e na autopercepção de condutores do mundo que ainda predomina nas elites norte-americanas?

Em alguns aspectos a cultura norte-americana foi capaz de se sair bem do desafio da globalização econômica, como no caso da adaptação da sociedade às novas tecnologias, bem como no aprofundamento das instituições para assegurar o exercício dos direitos civis e humanos. Em outros, como no caso do meio ambiente e mesmo das migrações, alguns países europeus ou o próprio Brasil têm dado respostas mais satisfatórias. E há casos na nova agenda global, como o terrorismo, o contrabando e as drogas, a desnuclearização, que só poderão ser bem enfrentados se o controle de sua disseminação não ficar nas mãos de uma só potência. De forma semelhante, o que resta de válido no sonho norte-americano de se pensarem como o germe de um estado geral de felicidade, democracia e prosperidade mundial só encontrará ressonância se for despido de seu aspecto enganador, pois a ordem capitalista nacional ou internacional é por natureza assimétrica. Só terá força legitimadora na ordem global se houver um caminho de democratização efetiva na relação entre povos e Estados. Um novo relacionamento entre os Estados encontrará sempre as dificuldades tradicionais que requerem algum equilíbrio de poder, além dos novos obstáculos, advindos da fragilidade atual dos Estados-nação para impor a ordem legítima em seus próprios territórios, como assinalou Eric Hobsbawm, entre muitos outros autores.[7]

O erro estratégico dos propugnadores do *regime change* e das guerras preventivas (*preemptive wars*), como Robert Kagan ou Paul Wolfowitz, foi o não se terem apercebido que o momento era para negociações e para a retração da presença político-militar norte-americana, a troco da ampliação de sua presença econômico-tecnológica e cultural, pois a era dos impérios – pelo menos momentaneamente – está declinante. Os elementos de persuasão que Joseph Nye chama de *soft power* contam mais para o reordenamento mundial do que ogivas nucleares que não podem ser lançadas.[8] Um mundo futuro de paz e de prosperidade requer a ampliação do G-8, agora transformado em G-20, depende de o governo norte-americano estar disposto a aceitar – dentro de condições – o mundo islâmico em sua diversidade e com suas excentricidades e entender que se beneficiará com o fortalecimento da Europa de forma relativamente autônoma. Torna-se imprescindível, ademais, o reconhecimento do papel político de parceiros emergentes e da participação mais ativa do Japão e da Rússia na nova *entente* global e, sobretudo, da China – que é a grande vencedora da corrida econômica.

Ou seja, o mundo, para ser estável e garantir a paz, precisa de uma ordem internacional regulada por um sistema decisório mais compartilhado e que sustente políticas econômico-financeiras menos assimétricas. A correção dessas assimetrias não pode se basear apenas em imperativos morais, mas em políticas que encorajem a generalização do crescimento econômico e ensejem uma ação efetiva na luta contra a pobreza e as enfermidades nas regiões mais pobres do planeta. São valores que um sistema economicamente interdependente e globalizado pode e deve assumir em benefício de sua durabilidade.[9]

Não se vê com clareza se os fundamentos desta nova ordem estão se consolidando. Sua consolidação dependerá do modo de resolução da crise financeira de 2007-2009, o que só ficará mais nítido quando a retomada global do crescimento econômico mostrar se está, ou não, baseada em novos fundamentos. A ação coordenada dos bancos centrais teve fôlego para sustar a tragédia consequente à quebradeira do sistema financeiro mundial. A recuperação da China e o amortecimento dos efeitos da crise em algumas economias emergentes (principalmente nas que puderam se beneficiar das exportações de *commodities*) levaram os países recém-chegados ao clube mundial a pressionar por mais voz na cena.

Os riscos de redefinição da cena global baseada quase exclusivamente em um G-2, Estados Unidos e China, não estão, entretanto, ausentes. Embora a China possa ter dificuldades para dar maior ênfase ao mercado interno e não esteja clara a solidez de seu sistema financeiro, se ela se recuperar poderá falar em pé de maior igualdade com os Estados Unidos e buscar obter uma aliança estratégica privilegiada com eles. Por enquanto tudo isso é especulação e bem se pode fazê-la de modo inverso dizendo que a China talvez se beneficie mais fortalecendo alianças com o ex-Terceiro Mundo, sobretudo com as economias ditas emergentes, do que se atrelando em um jogo complexo com os Estados Unidos.

Convém olhar com um pouco mais de detalhe para a crise recente e os esforços para sair dela, pois são passos a mais nos desdobramentos do predomínio do capitalismo norte-americano e da hegemonia dos Estados Unidos.

A crise financeira começou, como tantas outras, com o estouro de uma "bolha" de ativos. Na formação dessa bolha houve o afrouxamento da política monetária e, de há muito, um desdém com a política fiscal. Inumeráveis artigos e relatórios foram escritos sobre os déficits gêmeos, endividamento externo e interno dos Estados Unidos. A despeito disso, o *Federal Reserve*, sob a direção de Greenspan, então considerado um mago, continuou com uma política frouxa de juros. E o Tesouro norte-americano, sob Bush, habituou-se a funcionar no vermelho. Denunciava-se a subvalorização da moeda chinesa e a acumulação de superávits desproporcionais naquele país. Mas nada se fazia para corrigir os erros domésticos. Por trás da inação, havia um bálsamo que inebriou os economistas financeiros: a crença na racionalidade intrínseca dos mercados. Quanto menos se regula, melhor. O pressuposto seria o de que emprestadores e consumidores agiriam racionalmente. E aparentemente assim foi: enquanto o preço das casas subia sem cessar, era racional tomar novos empréstimos, vender a casa possuída e comprar outra melhor. Assim como era racional ampliar sem muito critério a oferta de crédito e carregar um pouco nos juros das hipotecas, enquanto houvesse tomadores. Até que... Bem, até que, como acontece desde a famosa especulação com o valor das tulipas na Holanda, no século XVII, alguém deixa de pagar e o castelo de cartas se desfaz. Dá-se o comportamento de manada, que de racional nada tem. Nada de novo sob o céu.

A novidade foi a reação dos bancos centrais diante da crise. Com as lições de 1929 presentes, os bancos centrais inundaram o mercado de liquidez, os tesouros salvaram bancos, promoveu-se uma socialização das perdas de modo que quem poderia ir à bancarrota (com as notáveis exceções do tipo Lehman Brothers e dezenas de pequenos bancos) resistiu. No futuro, os contribuintes pagarão o custo de tudo, seja por meio de um aumento de impostos, seja pela desvalorização do dólar e pela inflação. Isso sem falar no desemprego, que já cobrou o seu preço e continua cobrando, mesmo depois de controlado o sufoco financeiro. A crise continuará a pesar sobre as famílias norte-americanas, com altas taxas de desemprego e redução de consumo.

Não faltou quem pensasse que, com a amplitude da crise, tudo iria mudar, quem sabe até mesmo a globalização daria lugar a um outro desenvolvimento de caráter mais humano e solidário. Tais suposições decorreram do fato de que poucos analistas avaliavam a possibilidade de coordenação tão rápida entre os bancos centrais ou de sua disposição de inundar o mercado de dinheiro; muito menos perceberam que a economia mundial *já não fosse mais a mesma*. China e demais emergentes fizeram políticas fiscais e monetárias anticíclicas de estilo keynesiano, tiradas da poeira das bibliotecas ou de experiências práticas de vida e, sem se preocupar muito em saber se a reação dos mercados seria racional ou não, nem com as consequências de longo prazo de suas decisões, estimularam fortemente a demanda pela via fiscal. Como hoje as economias emergentes possuem um peso relativo maior, elas serviram de dique para a recessão dos países altamente desenvolvidos.

Houve, a partir daí, uma sensação rápida de alívio que jogou de lado as aspirações de reformas mais profundas. Da reforma da ONU, por exemplo, ninguém ouviu falar mais uma palavra, muito menos sobre a questão da legitimidade de decisões emanadas de grupos de poder à margem do sistema onusiano. Em contrapartida, há o reconhecimento – lento, gradual e inseguro – de que existe uma nova geopolítica global em formação, da qual o G-20 é a expressão mais visível. Aparentemente haverá a justaposição de mecanismos decisórios *ad hoc* aos mecanismos internacionais derivados da Carta das Nações Unidas. O G-20 não dispõe, porém, de um secretariado para pôr em marcha seus acordos. Tudo continua na dependência das antigas burocracias: FMI, Banco Mundial, OMC, BIS e, principalmente, dos governos nacionais das grandes potências e das emergentes. O FMI teve seu lastro reforçado (a China entrou com 40 bilhões de dólares e o Brasil, com 10), as comissões de reforma do sistema financeiro estão contribuindo com ideias, o dólar vai capengando, o euro – se a Europa conseguir debelar suas próprias crises financeiras – quer surgir como moeda de reserva, embora a lentidão de sua recuperação econômica dificulte esse processo, o FMI viu seus direitos especiais de saque reforçados, os chineses falam em uma cesta de moedas de referências etc. Sinais de que algo há de ser feito, sem falar no protecionismo que reacende larvarmente e amedronta.

De qualquer forma, tanto parece que o dólar sairá mais enfraquecido como fica difícil imaginar, nas circunstâncias geopolíticas atuais, que os Estados Unidos consigam transferir para o resto do mundo parte importante do ônus que a crise lhes ocasionou, mantendo sua moeda subvalorizada. Talvez tenham de aumentar as taxas de juros, além de aumentar os impostos. Se isso ocorrer, pagarão o preço de um crescimento mais lento, o qual poderá abrir espaço para ampliar o peso político relativo dos países que se saírem melhor da crise.

No centro das dúvidas sobre até que ponto o sistema global mudará ou se o imobilismo prevalecerá, está a questão da própria natureza dos mercados e do capitalismo. Os defensores extremados da liberdade de mercado, como foi moda até agora entre muitos economistas, como os da escola de Chicago, para mencionar um só exemplo, dão a rápida recuperação em curso, ainda que instável, como argumento para não fortalecer os mecanismos de regulação dos mercados financeiros e controlar, por exemplo, os derivativos. Os keynesianos moderados concordam que, até certo ponto, mercados desregulados podem antecipar tendências negativas dando sinais de alerta para alguma intervenção corretora. Os netos de Keynes acham que sempre que o mercado financeiro vira cassino precisa do contrapeso de um xerife poderoso. Já os bisnetos de Marx acham que é da natureza de dito sistema ter um ingrediente de especulação e que as crises são inevitáveis.

Aparentemente o governo norte-americano está apostando em uma escola intermediária: deixemos os mercados livres, mas aumentemos as torres de observação – a capacidade operacional dos bancos centrais – para, quando necessário, atuar mais depressa do que o tsunami. Os países emergentes, China à frente, dão passos tímidos para pedir mais regulamentação, enquanto a Europa Continental, em berço esplêndido, ao mesmo tempo que aproveita sua tradição de dispor de reguladores mais fortes, não se desgosta de ver o dólar e a libra se esvaindo enquanto o euro, sempre mais preguiçoso, tenta ganhar espaço.

Será que se deve responder à pergunta sobre se o imobilismo permanecerá dizendo "*plus ça change, plus c'est la même chose*"? Nem tanto. De qualquer maneira, os desdobramentos a que estamos assistindo implicam passos diversos do que foi até agora o predomínio do capitalismo de estilo norte-americano e da hegemonia dos Estados Unidos. É difícil determinar até que ponto essas mudanças significam mudanças no centro do capitalismo mundial. Parece, não obstante, que o hegemonismo que se seguiu ao desmoronamento do bloco soviético está sendo substituído por uma fragmentação das estruturas de poder, bem espelhada pela manutenção das regras da ONU e de suas instituições econômicas fundamentais sob forte influência norte-americana e a criação de grupos *ad hoc* a que me referi anteriormente, do tipo G-8, G-20, G-2, G-4 ou que número tenham.

A profundidade, a duração e as consequências geopolíticas da crise são imprevisíveis. Nem tudo que ocorre, entretanto, é negativo. Da mesma forma que a globalização não significou o fim da história, a crise atual não significa o fim da globalização. Pode significar sua transição para um novo momento no qual haja uma inter-relação mais dinâmica entre sociedade e política, economia e cultura. A busca insensata do lucro levou a um impasse. O modelo da era consumista mostrou certos limites. Com isso abrem-se espaços para discutir o que entendemos por qualidade de vida, como vemos o equilíbrio desejável entre liberdade pessoal e solidariedade e assim por diante. Em contraposição à exuberância irracional dos mercados, a crise favorece a revalorização das noções de trabalho e poupança, transparência e confiança, inovação e investimento como caminhos mais seguros para a geração de prosperidade e coesão social em longo prazo.

Se isto vai ocorrer ou não depende da velocidade com que a economia global venha a se recuperar (pois, se for muito depressa, dificilmente os Estados nacionais abrirão espaço a formas de interdependência) e da força política dos que se opõem à volta às práticas do passado recente. É neste passo que os novos/velhos temas relativos ao aquecimento global, à interpenetração das culturas provocada pelas migrações, à desnuclearização, aos direitos humanos, ao direito ao trabalho decente e assim por diante se incorporam à temática da redefinição da ordem global e talvez possam ter incidência positiva em um reordenamento global que não se baseie apenas no predomínio de mercado e na força bélica.

As opções do Brasil no jogo global do século XXI

Em outras partes deste livro mostrei que a atual etapa da internacionalização econômica tem especificidades tecnológicas, organizacionais e valorativas. Qualifiquei-a mesmo como uma globalização à americana por terem sido os Estados Unidos a nação que produziu ou adaptou os inventos com consequências mais dinâmicas na economia e na sociedade contemporâneas. É possível continuar a caracterizar o período atual como um momento da globalização norte-americana? Ainda é possível falar de uma hegemonia dos Estados Unidos na ordem global? Não sendo o caso, como esta ordem se está redesenhando na atualidade e que espaço ela abre para o Brasil?

A antiga discussão sobre livre comércio ou protecionismo volta à baila com certa frequência e, de vez em quando, de maneira invertida.

Os três pilares da ordem econômica atual, a dupla China-Índia, os Estados Unidos e a Europa, quando lhes interessa, namoram medidas restritivas ao comércio ou, no caso dos primeiros, ao livre curso dos capitais, para não falar das restrições dos dois últimos à movimentação de contingentes humanos.[10] E nem por isso a globalização se detém. Os Estados Unidos e a Europa, por sua vez, tendem a manter visões distintas sobre como manejar melhor a ordem econômica mundial: apoiando as instituições e os compromissos internacionais ou jogando mais no mercado e na livre iniciativa sem tantas regras. Alguns países em desenvolvimento, ao menos em um primeiro momento, cogitaram defender seus interesses globais reforçando a solidariedade regional, como ocorreu com a União Europeia (o Mercosul é apenas um dos muitos intentos nesta direção).

Seria pueril imaginar que os parceiros recém-chegados à ordem global devessem se amarrar às visões que prevaleceram ou prevalecem nos atuais polos do sistema mundial. Os mercados contam, mas os mercados, principalmente os de países populosos, não dispensam Estados que os apoiem. Sabe-se também que, para avançar atualmente posições na ordem econômica global, a ação dos Estados se baseará cada vez menos na força militar: o *soft power* cresce em importância em um mundo no qual os pilares se mantêm interagindo e não guerreando entre si. A capacidade política e diplomática para fazer acordos de comércio ou para aproveitar os espaços abertos pelas divergências entre os grandes parceiros abre alternativas aos menos poderosos. Os países novatos na globalização aprenderam a utilizar a OMC para defender seus interesses contra o protecionismo dos ricos ou a usar as regras dos tratados de proteção intelectual de modo a defender os interesses específicos de seus povos. Também estão se dispondo a utilizar suas reservas nacionais, de petróleo, de florestas ou de águas, como fator de poder.

Deste *puzzle* decorre que a globalização contemporânea, apesar de conter inegavelmente fatores de homogeneização, não produziu, em qualquer um dos países que são pilares da ordem econômica, a força econômico-militar necessária para impor isoladamente sua vontade sobre os demais, nem logrou uma convergência de valores, um consenso, que pudesse dar legitimidade a uma ordem unipolar. Assim como em 1929 havia contradições entre os fatores econômicos e os Estados, ou como a onda globalizadora lançada no quarto final do século XIX se esboroou na Primeira Guerra Mundial, parece haver certa inconsistência nos dias que correm entre um modo de produzir e de comerciar que requer harmonia universal (Montesquieu se referia ao *doux commerce* como força de concórdia e civilização), e a incapacidade de se produzir um equilíbrio de forças entre os Estados para que se construam regras universalmente aceitas.

Nada assegura que a História deva caminhar na direção de qualquer equilíbrio. Entretanto, dificilmente voltaremos ao mundo *hobbesiano* da guerra de todos contra todos, não só pelo que a globalização econômica já implicou de articulação entre opostos e diferentes, mas pela pressão de temas globais que independem de convergências econômicas, de equilíbrios entre os poderes e mesmo de ideologias – crime transnacional, drogas, meio ambiente, terror atômico, terrorismo, escassez de água e, eventualmente, de minerais fósseis etc. Terminada a Guerra Fria, e portanto a bipolaridade, depois de breve período onde havia no horizonte a possibilidade de uma efetiva hegemonia norte-americana, começou a se desenhar um mundo diferente.

Há três fatores, principalmente, que dificultam a formação de uma nova ordem mundial mais equilibrada, ainda que sob forte influência de uma superpotência. O primeiro é a assimetria chocante que a globalização, ou melhor, o sistema capitalista mundial produz: a África subsaariana ou qualquer segmento de países emergentes que com ela se pareça, e são muitos, toca o sinal de alarme das desigualdades. Difícil legitimar uma ordem tão injusta. O segundo é a revivescência de fundamentalismos político-religiosos, apoiados por Estados ricos, como os que prevalecem nos países petroleiros do Oriente Médio. O terceiro é a pugna entre os beneficiários da globalização para definir os rumos que ela poderá tomar (as potências energéticas do Golfo, a Rússia, na mesma condição, China e Índia e assemelhados como *newcomers to power and prosperity*, União Europeia e os Estados Unidos).

Nesse contexto há quem caracterize a ordem global atual como multicivilizacional e multipolar, processo consequente ao "declínio do império norte-americano". Expressão duplamente ambígua esta última, pois nem chegou a haver propriamente um império norte-americano, ao estilo do inglês, nem o poderio militar dos Estados Unidos está declinando. Ele se tornou, isto sim, menos eficaz como fator de sustentação do poder mundial diante de adversários que não prezam a vida nos termos ocidentais. O alcance da ação militar dos Estados Unidos e sua força para impor decisões políticas ou econômicas não correspondem ao que foram há 15 anos. Mas me parece erro de avaliação estratégica extremar estes sinais como se significassem uma despedida da hegemonia. Eles implicam uma reformulação da hegemonia e é nesse sentido que se podem entender as referências aos novos *Big Three*: Estados Unidos, China e Europa.[11] Estes três polos disputam influência e poder no contexto de uma ordem econômica globalizada, na qual os Estados Unidos, com sua cultura favorável à inovação e à mudança, continuam com o papel principal, o que não implica a existência de uma ordem política harmônica, submissa ou isenta de competições. Assim como ocorreu com o processo produtivo, a ordem política global deixou de ser compatível com centralizações. Ela se distribui em cadeias de influência e poder, interagindo autonomamente com as cadeias econômicas.

É nas brechas, digamos assim, da grande cena, que os novos parceiros intervêm no jogo político. A fluidez da conjuntura política mundial permite papel mais significativo aos países que Parag Khanna chama de *swing states*. O Brasil soube aproveitar essas brechas, lutando em Doha pelo direito de quebrar patentes em certas circunstâncias, ou questionando o protecionismo, ora europeu, ora norte-americano, bem como em Cancun, quando colocou obstáculos a acordos globais que nos poderiam ser lesivos. E não é o único país que aspira a ter um papel relevante na cena mundial. Com maior ou menor espalhafato, ora jogando com o petróleo, ora com a questão nuclear, outros tantos Estados, com menos estilo *swing* e mais de *rogue states*, exercem o poder a seu modo. No Oriente Médio, no Golfo e no norte da África a possibilidade de uma globalização multicivilizacional começa a se esboçar, pelo menos como interrogação. A pressão exercida por alguns países desta área, em termos de terrorismo, de ameaça atômica ou de jogo com o petróleo, coloca o desafio de compatibilizar os interesses da globalização econômica com as práticas de Estados e sociedades com tradições culturais distintas das que prevaleçam no mundo ocidental. Neste caso estamos distantes de uma globalização culturalmente homogênea, de inspiração ocidental.

Com desembaraço muito maior, países como a Rússia, ainda que se questione seu poderio real, voltam a ter voz no capítulo, podendo estabelecer alianças variáveis com a China, com os demais países produtores de energia ou mesmo com a Europa. A Turquia, por motivos geopolíticos, ganha uma força desproporcional a seu poderio bélico ou econômico: sua aceitação na União Europeia redefiniria a fronteira do mundo ocidental. Outra coisa não faz a Índia ao arrancar acordos atômicos com os Estados Unidos para, se for o caso, delimitar o mundo islâmico na fronteira leste da Ásia. Para não falar da China, que tem a capacidade de servir de polo de atração na Ásia, de exercer influência econômica nas Américas e na África e, ao mesmo tempo, assimilar a cultura econômica globalizante. A China, talvez mais do que o Japão, foi capaz de assimilar – ou assim desejou – certos valores ocidentais. O confucionismo pragmático e a homogeneidade cultural chinesa talvez expliquem a facilidade com que os chineses pretendem criar uma "sociedade com um socialismo harmonioso", como o presidente Hu Jintao define sua estratégia.[12] Aos olhos ocidentais esta política mais se parece com o desenvolvimento de uma sociedade cujo dínamo é o capitalismo de estado e cujo modo de viver – nas áreas costeiras, pelo menos – se assemelha mais ao da globalização à americana: a fome de consumo e o êxito na vida são os valores que orientam as condutas. A diferença é que o Estado chinês continua forte, sob controle de partido único, e regula tanto os limites do mercado como a absorção dos valores liberais na vida política. A liberalização política, quando ocorre, é a conta-gotas.

De qualquer modo, é preciso distinguir o jogo mundial de poder dos efeitos da globalização e das relações econômicas que ela cria. Por mais que se inovem os processos produtivos e que eles se distribuam no espaço planetário e por mais que se fusionem os capitais, a vontade política das nações, corporificada nos Estados com seu natural egoísmo esclarecido, continua atuando na cena do poder mundial com relativa autonomia frente aos estritos interesses econômicos. O jogo de poder continua a barrar (ou a facilitar) os avanços da globalização econômica, deslocando polos dominantes e criando novos parceiros. A partir do início do século XXI, mesmo que não ocorra o propalado colapso do império norte-americano, será difícil pensar em um mundo homogêneo conduzido pela potência economicamente dominante. Ela pode eventualmente continuar a ser o motor principal da economia (e mesmo isso está em questão, como se vê pelos efeitos moderados da recessão atual dos Estados Unidos sobre a economia dos países emergentes), mas não tem força suficiente para ditar as regras do jogo.

A criatividade e a plasticidade da sociedade norte-americana podem, é verdade, contornar as dificuldades de adaptação dos Estados Unidos às condições políticas atuais. O erro estratégico do governo Bush, de intervir unilateralmente *urbi et orbi*, bem pode ser corrigido pela nova administração norte-americana. Só o tempo dirá. De qualquer modo, os Estados Unidos e os demais polos dominantes terão de abrir espaço para novos parceiros, os quais até podem estar dispostos a se acomodar aos imperativos da globalização econômica, mas tenderão a preservar os valores culturais e os interesses nacionais.

Foi a partir desta perspectiva que o Brasil, desde antes da queda do Muro de Berlim, mesmo sem ter clareza sobre as consequências dos processos em marcha, redefiniu sua política exterior. Seguindo a tradição que vem de longa data e foi codificada na gestão Rio Branco, o Itamaraty olha para a América do Sul, e mais especificamente para a Bacia do Prata, como área de interesse estratégico. Ao mesmo tempo, nossa Chancelaria sempre prestou atenção especial ao poderoso vizinho do norte, matéria a que Joaquim Nabuco devotou cuidado especial. Não para hostilizá-lo nem muito menos para atrelar-se às suas políticas, mas com o desejo de manter boas relações para ganhar espaços de liberdade e poder cuidar com mais autonomia da área de seu interesse específico.[13] Em alguns períodos, dependendo da conjuntura internacional, se ampliam os objetivos estratégicos para incluir o cone sul da África e os países lusófonos. No passado sentimo-nos permanentemente ligados à Europa, ora pela influência econômica inglesa, ora pela influência cultural francesa. Nas duas grandes guerras do século XX o Brasil se alinhou com a Inglaterra, a França e os Estados Unidos. Na medida em que o eixo econômico mundial se foi deslocando da Europa para os Estados Unidos, era natural que nossas relações econômicas e políticas também se aproximassem daquele país.

Houve momentos de relativo distanciamento dessas posições. Durante o governo Vargas, por breve período, o Brasil pareceu jogar com a Alemanha, mas na verdade estava se aproveitando das fissuras entre os grandes para obter vantagens econômicas. No governo Jânio Quadros, com a política externa "independente", nos aproximamos do grupo dos países não alinhados (Índia de Nehru, Egito de Nasser etc.) para defender-nos das tensões da Guerra Fria, política que se manteve no período João Goulart. Na fase final dos governos militares, especialmente sob o general Ernesto Geisel, seguimos a linha de aproximação com a África e, em geral, com o que então se chamava de Terceiro Mundo, movidos por objetivos econômicos, dentro da orientação favorável a um "pragmatismo responsável". Anteriormente os generais-presidentes encontravam dificuldades para se relacionar com uns poucos governos democráticos nos Estados Unidos e na Europa que foram mais ativos na luta pelos direitos humanos. Posteriormente, com a redemocratização na década de 1980, sob a presidência Sarney, normalizamos o relacionamento com os países socialistas, incluindo Cuba, nos reaproximamos da Argentina e reencetamos o relacionamento tradicional com o "mundo ocidental".

Depois da queda do Muro de Berlim, sob Collor de Mello e daí por diante, lançamo-nos à formação do Mercosul, processo que tem continuidade até hoje. O tratado de inspeção nuclear recíproca entre Argentina e Brasil foi um marco significativo da nova época: nada de relações bélicas no Prata, mas sim de colaboração política e econômica. Entre 1995 e 2002, ampliamos o relacionamento com a América do Sul, organizando a primeira cúpula presidencial da região em Brasília em 2000, que se repetiu em Quayaquil em 2002. O governo Lula manteve essa preocupação essencial com a América do Sul, deu prosseguimento às diretrizes do governo anterior no sentido de ampliar o relacionamento com a Ásia (especialmente Japão, China e Índia) e com a África e deu maior impulso na direção do Oriente Médio. Do mesmo modo, reafirmou o relacionamento positivo com os Estados Unidos e com a Europa. Desde 1995 instituiu-se mais ativamente o que se convencionou chamar de diplomacia presidencial, prática facilitada pelos meios de comunicação mais rápidos e pelo peso crescente do país na ordem política.

Em suma, apesar das variações de tonalidade nos discursos, com as poucas exceções anotadas acima, o relacionamento do Brasil manteve certas invariâncias. A forma da ação diplomática, o alcance das relações econômicas e o peso intrínseco do país no mundo, entretanto, variaram. O zelo em manter uma atitude de autonomia relativa e de independência na cena mundial, sem alinhamentos automáticos, não são marcas de um governo, mas visão de Estado. Optamos por uma política de "geometria variável", buscando aliados conforme as questões postas sob a mesa de negociações, para melhor defender nossos interesses conforme as circunstâncias. E nunca deixamos de considerar as contingências da geografia: o *dictum* de Lafer, "Mercosul é destino, ALCA é opção", expressa bem este fato.

Dada a globalização econômica com o consequente entrelaçamento da economia brasileira à internacional, com a presença das multinacionais em nosso mercado e das empresas brasileiras no mercado externo, era natural que a política externa desse uma ênfase diferente à atitude anterior de preservar a autonomia pelo relativo distanciamento do mundo, como o embaixador Gelson Fonseca Júnior qualificou o que ocorreu no passado. Passamos a procurar autonomia pela participação ativa na elaboração das normas e pautas de conduta da gestão da ordem mundial. Nas palavras de Celso Lafer: "os interesses específicos do país estão, mais do que nunca, atrelados a seus 'interesses gerais' na dinâmica do funcionamento da ordem mundial". Ou, metaforicamente, "o desafio da política externa brasileira, no início do século XXI, é o de buscar condições para entoar a melodia da especificidade do país em harmonia com o mundo".[14]

A globalização despertou-nos da quietude de preservação de nossos interesses pelo relativo alheamento do mundo. De agora em diante, pelo contrário, ou adotamos uma postura de realismo crítico, como a qualifica o mesmo Lafer, e nos damos conta de que o externo e o interno estão mais do que nunca entrelaçados e, portanto, devemos atuar crescentemente na cena mundial de poder, ou não corresponderemos ao que a História nos dá como oportunidade. Para preservar a vontade nacional de ver o país desenvolvido e forte é preciso não confundir o "nacionalismo de fins" com o "nacionalismo de meios". O primeiro não varia com os governos, faz parte da tradição do Estado brasileiro, cioso em garantir que o desenvolvimento econômico melhore as condições de vida da população. O segundo pode ser um estorvo para o mesmo propósito, dependendo das circunstâncias.[15]

Para assegurar o "nacionalismo de fins" e, portanto, o interesse nacional, cabem variações instrumentais. Por exemplo, é melhor fazer uma política ao estilo "terceiro-mundismo de resultados" e jogar todas as fichas nos países subdesenvolvidos para obter uma cadeira no Conselho de Segurança, ou achar que ainda não chegou a hora da reforma da ONU e, por isso, melhor servimos ao propósito nacional se lutarmos pela ampliação do G-7, enquanto não chega a hora de um passo maior? Ou, noutro exemplo, ficarmos indecisos diante das questões ambientais, para garantir autonomia em nosso estilo de desenvolvimento – ainda que "selvagem" –, mesmo que à custa do meio ambiente, ou empunhar com força as causas ambientalistas compatíveis com o crescimento sustentado da economia, e assim por diante. Em qualquer dos casos, a discussão não se dá entre quem deseja uma política externa independente ou não, pois todos a querem, mas com relação ao modo adequado de realizá-la, ficando as opções na dependência da análise que se faça do contexto global.

Do ponto de vista mais estritamente econômico as opções têm a ver com a volta a políticas que reforçam um estatismo disfarçado, com certo dirigismo econômico e restrições ao capital estrangeiro, *versus* o fortalecimento institucional do Estado para definir regras que, preservando a livre iniciativa, impeçam a tentação monopolista. Esta tem, frequentemente, desdobramentos patrimonialistas, propiciando vinculações espúrias entre o público e o privado, concentrando a renda e prejudicando o interesse coletivo. Tem a ver, também, com decisões diretamente ligadas ao acesso aos mercados. Escolhas, como por exemplo, as que ocorreram na reunião de Miami sobre a ALCA em 2003, restringiram nossa margem de manobra. Temerosos da concorrência norte-americana, postergamos a criação de um mercado comum – decisão possivelmente correta, se fosse apenas para ganhar tempo – mas cujo resultado foi restringir opções. Os Estados Unidos passaram a atuar fortemente para estabelecer acordos bilaterais com quase todos os países da América Latina (cancelando eventualmente as vantagens que o Brasil teria em função dos acordos sob o guarda-chuva da ALADI), isolando-nos no Mercosul, e este não conseguiu até hoje qualquer acordo com a União Europeia.

Dei esses poucos exemplos para mostrar que a nova fase da globalização coloca desafios e abre opções, que podem ser enfrentados, desde que os estadistas e os *policy-makers* avaliem corretamente a situação do mundo e tenham uma visão realista sobre as possibilidades do país. Ao decidir é preciso ter em mente os interesses nacionais, evitando que o nacionalismo de fins se confunda com o de meios, pois este último pode eventualmente ser incompatível com o funcionamento da economia nacional integrada ao mercado global. Quando isso ocorre, se desaproveitam oportunidades de crescimento econômico no mesmo momento em que nossos concorrentes mais diretos, os *monster countries*, fazem-no com uma velocidade de decisão e implementação nunca vista. Não há tempo a perder, mas há tempo. Se agirmos com competência, uma nova e boa surpresa pode ocorrer: a de deixarmos para trás as tormentas do subdesenvolvimento e da marginalização na cena mundial no decorrer das duas próximas décadas.

Notas

1 Este capítulo revisou e reordenou partes de textos publicados anteriormente em: Barros, O.; Giambiagi, F. (orgs.). *Brasil Globalizado*. Rio de Janeiro: Elsevier/Campus, 2008, p. 3-62; em Gonzalez, Felipe. *Retos ante la crisis*. Madrid: Fundación Carolina, 2009; e em Cardoso, Fernando Henrique. "A Collaborative Contract: Forget Aid and Trade: What Latin America Most Wants is Washington to Remember its Core Values". *Newsweek*, 2008.

2 A magnanimidade idealista de Wilson não impediu que a delegação americana tentasse dividir os países presentes às reuniões de Versalhes, em princípio os vencedores da Primeira Grande Guerra, em dois grupos. Um, dos que tinham "interesses gerais", isto é, uma visão sobre o mundo e seu funcionamento, e, portanto, uma política exterior que visava ao conjunto do mundo; outros com interesses "limitados". A delegação brasileira, já naquela época, se insurgiu contra o estilo assimétrico de ordem mundial que os americanos estavam propondo.

3 Ver Kissinger, Henry. *Diplomacia*. Rio de Janeiro: Francisco Alves, 2001, p. 890.
4 Ibidem, p. 45.
5 Ver Kagan, Robert. *On Paradise and Power*. Nova York: Alfred A. Knopf, 2003. Ver especialmente o tópico sobre "Adjusting to Hegemony", p. 85 e seguintes.
6 Ver Solana, Javier. "La seguridad global en un entorno político cambiante: La perspectiva europea". In Castells, Manuel e Serra, Narcis. *Guerra y Paz en el Siglo XXI*. Barcelona: Kriterios editores, 2003.
7 Ver Hobsbawm, Eric. *Globalização, democracia e terrorismo*. São Paulo: Companhia das Letras, 2007.
8 Ver Nye, Joseph. *Soft Power, the Means to Success in World Politics*. Nova York: Public Affairs, 2004. Em outro livro (Nye, Joseph. *The Paradox of American Power*. Nova York: Oxford University Press, 2002), o autor critica o unilateralismo e a arrogância da política americana e propõe algo semelhante ao que eu digo acima, como resposta mais adequada aos desafios de um país como os Estados Unidos que, se já não é a hiperpotência temida pelo ex-chanceler francês Hubert Védrine, ainda dispõe de recursos econômicos e de poder que permitiriam exercer uma liderança democrática, servindo-se dos instrumentos da diplomacia multilateral e compartilhando responsabilidades com os demais atores políticos globalmente relevantes.
9 Para uma síntese aguda das dificuldades do relacionamento global dos Estados Unidos, convém ler Halliday, Fred. "2006: Los Limites del Poder". *Anuario Internacional CIDOB. Claves para Interpretar la Política Exterior Española y sus Relaciones Internacionales*. Barcelona: Fundación CIDOB, 2007.
10 A esse respeito ver Abdelal, Rawi; Segal, Adam. "Has Globalization Passed its Peak?" *Foreign Affairs*, janeiro-fevereiro 2007.
11 Refiro-me ao ensaio de Parag Khanna. "Waving Goodbye to Hegemony". *The New York Times Magazine*, 27/01/2008, baseado no livro de sua autoria *The Second World: Empires and Influence in the New Global Order*. Nova York: Random House, a ser publicado.
12 Vale a pena reler Max Weber sobre a burocracia chinesa e a ética confuciana. Embora contraditórios em muitos aspectos com as características da burocracia racional moderna, o confucionismo e a burocracia explicam como foi possível manter um Império e, ao mesmo tempo, haver tanta descentralização; como criar uma "meritocracia" baseada na cultura geral, no gosto pelo estilo literário, ajustada ao mundo estamental, sem haver existido o monopólio das profissões nem a designação obrigatória do local de residência. Não obstante a ética confuciana de aperfeiçoamento do homem em todos as dimensões do espírito impedisse a especialização das profissões, requisito essencial da modernização capitalista, Weber chega a dizer que na China antiga o retraimento da política frente à vida econômica se apoiou desde cedo nos princípios teóricos do *laissez*

faire e qualifica o confucionismo como uma "filosofia prática burocrática". Ver Weber, Max. *Economia y Sociedad*, v. 4. "Los tipos de dominación". México: Fondo de Cultura Económica, 1944, especialmente p. 178-182.

13 Para uma análise penetrante da política externa brasileira, especialmente da mais recente, ver Lafer, Celso. *A identidade internacional do Brasil e a política externa brasileira*. São Paulo: Perspectiva, 2004.

14 Lafer, Celso (2004, p. 117 e 122, respectivamente).

15 Sobre as noções de nacionalismo de fins, ver o livro já citado de Lafer, Celso (2004), especialmente o capítulo IV. A partir de Rio Branco (e, acrescento, desde o Império) nossa diplomacia teve de se haver com a relação entre o mundo externo e o meio interno. Os instrumentos e as políticas para lidar com esses dois planos da realidade foram variando. Mas a noção de que precisamos diminuir as assimetrias entre as nações e de que, enquanto elas persistirem, o nacionalismo é um fator favorável ao desenvolvimento do país, quase sempre habitou a mente de nossos intelectuais e líderes políticos. Hélio Jaguaribe, citado por Lafer à página 87, resume o significado do nacionalismo brasileiro, dizendo que ele é "um meio para atingir um fim: o desenvolvimento". Apegar-se ao nacionalismo dos meios, acrescento, seria, por exemplo, valorizar a política de altas tarifas para proteger a indústria nacional, prática válida em um momento, quando, noutro momento, o país precisa, ao contrário, é de acesso aos mercados externos e já pode competir, interna e externamente. Os países industrializados não confundem meios e fins: já foram liberais em matéria de mercado; hoje, temerosos das economias emergentes, vira e mexe têm recaídas protecionistas para preservar seus interesses. O mesmo se aplica, no caso dos países emergentes, ao controle dos capitais ou aos monopólios estatais, que foram meios úteis para o desenvolvimento em certa época e podem se transformar em estorvos quando suas economias se articulam de nova maneira com o mercado mundial e o país dispõe de recursos para adaptar-se aos novos tempos.

3
Desdobramentos da crise financeira[1]

A crise iniciada no mercado norte-americano de hipotecas de alto risco e acelerada em 2008 com o derretimento do sistema financeiro mundial é a culminação de uma série de processos de profunda mudança econômica, geopolítica, social e cultural que se desenvolveram nos últimos 40 anos. Começarei a análise olhando retrospectivamente para a década de 1970, pois, embora não fosse perceptível na época, foi ali que ocorreram as mudanças que abalariam posteriormente a ordem mundial saída das cinzas da Segunda Guerra Mundial em 1945.

POR QUE OS ANOS 1970 REPRESENTAM UMA VIRADA HISTÓRICA?

Porque aquele período marca o surgimento das novas tecnologias de informação que tiveram dois impactos fundamentais sobre a ordem mundial. Primeiro, elas foram a precondição para o desenvolvimento da forma atual de capitalismo financeiro espalhado pelo planeta. Segundo, elas promoveram o surgimento da "sociedade da informação", fator decisivo para provocar o colapso do império soviético. A queda deste permitiu reforçar a hegemonia cultural, política e militar do capitalismo norte-americano.

O ponto de partida do processo de globalização na forma contemporânea se deu quando a revolução dos meios de transporte se combinou com os novos meios de comunicação eletrônica, encurtando radicalmente as distâncias de tempo e de espaço. Como Manuel Castells demonstra em seu livro seminal sobre *Economia, sociedade e cultura na era da informação,* as novas tecnologias transformaram as técnicas de produção, as estruturas organizacionais e os sistemas de comando tanto dentro das companhias como nas agências governamentais. Mais decisivo ainda, elas penetraram o conjunto das sociedades e o dia a dia das pessoas.

Estas mudanças permitiram a formação de redes globais de comunicação, que se conectam por intermédio da internet, condição necessária para a multiplicação dos fluxos de capital e para a criação dos chamados novos produtos financeiros, que estão no centro da crise atual. Diferentemente dos inventos tecnológicos anteriores – da máquina a vapor à energia nuclear, do rádio ao telégrafo –, as tecnologias informacionais afetam muito mais profundamente não apenas a economia, mas a sociedade e a cultura. O impacto da televisão, do computador, da digitalização, da internet e do telefone celular foi mais rápido e profundo, reorganizando o sistema produtivo e originando novos padrões de sociabilidade. Este processo é contínuo, com a propagação e incorporação de novos achados à vida das pessoas.

Sociedades autoritárias e burocráticas, incapazes ou sem vontade de absorver essas mudanças, estão condenadas a pagar um preço elevado por isso. Foi o que aconteceu com a União Soviética. O isolamento do império soviético pode ter favorecido o estilo econômico da Rússia e de seus aliados, baseado em crescimento rápido, poluição e autoritarismo. Entretanto, tão rápido quanto surgiu um sistema econômico global interdependente, ele se tornou o calcanhar de Aquiles do mundo soviético. Nos Estados Unidos e nos países de modelo sociopolítico semelhante prevalece um fluxo relativamente mais livre de transferência de conhecimentos e práticas entre as universidades, a indústria e os governos. Contrastando com isso, na União Soviética a pesquisa científica de alta qualidade ficou confinada à esfera militar para ser utilizada na indústria bélica e espacial.

A falta de porosidade entre Estado e sociedade e o medo da perda de controle pelo partido e suas consequências bloquearam a difusão das inovações tecnológicas e portanto do fluxo de informações. Nas sociedades socialistas de modelo soviético o Estado se desconectou das respectivas sociedades e entrou em conflito com seus anseios. Por volta de 1980 a União Soviética ultrapassou os Estados Unidos na produção de aço, cimento, petróleo, fertilizantes e tratores, mas ficou muito atrás na tecnologia dos computadores. A dona de casa russa não se beneficiava com o sucesso alcançado nas proezas espaciais nem nas áreas nucleares.

A despeito da distância irremediável entre as promessas e a realidade das proezas celebradas pelos dirigentes, a agonia do sistema soviético poderia ter durado décadas, não fosse a inabilidade política e cultural do poder burocrático e autoritário para absorver e estender para a sociedade os benefícios da revolução científica. Esta fraqueza fatal permaneceu, contudo, cuidadosamente escondida sob a fachada do poder militar e das conquistas espaciais. É isso que explica o colapso do maior império do século XX surgir como uma tremenda surpresa. Na verdade, o regime ruiu não apenas pela pressão de seus inimigos externos, mas implodiu por dentro também: não houve a absorção das novas tecnologias – baseadas mais na miniaturização dos aparelhos eletrônicos e nos *softwares* do que no gigantismo dos *hardwares* – pela máquina bélica, nem muito menos pelo resto da sociedade.

A capacidade dos Estados Unidos, seguidos pela Europa, Japão e Coreia, de usar plenamente as inovações tecnológicas para fortalecer suas sociedades abertas e suas economias de mercado, foi o fator decisivo para a expansão da globalização financeira e econômica.

Quero chamar a atenção também para outro fenômeno da década de 1970: o aumento das preocupações com a sustentabilidade do planeta, tema que já vinha de antes, mas que se tornou premente com o choque do petróleo de 1973, originado pela enorme elevação dos preços do petróleo provocado pelos países árabes. E o que é irônico: tratava-se de uma pressão política para punir o apoio do Ocidente a Israel que teve como instrumento o interesse financeiro das sete grandes petroleiras, todas elas ocidentais...

O choque do petróleo foi o elemento desencadeador da crise de energia que nos assusta até hoje e está no centro da discussão atual sobre o aquecimento global e a mudança climática. Esta crise coincidiu com o aumento das preocupações ecológicas, objeto de questionamento desde os inícios dos debates suscitados pelo Clube de Roma. Em uma ruptura radical com a noção até então prevalecente de que haveria uma marcha sem fim no rumo do progresso, um novo conjunto de questões abriu gradualmente caminho na agenda global. Alertas sobre os limites do crescimento, a ameaça da sobrepopulação, os riscos de danos ambientais irreversíveis e a erosão dos recursos não renováveis puseram em questão os *standards* industriais e a sustentabilidade do modo de vida e dos padrões de consumo do Ocidente.

Não foi de menor importância para a reconfiguração política global o impacto geopolítico provocado pela busca de identidade árabe e pela militância política que derivou disso. As flamas do fundamentalismo islâmico, com sua crítica radical ao estilo de modernização ocidental, encontraram base e motivação na humilhação política e cultural sentida pelo mundo árabe. A resposta unilateral ao 11 de setembro de 2001, com a aplicação no Iraque da doutrina de guerra preventiva e a imposição do modelo cultural ocidental, sob o disfarce da construção da democracia, apenas contribuíram para exacerbar as tensões na região e as reações à hegemonia norte-americana.

Tomo estes elementos em consideração para insistir em que a década de 1970 marcou uma ruptura com a ordem relativamente estável imposta pela Guerra Fria e deu início à transição para um arranjo político mais imprevisível e instável marcado pela fricção crescente entre as mudanças tecnológicas e a realidade preexistente.

Apesar das crescentes preocupações com a sustentabilidade da vida no planeta posteriores ao choque do petróleo, o jogo entre as inovações tecnológicas, a hegemonia norte-americana e a expansão global do capitalismo financeiro se intensificaram e dominaram a cena no último quartel do século XX. A globalização chegou a ser vista, obsessivamente, como o último estágio da evolução do sistema capitalista e berço no qual as fórmulas democráticas da política se aninhariam *urbi et orbi*.

Não obstante, é preciso relembrar que o capitalismo sempre teve um escopo global e sempre olhou para frente procurando englobar o mundo todo. Basta recordar que nós próprios, países americanos, surgimos em decorrência da expansão do capitalismo comercial europeu, português, no caso do Brasil. Portanto, em si mesmo, nada há de surpreendente ou de novo na abrangência da forma atual de expansão capitalista. O que é novo e mesmo surpreendente, pela rapidez com que opera o que atualmente chamamos de "globalização", é o impulso do capitalismo financeiro e a distribuição do processo produtivo pelo mundo afora. Esse processo se acelerou nas décadas de 1980 e 1990 e tem a ver com um modo de produção e de cultura específicos da fase atual de integração dos mercados.

Em outras palavras, parafraseando frase famosa, a globalização é a forma contemporânea da expansão capitalista. Ela está baseada numa profunda transformação tecnológica e organizacional, no predomínio dos mercados financeiros interconectados e criou uma cultura própria. Do ponto de vista das sociedades, a globalização – embora seja essencialmente um fenômeno econômico – implica a disseminação pelo mundo afora do modelo de consumo de massas que ocorreu primeiramente nos Estados Unidos, alcançou posteriormente a Europa e o Japão, bem como segmentos de outras sociedades asiáticas e, em graus variáveis, atinge o resto do mundo.

Isto não significa que todos os povos tenham sido absorvidos por esta modalidade de capitalismo, mas sim que todos eles vivem sob sua influência cultural ou sofrem suas consequências.

Com efeito, o rápido e recente crescimento das economias emergentes, especialmente a chinesa, fortaleceu a percepção de que os caminhos do futuro estão ligados à firme extensão do capitalismo de mercados integrados. Mais do que quando ocorreu a queda do Muro de Berlim, a expansão da riqueza global levou à ilusão de que estaríamos transpondo os umbrais do fim da História: teríamos alcançado o máximo de perfeição possível, gerando riqueza e possibilidades concretas de generalização de bem-estar. Seria como se a humanidade, finalmente, tivesse entrado na era da prosperidade sem fim, que no limite alcançaria todos os povos. A economia mundial cresceria perpetuamente em um movimento contínuo de replicação.

A expectativa era de que os países emergentes iriam continuar a colher os frutos dos altos preços das *commodities* básicas. Os efeitos benéficos do crescimento e da riqueza das principais economias, com o tempo e ainda que aos poucos, seria transferido para as partes menos desenvolvidas do mundo, quem sabe até mesmo, com sorte, para a África Subsaariana. A pobreza, no limite, seria erradicada. A paz e a estabilidade poderiam manter-se e seriam asseguradas pela colaboração entre os Estados Unidos e a China, tendo a Europa como fator de equilíbrio.

Neste quadro róseo de um mundo pacificado, o modelo europeu de coesão social valorizava-se por sua capacidade de aliviar os aspectos mais duros e selvagens do capitalismo, graças à oferta de serviços sociais e de mecanismos de proteção aos setores mais vulneráveis das sociedades. Os países em desenvolvimento, por seu turno, se beneficiariam de uma forma de social-democracia que, embora mais simples e menos refinada do que a europeia, também mitigaria o sofrimento dos mais pobres.

O crescimento da economia global nos últimos anos produziu de fato uma redução significativa da pobreza mundial e facilitou a integração aos mercados de amplos segmentos da população, especialmente na China. Ao mesmo tempo, profundas modificações nos processos produtivos e o investimento de capitais nos países emergentes redesenharam a cena econômica mundial. O deslocamento de poder do Ocidente para o Oriente e para o Sul, embora embrionário, indica que estamos nos aproximando de um *turning point*, pois cerca de metade do crescimento anual do PIB mundial advém das economias emergentes.

O crescimento rápido da produção e do comércio mundial teve profundo impacto e não só no setor de manufaturas. Os setores de serviços, principalmente os relativos aos bancos e às finanças, assim como tudo que se refere à utilização de ampla gama de serviços pessoais, de *call centers* até ao diagnóstico médico baseado em aparelhos de alta tecnologia, passaram a ser atendidos pelos países emergentes, no processo conhecido como *outsourcing*, isto é, o abastecimento de partes dos produtos finais, quando não deles próprios, em mercados extrafronteiras nacionais. As próprias palavras para designar esses processos passaram a ser ditas e grafadas em inglês.

Nas palavras de Michel Pébereau, presidente da Federação Europeia de Bancos (2004-2006), a microeletrônica foi posta a serviço do lucro e das pessoas. Para o bem ou para o mal, os mundos real e virtual tornaram-se profundamente inter-relacionados. Processos criativos para lidar com os dados levaram a gigantescos ganhos de produtividade. Na prática a tecnologia de informações reduziu os custos de produção, substituindo trabalhadores por computadores. Estes permitem a continuidade da oferta de serviços a qualquer hora do dia e da noite e a qualquer latitude do planeta, ao mesmo tempo que tornam viáveis novos produtos financeiros e sua difusão em escala planetária, como ocorre com os chamados derivativos. O volume de transações financeiras a cada dia ultrapassa de muitas vezes o valor do PIB de um país e o cálculo dessa massa imensa de valores seria impossível sem os instrumentos eletrônicos disponibilizados pela revolução das informações. O fluxo dos derivativos – que inexistiam até a década de 1990 – alcançou o valor de 20 trilhões de dólares em 2001 e de 38 trilhões em 2006. O conjunto dos produtos financeiros cresceu de 220 trilhões em 2001 para alcançar 380 trilhões em 2006, mais de cinco vezes o PIB mundial!

Contudo, muito poucos economistas foram capazes de entender e de explicar com precisão a realidade que estes números expressam, apesar dos riscos em que incorremos com essa economia virtual pairando sobre nossas cabeças. Isso, a despeito da inegável importância que um conhecimento adequado desse novo ambiente financeiro poderia ter tido para a estabilidade da economia global, dado o papel central que ele desempenha.

A expansão do capital financeiro ocorreu com quase completa falta de transparência e de prestação de contas adequada. Os Estados Unidos, pelos anos afora, minaram as possibilidades de criação de instituições regulatórias globais – ou mesmo nacionais – capazes de proporcionar um quadro no qual as autoridades pudessem entender e eventualmente controlar o impulso exacerbado e irracional dos mercados financeiros, como o qualifica a frase célebre. Acreditaram na força autorregulatória dos mercados e na ingerência eficaz do governo norte-americano (Tesouro e Fed) em momentos críticos, dispensando apoios multilaterais.

Este padrão de decisões unilaterais não é novo. No primeiro capítulo, viu-se o que ocorreu em Bretton Woods para a criação de uma nova moeda internacional a ser posta à disposição do Fundo Monetário Internacional (FMI). Na visão de Keynes, a nova moeda poderia servir, quando necessário, para dar liquidez ao sistema financeiro internacional. O FMI, nesses termos, funcionaria como um verdadeiro Banco Central e não seria apenas, como terminou sendo, um instrumento para garantir a devolução de dívidas aos países credores.

Em vez da proposta britânica que dava ao FMI certas condições de agência emissora de recursos e cuja ação seria complementada pela adoção de um sistema de taxas de câmbio flutuantes, prevaleceu a noção de que as moedas deveriam expressar seus valores em dólares e que os Estados Unidos se comprometeriam a manter a conversão do dólar em ouro, tornando-o moeda de reserva mundial. Dessa forma o dólar se tornou tanto moeda nacional como internacional, conversível em toda parte. Na década de 1970 o governo Nixon tomou a decisão unilateral de romper com a paridade entre o dólar e o ouro. Deste momento em diante o dólar passou a valer apenas em função da força da economia e do poder norte-americanos.

Nas últimas duas décadas, os Estados Unidos (tanto suas companhias, seus governos, como os consumidores norte-americanos) incorreram em brutais déficits, que são financiados pelo resto do mundo que compra dólares e títulos do Tesouro norte-americano para guardar seus excedentes. O mundo se tornou credor líquido desses papéis, incluindo-se entre os credores alguns países de economias emergentes, como a China, obviamente, mas também o Brasil.

Diante do que está ocorrendo com as operações de salvamento da economia norte-americana, talvez caiba a questão: como o mundo irá encarar no futuro a credibilidade do dólar? A dívida contraída pelos Estados Unidos será paga, no momento oportuno, em termos reais, ou a inflação futura corroerá estes haveres?

A crise de 2008 foi ampliada por um segmento desse enorme déficit: as hipotecas feitas para garantir os empréstimos das famílias norte-americanas que compravam casas. Mas não se conteve nesse setor: espalhou-se rapidamente por todo o sistema financeiro, doméstico e exterior, pois as hipotecas haviam sido parceladas e juntadas a outros tantos papéis (derivativos) que, revendidos no mercado, interno e externo, em tese diminuiriam o risco do emprestador. A multiplicidade de portadores dos títulos originais partilhados em seu valor passava a múltiplas mãos a responsabilidade que inicialmente era exclusiva do banco ou agente financeiro emissor das hipotecas. Como sabemos hoje, o descuido com a avaliação da capacidade de pagamento do devedor inicial e a enorme facilidade de créditos levou também a uma expansão tanto do mercado construtor de casas como do financiador. Até que a inadimplência batesse forte e o castelo de cartas financeiro desabasse nacional e internacionalmente.

Assim como a revolução tecnológica foi o motor da globalização, o capital financeiro foi o impulsionador do processo de expansão da riqueza. É importante ressaltar que as inovações financeiras tiveram um impacto positivo enorme no crescimento da economia e na expansão do comércio internacional. Os fundos de *hedge*, de maneira equivalente ao que ocorreu com o que agora se chama de "hipotecas podres", também foram securitizados, quer dizer, repartidos entre muitos credores, e serviram de colchão protetor contra a variação das moedas e assim por diante. O fato é que graças a esses inventos o comércio internacional cresceu mais depressa do que o PIB de cada país, assim como o volume dos fluxos financeiros alcançou proporções inacreditáveis.

Foi o modo imprudente e irresponsável pelo qual esses mecanismos financeiros foram usados para expandir artificialmente as riquezas que nos levou à crise atual.

Crises não constituem surpresas nem exceções na história do capitalismo. Elas são constitutivas de sua dinâmica. Mesmo a forma adotada pela crise atual não é novidade. Basta relembrar a Mania das Tulipas na Holanda do século XVII, para nos darmos conta da existência de mecanismos semelhantes. Cada vez que ocorre uma brutal expansão do capital financeiro, chega-se, cedo ou tarde, a um momento crucial no qual alguns devedores perdem condições de honrar seus compromissos, colocando em marcha, então, a reação em cadeia que implode o que, retrospectivamente, aparece como o elo mais frágil da corrente da fortuna.

No coração do presente derretimento dos mercados financeiros, como nas crises passadas, encontra-se a desconexão entre os ativos reais – os bens e a base produtiva – e os ativos financeiros. O que é original nesta crise e amplia seus efeitos é a magnitude dessa desconexão. Isso porque a revolução tecnológica deu ao sistema financeiro condições para engenhar produtos de complexidade e obscuridade crescentes. Da mesma forma, deu a todos eles uma velocidade irresistível, atingindo todos os países, dada a natureza interconectada da economia global.

Depois do colapso, muitos estão se perguntando se toda a riqueza perdida realmente existia. Teria sido realidade ou ilusão? Terá sido real se considerarmos que até o momento de ruptura os instrumentos financeiros em circulação poderiam ter sido usados para exercer poder de compra efetivo e poderiam ter sido trocados por moeda corrente. Pelo contrário, terá sido ilusória se considerarmos a maneira artificial pela qual essa riqueza foi gerada e evaporou da noite para o dia.

O fato é que o colapso financeiro produziu imensas perdas na riqueza global. É difícil calcular o volume, até porque o desgaste continua, mas as estimativas variam entre 30 e 50 trilhões de dólares. Os norte-americanos, sozinhos, perderam cerca de um quarto de seus haveres financeiros e valores imobiliários em apenas um ano e meio, a contar de junho de 2007.

O que é certo é que existe uma demanda crescente por medidas que impeçam o retorno à era de dinheiro fácil, com ganhos fáceis e colossais, levando à repetição desastrosa de crises financeiras. Desde os governos de Reagan e Thatcher o mundo viveu sob o pressuposto de que os mercados eram dotados de poderes de autocorreção e autorregulação, que evitariam os desmandos. A crise atual talvez tenha propiciado o maior processo de descrédito do chamado fundamentalismo de mercado, jogando por terra a ilusão da capacidade autorregulatória dos mercados.

Warren Buffet, anos atrás, já havia chamado os instrumentos financeiros inovadores de armas de destruição em massa. Com a crise, o medo substituiu a volúpia da ganância. A crise de liquidez financeira se transformou em uma crise de confiança, atingindo o conjunto da economia, a começar pelo temor de uns bancos emprestarem aos outros, como se viu no aumento súbito do valor da taxa de juros dos empréstimos interbancários. Paralisado o crédito, a economia real também pagou pedágio aos desatinos praticados pelos setores financeiros. Nisso estamos, com a queda das vendas, das exportações e importações e, por fim, da produção, bem como com o aumento do desemprego.

A crise começou, como sabemos, no coração do sistema financeiro das economias mais desenvolvidas. Somente mais tarde alcançou o setor produtivo e as economias menos desenvolvidas. Seu desdobramento foi, portanto, claramente diferente do que ocorreu nas décadas anteriores quando algumas crises tiveram origem nos mercados emergentes, cujos países aguentaram o impacto de toda sorte de recriminações pelo "mau comportamento" de seus governos no lidar com as políticas econômicas, à luz dos predicamentos do Consenso de Washington.

Quando os agentes econômicos não confiam uns nos outros, empréstimos e investimentos estancam. O aperto de crédito paralisa a produção e as transações, o que leva ao desemprego, que é, de longe, a mais perversa consequência da espiral negativa gerada pelas crises.

Na verdade, o coração do capitalismo não é a fábrica, é o banco. Sem o banco, a fábrica não funciona.

Nos dias seguintes à crise de 1929, os governos sustaram os créditos e deixaram de prover recursos para o sistema bancário, levando a uma tremenda crise de liquidez: os mercados secaram. Hoje, o estancamento do crédito é a maior preocupação. Apesar disso e da incalculável massa de recursos que os governos estão injetando no sistema financeiro, os fluxos de crédito ainda não retornaram plenamente.

Para tornar ainda pior uma situação que já é ruim, ninguém sabe a extensão real da contaminação dos bancos e empresas pelos "papéis tóxicos". Dadas a incerteza, a desconfiança e a falta de transparência, os preços na economia real, especialmente os das casas e o valor das hipotecas e derivativos financeiros vários, não param de cair. A única coisa que se pode dizer a esta altura é que não se chegou ainda ao fundo do poço.

Os programas de ajuda financeira dos governos representam um enorme processo de socialização das perdas. Só para salvar a companhia de seguros American International Group (AIG) da insolvência o Tesouro norte-americano despejou, até agora, 180 bilhões de dólares. Esta soma contrasta com os 40 bilhões de dólares, total da dívida externa brasileira dos anos 1980, cuja moratória foi vista como uma ameaça fatal à estabilidade da economia mundial, assim como sucedeu com as moratórias de vários outros países, cuja expressão financeira era mínima, se comparada com o que ocorre hoje.

O crescente pagamento de bônus aos executivos de empresas em dificuldade socorridas pelo governo norte-americano foi considerado desimportante por alguns economistas, mas na verdade se torna um sinal de alarme, pois a paciência dos povos não é ilimitada e o capital político dos governos também pode ser rapidamente desperdiçado.

Apesar de todas essas dificuldades, continua válida a expectativa de que em dado momento os preços atingirão um patamar tão baixo que induzirão as pessoas a voltar a comprar. Atingir este ponto será atingir o fundo do poço. Será então o momento de ter a coragem de olhar ao redor e ver o que sobrou do incêndio. Hoje a prioridade absoluta dos que tomam decisões políticas é prevenir a recessão para não se tornar depressão. O que fazer com as cinzas e os escombros é questão para ser encarada só depois que o fogo estiver sob controle. Para controlar o incêndio, os governos entraram em verdadeiro vale-tudo: despejam recursos nos bancos e empresas, estatizam partes do sistema financeiro e até de empresas, os bancos centrais descontam papéis comerciais e o Fed empresta aos outros bancos centrais, mesmo sem que lhe seja pedido.

As perspectivas são sombrias

Durante o governo de George W. Bush, o déficit fiscal norte-americano cresceu como consequência da guerra no Iraque e dos desequilíbrios da balança comercial. Estes déficits foram financiados pela emissão de bônus do Tesouro, comprados pelo resto do mundo, especialmente pela China e pelo Japão, países com sólidos superávits na balança de comércio. Agora, com a recessão se aprofundando, haverá redução daqueles superávits. Este risco leva alguns a temerem o enfraquecimento do dólar, especialmente se houver inflação nos Estados Unidos, como é provável que ocorra no médio prazo.

Foi isso que levou o premiê chinês, Wen Jiabao, a dizer claramente: "Nós estamos um tanto preocupados. Nós emprestamos grande quantidade de dinheiro aos Estados Unidos, portanto, temos que estar preocupados."

Em um contraponto raro aos argumentos estritamente econômicos, Edgar Morin, em dezembro de 2008, aplicou sua teoria dos sistemas complexos à crise corrente e fez um forte apelo por uma mudança de paradigma:

As crises não geram apenas incertezas. Também geram oportunidades e riscos. As oportunidades constituem um desafio à imaginação e à inteligência, levando a soluções não entrevistas. Quando um sistema não é mais capaz de lidar com seus problemas vitais, entra em um processo de regressão e corre o risco de se autodesintegrar. Ou, ao contrário, maneja para criar um metassistema mais rico, mais capaz de lidar com estes problemas. Daí que haja sempre duas soluções para as crises: destruição ou autorreconstrução.[2]

A meu juízo a crise atual não será apenas um parêntese de alguns meses ou uns poucos anos, depois dos quais será superada e voltaremos ao "normal". Trata-se de uma crise que vai reordenar drasticamente os Estados Unidos e suas prioridades globais, da mesma forma como ocorrerá com os demais efetivos ou possíveis parceiros do jogo mundial. Os passos para adiante dependem sempre do engenho e da ação humanos; nesse sentido dependerão não só dos governos e dos homens de empresa, mas do que farão os cidadãos comuns e as sociedades.

Margareth Thatcher, em um rasgo reducionista, disse em algum momento: "Não há tal coisa como 'a sociedade'. Há homens e mulheres individuais e suas famílias". Contudo, nas palavras de Tony Judt, o problema é que nos momentos em que os recursos estão drasticamente distorcidos do público para o privado, e nos quais as pessoas deixam de se sentir ligadas umas às outras e nem tampouco se sentem compromissadas com o bem comum, o espaço público se confina ao mercado. E, agrega Judt corrigindo Thatcher, as pessoas não vivem isoladamente nos mercados, mas nas comunidades e nas sociedades.

Até este momento as pessoas comuns – as que estão fora dos governos e do âmbito de decisões sobre os mercados – dificilmente tiveram alguma coisa a dizer no debate sobre como sair da crise. É como se a economia e os economistas ainda retivessem o poder mágico de evitar o debate mais amplo. A paralisação do pensamento crítico parece ter afetado até mesmo os altermundistas do movimento antiglobalização. Eles, que foram tão vigorosos em denunciar os perigos da globalização, mesmo se inspirados por uma espécie de utopia regressiva, hoje parecem estranhamente mudos.

Não obstante, o chamado por maior equidade, mais solidariedade social, por um equilíbrio ecológico melhor, por confiança e transparência, não é apenas parte de um discurso moral necessário, mas um imperativo político. O desafio das lideranças políticas é mobilizar as sociedades e os cidadãos informados ao redor de uma agenda de mudanças. Esta deverá estar enraizada em valores e orientada para novos paradigmas. Só assim, finalizada a crise, poderemos reconstruir os equilíbrios internos dos países e fortalecer a ordem global sem repetir tanta concentração de poder político e financeiro que perpetue as desigualdades.

Quero concluir mencionando sucintamente alguns pontos imprescindíveis dessa nova agenda, uma espécie de necessário *Global New Deal*. A economia global requer uma regulação global, embora sutil, para não extinguir a criatividade dos mercados. Assim como é necessário dar passos adiante na direção de uma governança mais global e democrática. O fortalecimento e a democratização das instituições financeiras, especialmente o FMI e o Banco Mundial, são prioridades óbvias. Devem ser dados recursos a eles para que possam enfrentar os problemas financeiros e de investimento na escala atual. Não se pode deixar de lado tampouco a necessidade de dotar de força o Bank of International Settlements (BIS), de Basileia, para que suas regulamentações financeiras prudenciais sejam postas em prática em todos os países. Da mesma forma, o direito de voto dessas instituições precisará ser reformulado para refletir o poder dos países emergentes.

Outra questão importante da agenda é a proposta, formulada entre outros por Joseph Stiglitz, de criação de nova moeda global de reserva. Keynes advogava, em outros termos, algo nesta direção em 1944. Recentemente, importantes líderes chineses voltaram a abordar o assunto, que parece estar parado na cena internacional como um grito de alerta no ar. Não se trata de algo que possa ser feito do dia para a noite. A crise continua se desdobrando na Europa e tomará tempo para que existam condições que levem à convergência de políticas macroeconômicas que permitam pensar seriamente em outra moeda de reserva. Mas é inegável que a crise financeira reavivou as especulações nesse sentido.

Do ponto de vista geopolítico, a crise precipitou o reconhecimento de que o G-20 é um âmbito de debates mais estratégico e representativo do que o G-7/8. As eventuais convergências de opinião entre os líderes dependem dos governos nacionais e de e outras instituições internacionais para serem efetivadas, mas pelo menos é possível coordenar certas posições políticas, como vimos recentemente na Cúpula de Londres. Torçamos para que o progresso na direção de um sistema global e democrático de tomada de decisões não seja impedido ou dificultado por interesses nacionais estreitos, como vimos em Bretton Woods. Um espírito amplo de parceria no lidar com questões de mútuo interesse e preocupação é certamente uma receita melhor para domar as disfunções do sistema financeiro do que a volta ao protecionismo.

Nada disso dispensará a reformulação e o fortalecimento da Organização das Nações Unidas. Tema antigo, que se arrasta sem término previsível, mas não por isso menos importante.

Em seguida, na revisão dos pontos fundamentais do *Global New Deal*, vem a reconstrução da matriz energética, que é um componente central de qualquer estratégia para lidar com a questão do aquecimento global. Ela permite e requer a intersecção entre as agendas econômicas e as ecológicas. Barack Obama tomou claramente em suas mãos esta conexão estratégica. Colocou a transição para uma matriz de energia limpa como prioridade de sua agenda de transformações, e deu importância número um ao tema em sua proposta orçamentária.

A questão energética tem conexões imediatas com o tema cultural mais amplo, envolvendo mudanças nos estilos de vida e nos padrões de consumo. Trata-se, desta forma, de outro assunto relevante para a própria crise econômica: que pautas de consumo serão compatíveis com um ritmo de crescimento que permita a recuperação das economias sem condenar os países a um próximo ciclo recessivo, tal como se deu com a combinação explosiva entre exacerbação de consumo e crédito sem controle?

Dadas as enormes perdas de riqueza e a queda da demanda global causadas pela crise, é provável que o mundo tenha de se ajustar, pelo menos por algum tempo, com reduzidas taxas de crescimento. Ajustamentos penosos terão de ser feitos por todos os países, principalmente os europeus, que se atrasaram diante do que estão fazendo os norte-americanos. Os próximos anos serão, provavelmente, de aflição e de baixas expectativas.

É fácil imaginar o tipo de tensões políticas e sociais que poderão ser geradas pela diminuição, ainda que temporária, dos padrões de vida que as pessoas, ao menos no Ocidente, consideram fazer parte da ordem natural das coisas. Nesse contexto, a discussão sobre o que realmente significa "qualidade de vida" para pessoas diversas e em diferentes culturas ganhará, provavelmente, importância renovada no debate público. Os recursos governamentais tenderão a ser focalizados na reconstrução de economias abaladas. Isso seria facilitado se houvesse uma abordagem mais cooperativa das questões internacionais para levar à redução das tensões globais e à formação de uma ordem mundial mais estável.

O declínio da hegemonia norte-americana e o crescimento das economias emergentes pavimentaram o caminho para a emergência de um mundo multipolar e multicultural. Nessa nova realidade o *soft power*, o poder de convencimento dos modelos culturais, tende a ganhar proeminência em detrimento do poder militar. Os Estados Unidos, epicentro da crise atual, estão bem posicionados para os novos tempos graças ao espírito de liberdade, à criatividade de sua sociedade e à inovação cultural que é característica de sua história. Talvez seja esta a força de que dispõem para desempenhar um papel de liderança de novo estilo neste mundo emergente, interconectado por redes simbólicas.

Quero finalmente argumentar que as ameaças globais atuais – desde a mudança climática e da proliferação nuclear até as epidemias, o terrorismo e o crime transnacional – só podem ser corretamente tratadas se houver a participação tanto dos Estados quanto de atores não estatais. Durante décadas, ativistas, pensadores e cientistas, autoridades locais e líderes espirituais vêm gerando ideias e propostas políticas sobre as questões planetárias. É chegado o momento de ouvir suas múltiplas vozes.

O mesmo ocorre quanto à busca de um novo equilíbrio entre autonomia e liberdades pessoais, por um lado e, por outro, solidariedade social e compromisso cívico. Esta abordagem mais ampla é o caminho para uma nova cultura e um novo espírito dos tempos, que transcendam tanto o individualismo possessivo das economias de mercado quanto o coletivismo sufocante da ingerência estatal-partidária autoritária.

Nos períodos de turbulência social, o debate sobre valores alternativos é a melhor garantia contra o ressurgimento de falsos profetas com seus estoques trágicos de soluções regressivas e autoritárias.

Na Viena cosmopolita dos começos do século XX, Hugo Hoffmansthahl alertava sobre o poder crescente dos demagogos em tempos de crise. Dito nas suas palavras: "A política é mágica. Aquele que souber como convocar as forças do âmago das pessoas por elas será seguido".[3]

Não se pode menosprezar, portanto, o risco dos demagogos e dos autoritários. A inteligência coletiva e o debate público constituem o melhor antídoto contra o risco regressivo, sempre presente, desse tipo de tendências demagógicas e autoritárias.

Notas

1 Tradução livre, com acréscimos e cortes, de conferência pronunciada na Universidade de Yale em 13/04/2009.
2 In: Entrevista de Edgar Morin a Luc Deberne, "Il faut toujours s'attendre à l'imprévu", *Les Temps*, Genebra, 30/12/2008.
3 In: Schorske, Carl. *Fin de Siècle Vienna*. Nova York: Vintage Books, 1981, p. 134.

4
Novos caminhos na América Latina?[1]

Décadas atrás, em 1967, Enzo Faletto e eu terminávamos, em Santiago do Chile, o manuscrito do livro *Dependência e desenvolvimento na América Latina*. Nele fazíamos um diálogo com as principais interpretações sobre o tema do desenvolvimento. A instituição das Nações Unidas, onde trabalhávamos, na Comissão Econômica para a América Latina e o Caribe (CEPAL), propunha uma abordagem conhecida como "estruturalismo latino-americano" para os estudos sobre o desenvolvimento econômico. O principal formulador dessa teoria foi o economista argentino Raul Prebisch, mas ela teve vários desdobramentos.

Prebisch caracterizou o subdesenvolvimento da região como sendo estrutural. Baseando-se nas análises estatísticas de Hans Singer, importante economista da ONU, assinalou que havia uma perda continuada no comércio internacional que limitava as possibilidades de crescimento dos países subdesenvolvidos. Isto porque as trocas internacionais desses países se limitavam à importação de produtos manufaturados e à exportação de matérias-primas e produtos agrários, as chamadas *commodities*. Ora, as *commodities* continham baixo conteúdo tecnológico e os salários pagos aos trabalhadores que as produziam eram reduzidos. Por outro lado, apesar do alto componente tecnológico da produção de manufaturas, que deveria barateá-las, os sindicatos e demais setores organizados das sociedades desenvolvidas se apropriavam dos ganhos de produtividade. Esses eram os fundamentos sociais e políticos para a existência de uma diferença crescente entre os países do Centro e os da Periferia: ela era estrutural e não se explicaria por motivos conjunturais ligados apenas à evolução dos preços.

Mesmo considerando-se a absorção de novas tecnologias pelos setores exportadores, elas não se difundiam para o conjunto da economia, nem mesmo para todo o setor agrícola. Criava-se, desta forma, uma diferença básica com os países centrais. Nestes, os ganhos de produtividade de um setor espalhavam-se rapidamente por toda a economia. Embora as economias desenvolvidas fossem diversificadas, tornavam-se homogêneas do ponto de vista da absorção do progresso tecnológico. Já nos países periféricos os eventuais ganhos de produtividade se concentravam nas áreas exportadoras, formando-se economias especializadas e heterogêneas. Essa situação diferencial se constituiu a partir da expansão do capitalismo comercial, que ligou os países subdesenvolvidos da Periferia através do mercado internacional aos países de desenvolvimento originário, que se encontravam em estágio econômico e tecnológico mais avançado.

Menciono a tese para mostrar, primeiro, que o raciocínio econômico da CEPAL nada tinha do simplismo da versão vulgar da *teoria do imperialismo*, sempre pronta a ver uma mera imposição política dos países centrais nos países da periferia. Segundo, que o estruturalismo latino-americano sempre tratou de combinar análise econômica com análise política.

Prebisch nunca esqueceu que o processo de desenvolvimento tem um componente indispensável de ganhos de produtividade e estes são impossíveis sem desenvolvimento científico e tecnológico e sem acumulação de capitais. Mas tampouco esqueceu de mostrar por que a teoria econômica clássica não estava funcionando: de um lado, porque nos países industrializados os sindicatos lutavam por maiores fatias do produto nacional e, da mesma forma, o Estado queria mais impostos para construir uma sociedade melhor; do outro lado, porque a concentração agroexportadora marcava a estrutura das economias periféricas.

Que fazer para reverter esta situação? A resposta era complexa. Seria preciso, a partir do Estado, fazer o que o mercado não fez: forçar a acumulação de capitais através dos impostos e ampliar o componente tecnológico da produção. Ou seja, industrializar os países, liberando-os da camisa de força da produção agrário-pastoril e mineradora. Em vez de orientar a produção para o mercado externo, orientá-la primordialmente para o mercado interno. Como a deterioração constante dos termos de intercâmbio levava a crises cíclicas da balança de pagamentos, havia que controlar o câmbio. Para estimular a reorientação da economia *hacia adentro*, algum planejamento seria conveniente, bem como era necessário atrair capitais, nacionais e estrangeiros, e dinamizar o crescimento econômico. Tudo isso implicava melhorar a eficiência do manejo da máquina e das políticas públicas.

No livro que escrevi com Faletto, desdobramos o raciocínio estruturalista. Retomando a tradição clássica de "ciências sociais integradas", propusemos simultaneamente análises políticas, econômicas e sociais para interpretar os caminhos do crescimento econômico e do desenvolvimento. Incluímos os aspectos históricos e políticos que condicionaram o desenvolvimento das economias periféricas. Em vez de ver essas economias de modo homogêneo, mostramos que em cada uma delas os grupos sociais e as classes articulavam-se de modo variável, entre si e com os países centrais. Houve dois tipos básicos de inserção das economias da América Latina no sistema internacional: um, quando a produção exportadora se manteve sob controle de produtores nacionais. Outro, quando houve inversão estrangeira. Historicamente essa diferenciação dependeu de muitos fatores, como a abundância de terras ou de recursos minerais. Dependeu também, desde o período colonial, de existir ou não uma população numerosa, da capacidade dos grupos e classes locais para se estruturar em sistemas de poder eficientes, para negociar com os setores externos, e assim por diante. Em qualquer caso, *não havia a inevitabilidade de uma forma específica de dependência*, pois esta não decorreu de mera imposição externa, mas da combinação de fatores externos e internos e das alianças entre eles.

Em certos casos formaram-se "economias de enclave", como as chamamos, pois havia inversões estrangeiras diretas no setor exportador. Raramente algum setor nacional participou desse tipo de exploração. Em geral, os agricultores e mineradores nacionais desempenharam um papel secundário nos enclaves durante o século XIX. As classes médias beneficiavam-se do sistema apenas marginalmente, utilizando o Estado local como coletor e redistribuidor dos impostos cobrados aos enclaves. Os trabalhadores deste setor, sim, dependiam diretamente dele, enquanto a massa agrícola do setor tradicional ficou marginalizada, sobretudo nos países com vastas populações indígenas (como a Bolívia, a América Central e, em menor escala, o Chile e o México, por exemplo). Em outros casos as classes proprietárias locais dedicavam-se à agricultura, fazendo elas próprias a acumulação de capitais (dada a abundância de terras e a mão de obra barata, quando não escrava), podendo, mais tarde, diversificá-los para a produção industrial (como, por exemplo, a Argentina e o Brasil).

A ênfase do livro não foi, portanto, na *dependência*, embora ele houvesse sido lido com este viés porque a teoria da dependência estava na moda (apesar de nos havermos oposto explicitamente a esta versão simplificada da teoria do imperialismo). Enfatizamos, isto sim, a variabilidade das formas de integração ao mercado mundial e as alternativas que existiam para o crescimento econômico dos países, mesmo em situações de dependência.

No século XX, em meados dos anos 1960, já se notava certa tendência para a associação entre capitais nacionais e estrangeiros na produção local, sobretudo no setor industrial e nos serviços (estes, como os financeiros ou os de transporte, desde o século XIX tinham forte participação estrangeira, sobretudo inglesa). Depois da Segunda Guerra Mundial, aproveitando-se do *boom* que a guerra provocara na produção de manufaturas, o capital estrangeiro se tornou vultoso nos investimentos industriais, notadamente no Brasil e, em menor proporção, no México. Em outras palavras, o que chamamos de "a nova forma de dependência" era, na verdade, o início do processo que veio a completar-se mais tarde e a ser conhecido como *globalização*. Àquela altura, estávamos longe de vislumbrar o significado abrangente do processo atual. Os efeitos sobre o mundo financeiro dos avanços tecnológicos nos meios de comunicação, com os computadores e a internet, ainda não se faziam sentir. Mas estávamos tratando, sem ter plena consciência disso, de compreender os passos iniciais da globalização.

Naquela época, nem sequer a noção de empresas multinacionais era de uso corrente. Estas eram chamadas de trustes, pois a expressão "empresa multinacional" só foi cunhada por Raymond Vernon em 1971. Que dizer, então, da globalização? Não obstante, era dos primórdios dela que tratávamos, usando outra expressão, a "internacionalização do mercado". Mostramos que, na medida em que o capital externo investia para produzir bens industriais não exportáveis, necessitava da expansão do mercado interno, com todas as consequências políticas que isso acarretava. Chegamos a prever que a continuidade do desenvolvimento na Periferia se tornara viável, contrariando a crença difundida na época de que isso seria impossível no regime capitalista. Para manter a expansão futura da produção, dissemos, haveria que exportar de maneira distinta da tradicional nas economias primário-exportadoras, pois haveria que ganhar o mercado internacional para produtos manufaturados. O mercado externo tornar-se-ia condição para a continuidade do crescimento econômico, dando a volta, assim, ao argumento inicial que sustentava que o motor do desenvolvimento seria o mercado interno.

Não pretendo acompanhar, passo a passo, as mudanças na relação entre Centro e Periferia tal como a víamos no passado, até chegarmos à relação atual das economias desenvolvidas com as economias emergentes, para usar o jargão em moda. Quero apenas ressaltar que havia uma "visão" que acentuava as diferenças entre estruturas e que meu livro com Faletto não discrepou dela. Acrescentou a dimensão histórica para mostrar como se foram construindo as diversas situações de dependência (entendendo-se por tal uma abordagem integrada dos fatores econômicos, sociais e políticos na formação do capitalismo na Periferia). Nosso livro mostrou, principalmente, que havia diferenças entre os países quanto às oportunidades de crescimento e de integração ao mercado internacional. Também diminuiu o peso relativo dos fatores externos nas relações entre as classes locais e as internacionais e analisou as modificações que ocorreram nos países da região à medida que variaram as condições gerais do capitalismo. As estratégias, as decisões políticas, foram ressaltadas. Embora tomadas a partir de condicionantes histórico-estruturais, elas podem, em certas circunstâncias, influenciá-los e mesmo alterá-los.

Dominou a preocupação com os graus de autonomia nacional e, portanto, com o papel que o Estado jogaria nas decisões de desenvolvimento. Não se vislumbrava ainda a relativa autonomia das empresas multinacionais diante dos Estados, mesmo nos países centrais. Nem se imaginava uma situação em que as grandes organizações criadas em Bretton Woods para estabilizar a ordem econômica e oferecer maiores oportunidades de crescimento aos países subdesenvolvidos, como o FMI e o Banco Mundial, parecessem frágeis para cumprir a missão. Hoje se mostram insuficientes para controlar o dinamismo da economia global e das empresas multinacionais e para equilibrar o crescimento das economias emergentes.

Quarenta anos mais tarde, onde estamos?

Depois da queda do Muro de Berlim, simbolizando o fim da bipolaridade entre a União Soviética e os Estados Unidos (ou o "mundo livre", como pretensiosamente se qualificava o bloco ocidental) e depois dos avanços tecnológicos, com o predomínio da *high tech* e da revolução dos meios de comunicação e de transporte, o mundo é outro. Nem melhor, nem pior, mas diferente. As constantes modificações tecnológicas que alteram o modo de produção e, sobretudo, a escalada do capital financeiro redesenharam a ordem global. As trocas internacionais passaram a crescer a taxas maiores que as do próprio PIB. E, a despeito disso, a escassez de empregos e as desigualdades continuam a fustigar os países pobres, enquanto a população mundial não para de crescer.

As discussões sobre "uma outra globalização", não assimétrica nem concentradora de rendas e empregos, inflamam corações e algumas mentes. Podem ter força denunciadora, mas não mudam o curso previsível das coisas. Repetindo frase famosa proferida no final dos anos 1970 pelo então secretário de relações internacionais do Partido Comunista Italiano, hoje presidente da Itália, Giorgio Napolitano: "ou nós nos internacionalizamos ou eles nos internacionalizarão". Pode parecer jogo de palavras, mas não é.

No capítulo final de *Dependência e desenvolvimento*, que descreve a nova dependência, foram salientadas as decisões políticas tomadas por alguns países, como a China e a União Soviética, que lhes permitiram maior autonomia no mercado internacional e nas formas de desenvolvimento econômico. O preço pago para este resultado foi o fechamento inicial da economia, o Estado onipresente, a supressão das liberdades e a concentração de recursos humanos e técnicos na busca de objetivos estratégicos de crescimento econômico e poder militar. Tal percurso parece excluído do horizonte do mundo ocidental e mesmo da maioria dos países da América Latina, que alguns chamam de Extremo Ocidente. Com a exceção de Cuba e de umas poucas e fracassadas tentativas de assegurar a autonomia pelo isolamento, a maioria dos países da região fez outro percurso. Por outro lado, no contexto da Guerra Fria qualquer desvio de conduta era logo visto como ameaça perigosa ao "mundo ocidental". Ainda assim, não se pode entender a conjuntura política nem as posições intelectuais daquela época, sem ter presente que União Soviética, Cuba e China constituíam um contraponto ao estilo de desenvolvimento do capitalismo ocidental e influenciavam as tomadas de decisão e as análises intelectuais feitas na região.

Que dizer hoje, depois do fim da bipolaridade?

A inviabilidade de um caminho de autonomia[2] à custa da liberdade não implica a inexistência de formas de integração internacional que resguardem os interesses nacionais e assegurem melhores condições de vida para cada povo, embora a economia global seja determinante. É a isso que se refere a frase de Napolitano: ela supõe possível a busca de alternativas que não impliquem a repetição automática das receitas prescritas pelos ideólogos da globalização, pois não há um caminho único para o desenvolvimento.

As chances de integração econômica mais favorável não são iguais para todos. Assim como no passado houve formas distintas de integração ao capitalismo comercial e, mais tarde, de reintegração à ordem mundial sob a égide do capitalismo industrial, agora, com a globalização assentada nas vantagens tecnológicas e financeiras dos países centrais, cada país da antiga Periferia poderá trilhar caminhos diferentes, de sucesso variável. E digo antiga Periferia pelas razões que explicito: na medida em que a expansão do capitalismo globalizado se assenta na dispersão planetária da produção mundial e na intercomunicação dos capitais financeiros e de sua potenciação, a noção de *propriedade nacional* se tornou precária, assim como os mecanismos nacionais de controle se tornaram frágeis diante da mobilidade do capital. Criaram-se redes globais que incorporam segmentos dos antigos países periféricos, saltando fronteiras. Paralelamente, com as migrações e com a marginalização contínua de segmentos industriais e comerciais, provocada pela renovação tecnológica, setores dos países centrais passaram a enfrentar situações que os aproximam do que ocorre nos países menos desenvolvidos, e vice-versa. New Orleans está mais longe de Nova York que São Paulo, sem prejuízo de que, no conjunto, a economia e a sociedade brasileiras são "subdesenvolvidas" em comparação com a situação norte-americana. Há, entretanto, que colocar aspas na qualificação, pois se tornou mais difícil ajuizar os países como um todo, dada a interconexão de partes deles com as redes globais.

Dessa forma, os mecanismos de reação dos Estados nacionais tornaram-se mais frágeis, porém continuam disponíveis. Em certas circunstâncias são capazes de proteger os interesses específicos dos países e das populações. Não se trata, portanto, de dissolver os Estados-nação nas redes globais de mercado, mas de tomá-las em conta para reavaliar o raio de manobra política de cada país.

Sendo assim, que chances há para os países latino-americanos fazerem frente à nova conjuntura mundial?

Comecemos pela política internacional

Quem poderia imaginar que o fim da bipolaridade resultasse não na *Pax Americana*, mas, eventualmente, no fim da possibilidade de qualquer Império Global? Hoje, depois do impasse iraquiano e das tensões no Oriente Médio e no mundo islâmico em geral, seria mais apropriado que a diplomacia mundial se ocupasse de reconstruir o que se imaginou que as Nações Unidas seriam: um fórum para evitar as guerras, com capacidade de *enforcement*. Para que um mecanismo desse tipo tenha vigência, há que se rever os objetivos de política mundial dos países hegemônicos. Será preciso definir e praticar uma política mais de contenção do que de agressão ou "preempção", deixando de lado o sonho de ocidentalizar o mundo e de alçar as instituições democráticas norte-americanas à condição de paradigma universal. Como se estivéssemos no período pós-napoleônico, mas sem ideais restauradores, precisamos de Metternichs populares que consolidem a paz pela inclusão de mais parceiros e não pela *entente* dos superpoderosos, mesmo porque não há força militar nem convocatória moral capazes de sustentar um mundo controlado por uma hiperpotência, nem pela coligação de umas poucas superpotências.

Se as grandes potências não reconhecerem a necessidade de um novo contrato global, assistiremos, silenciosos e cúmplices, novos gladiadores surgirem das sombras, sem regras e com riscos de confrontos globais. Dentre esses novos atores destaca-se o poderio chinês, com presença crescente na Ásia e na África. Mas não é só ele: está em marcha a reinvenção da Grande Rússia, ativa na Ásia Central e no Oriente Médio. O mundo islâmico está se unificando para reagir aos desatinos intervencionistas, não estando isento de praticar seus próprios desatinos. Enquanto isso, a Europa se vê indecisa sobre até que ponto expandir-se (englobará a Turquia islâmica, ou não?) e sobre o papel a desempenhar no mundo. E a América Latina encontra-se dividida entre um populismo regressivo e o medo de ser vassala de um império já sem forças, como acontecera com alguns países latino-americanos que se prenderam demasiadamente aos interesses ingleses quando a Inglaterra já não era o que havia sido no passado.

Do ponto de vista político, ao contrário da época da Guerra Fria, a globalização não diminuiu as opções dos países subdesenvolvidos. Ela atua mais como uma força de segmentação do que como uma alavanca que torna o mundo homogêneo. Desarticula e rearticula segmentos dos países em outro nível; as economias crescem produzindo mais desigualdades, dentro dos países e entre eles. A própria dinâmica da economia globalizada dificulta, portanto, imposições unilaterais: faltará sempre o cimento do consentimento, por um lado, e o monopólio da força, por outro, posto que muitos países logram desenvolver armas poderosas, atômicas ou não, graças à existência de um mercado negro também global, além da disponibilidade das novas armas do terror, como os homens-bomba. Ao mesmo tempo, a expansão da revolução tecnológica nas comunicações martela na consciência e nas preocupações dos países mais ricos a contínua desigualdade entre as classes e as nações. O desafio da pobreza entrou definitivamente na agenda global. Existem, ademais, desafios novos com os quais o mundo terá que se haver, juntando ricos e pobres. É o caso do aquecimento global e, correlatamente, da questão energética, que passaram a ter impacto sobre as decisões de política nacional e internacional com força nunca vista anteriormente. Com isso os países em desenvolvimento entram de nova maneira nas discussões globais. Alguns deles se tornaram poluidores pela forma como se dá seu crescimento econômico; outros detêm reservas imensas de combustíveis fósseis; e ainda uns poucos mais dispõem de alternativas energéticas atraentes, como o etanol. Esses fatores dão maior margem de manobra a alguns países subdesenvolvidos para negociar e defender seus interesses na cena mundial.

De que forma poderá ser desenhado um "novo pacto global" ou um novo contrato entre as nações? Difícil responder. As Nações Unidas resultaram da aliança entre os vencedores da Segunda Guerra Mundial que se uniram para manter seu domínio e impor a paz que, apesar de arranhada por conflitos locais, foi mantida entre eles, embora no contexto da Guerra Fria. Com o fim desta e o desmoronamento do Império Soviético, era inevitável que surgissem áreas de instabilidade. Conflitos ocorreram e ocorrem nos Bálcãs, no Oriente Médio, nas fronteiras da Federação Russa, no Iraque e no Afeganistão, entre Índia e Paquistão, nos remanescentes mais inquietos do passado, como a Coreia do Norte – até há pouco, a Líbia também – ameaçando retoricamente os Grandes. O poderio militar dos vencedores da Segunda Guerra Mundial e o veto de que dispõem no Conselho de Segurança continuam a dar a estes países, principalmente aos Estados Unidas e à Rússia, papel predominante. Nos últimos tempos este predomínio vem sendo obscurecido pela impossibilidade prática do uso das armas atômicas e pela força dos movimentos religioso-ideológicos que desprezam o valor da vida, tornando alvos fáceis mesmo os mais poderosos adversários.

Na dimensão econômica, a dominação dos Estados Unidos e do que a Europa unida pode representar encontra maiores dificuldades para se manter. A emergência da China e mesmo dos Brics – Brasil, Rússia, China e Índia, metáfora para poupar a referência a outras tantas economias emergentes, como México, África do Sul e países petroleiros – e a atual crise financeira debilitaram a dominação norte-americana e limitaram ainda mais a Europa para exercer um papel preponderante na cena mundial. Tampouco se vê claro a estratégia que as economias emergentes desenvolverão frente à expansão econômica chinesa: estarão dispostas e terão condições para competir com ela em seus próprios mercados? Terão condições e disposição para aceitar o desafio de produzir e comercializar no mercado chinês? E a Índia, quando despertar mais, será uma alternativa como mercado consumidor ou uma concorrente implacável pelo baixo custo de mão de obra? Quem sabe o Vietnã estará a trilhar caminho semelhante?

De que forma e por intermédio de que instituições os atores emergentes podem atuar mais ativamente em uma nova ordem global? Sem conflitos abrangentes que apressem a redefinição das instituições de Bretton Woods ou da ONU e sem que a OMC seja capaz de dar passos mais ousados para ampliar o comércio mundial (o fracasso das negociações de Doha acentuaram esta dificuldade), provavelmente haverá uma infiltração lenta da presença e da relevância desses novos atores nas organizações mundiais.

Os impasses na Organização Mundial do Comércio, a formação do G-20, quem sabe a ampliação do G-8, a imprescindível negociação de um convênio mais abrangente sobre mudanças climáticas, o equacionamento das questões energéticas e a reestruturação da ordem financeira pós-crise ensejarão maior protagonismo aos países emergentes. Não será de desprezar o papel das organizações não governamentais e das correntes globais de opinião pública na modelagem de um novo pacto mundial. A pressão da sociedade civil global já se faz sentir, por exemplo, nos órgãos da ONU.

Os grandes problemas a serem equacionados, entretanto, não dispensarão uma mudança no interior dos países que vêm dando as cartas desde 1945. Há principalmente duas questões que desafiam a imaginação e a ação dos líderes mundiais: como regularizar as relações com o mundo islâmico e como reduzir a pobreza, especialmente na África. O que venha a ocorrer com as novas diretrizes da política externa do governo Barack Obama, a capacidade e o interesse que as lideranças chinesas vierem a ter para interferir nas novas questões globais, a disposição do governo russo de fazer sentir sua força, assim como o papel eventualmente moderador da Europa e o ativismo internacional da Índia e do Brasil também contarão na elaboração de uma ordem global nova no século XXI. Quem sabe esta ordem possa interessar-se mais pela cooperação para enfrentar a pobreza, o desequilíbrio energético e as questões do meio ambiente, do que pelo uso da força para manter o equilíbrio entre os poderes. Estas são as questões que se desenrolarão nos próximos 15 a 20 anos e nas quais alguns novos atores, incluindo-se alguns da América Latina, estarão envolvidos.

No plano doméstico, o primeiro desafio que a América Latina enfrentou depois do fim da Guerra Fria e da consequente diluição dos dois blocos contendores foi a adoção, sem rodeios, do regime democrático. Não havia mais espaço para manter as ditaduras militares na região, nem interesse em sua manutenção por parte dos polos dominantes. Essa fase, bem ou mal, se cumpriu.

Cumpriu-se, todavia, sem que os pressupostos da democracia se tivessem generalizado e enraizado. Refiro-me à maior igualdade (pelo menos de oportunidades) e à existência de uma cultura cívica verdadeiramente democrática. O que Tocqueville tanto admirou nos Estados Unidos – a solidariedade comunal de inspiração protestante e o sentimento de responsabilidade individual, bases da cultura democrático-capitalista – continua ausente em amplos setores da América Latina. Mas a maquinaria da democracia está presente. Os partidos, as eleições e mesmo – o que é parte fundamental de qualquer ideário democrático, – o gosto pela liberdade se espalharam na região. Com um *caveat*: a liberdade se aproxima do desrespeito à lei e da discricionariedade dos poderosos para colocar em prática o *dictum* "aos inimigos, a lei, aos amigos, o perdão". Criamos o arcabouço de uma institucionalidade democrática, mas falta a alma: falta o respeito ao *due legal process*, o predomínio da *rule of law*. Continuamos saltando das instituições ao personalismo, o carisma ameaça o respeito à norma, e o cidadão ainda corre o risco de ser tratado como cliente, como dependente, que recebe concessões mais do que exerce direitos.

O segundo desafio que a globalização trouxe para a região foi o de sua inserção no capitalismo competitivo global. Analisando os dois desafios em conjunto – o de implantar a democracia, ainda que incompletamente, e o de enfrentar a globalização – entende-se melhor o que ocorre atualmente. A integração ao mercado global implicou romper as altas tarifas protetoras e restringir as intervenções estatais no mercado. Esses dois instrumentos de defesa da competição externa e de promoção do desenvolvimento *hacia adentro* tornaram-se ineficazes. Por outro lado, as regras para a atração dos capitais internacionais são claras: respeito aos contratos e pouca discricionariedade na interpretação da lei. A essas condições somam-se a necessidade de previsibilidade econômica, com exclusão das indulgências inflacionárias e, consequentemente, maior controle do gasto público, e assim por diante. Se nos recordarmos de que, na década de 1980, as crises petroleiras afetaram muitos países da região e, junto com a inflação, levaram os Tesouros à bancarrota ou a endividamentos crescentes, temos mais um fator que provocou modificações profundas na ação dos Estados: soou a hora das privatizações. Estas vieram menos por uma decisão ideológica de inspiração neoliberal e mais para ajudar no ajuste das contas públicas e para dar às grandes empresas, antes estatais, maior mobilidade no mercado, bem como para construir a infraestrutura moderna necessária ao desenvolvimento econômico.

O terceiro desafio foi decorrência dos dois anteriores: com maior dinamismo econômico e liberdades mais amplas, bem como com o fluxo de informações sobre a situação social no mundo, as reivindicações sociais brotaram com força. Não basta, portanto, democratizar no plano institucional: é preciso integrar as populações no plano social.

De tudo isso resultou uma contradição ou, pelo menos, uma ambiguidade, entre os interesses tradicionais enraizados no sistema político com reflexos no aparelho estatal (a tradição corporativista e patrimonialista) e as regras do mercado. Estas tornam-se cada vez mais homogêneas internacionalmente, com exigência de padrões globais de qualidade no funcionamento do sistema produtivo, mormente no caso dos setores exportadores, enquanto as instituições políticas andam em outro compasso. Mais ainda, a lentidão na retomada do crescimento econômico (que só a partir de 2002 encontrou maiores estímulos no mercado internacional)[3] e as demandas crescentes das massas formaram um caldeirão de pressões. Essa conjuntura levou alguns países a crises políticas ou, no mínimo, a derrotas eleitorais dos proponentes da modernização requerida para o ajuste à economia global. Em alguns casos a própria democracia, não só a economia, passou a ser a culpada pelo insucesso em atender com celeridade às demandas populares.

Nem todos os países da região tiveram condições de se inserir na nova ordem mundial com chances de ampliar o desenvolvimento econômico e de oferecer maior bem-estar ao povo. É indiscutível, porém que a redemocratização trouxe o terceiro desafio para todos eles: a necessidade de acelerar a redução da pobreza e de integrar as camadas marginalizadas.[4]

Simplificando bastante, o vendaval dos ajustes macroeconômicos que varreu o continente no último decênio do século passado (conhecido injustamente como a aplicação da agenda do consenso de Washington) fez-se diferenciadamente e encontrou situações políticas, sociais e econômicas também diversas em cada tipo de país. De um modo geral, é possível dizer que os países com economias menos diversificadas, principalmente os que guardaram semelhanças com as antigas economias de enclave (Bolívia, Equador, Venezuela e alguns da América Central) tiveram maiores dificuldades para se ajustar positivamente do que os países cujas economias e sociedades vinham se diversificando há mais tempo e criaram uma base urbano-industrial que complementava o setor agrícola exportador. De modo semelhante, os países que não dispunham de um sistema político mais sólido e, sobretudo, de uma organização estatal mais eficiente e capaz de se contrapor ao particularismo dos interesses de mercado no plano econômico e no social encontraram maiores dificuldades para ajustarem-se com proveito aos desafios globais.

Para tornar mais claro o argumento: o maior ou menor grau de diversificação prévia dos setores produtivos (geralmente maior nos países de economia historicamente formada com forte presença de setores nacionais controlando a produção e que os mantiveram) favoreceu a continuidade do crescimento urbano industrial e a modernização agrária, bem como fortaleceu o setor de serviços modernos. Em contraposição, nas economias de enclave houve menores chances de sucesso para responder à globalização, embora algumas tenham conseguido se diversificar e ganhar dinamismo.

Além dessas diferenciações histórico-estruturais, em alguns países as classes e grupos sociais conseguiram estabelecer normas institucionais mais sólidas e os Estados nacionais tiveram não só maior legitimidade como maior capacidade operacional para implementar políticas de crescimento econômico e de integração social, enquanto outros não lograram tanto êxito. Do conjunto desses fatores resultou um *puzzle* de situações com oportunidades e formas diferentes de integração ao mundo globalizado.

Independentemente das características estruturais, o clima de liberdade política e a continuidade das eleições fizeram com que, pouco a pouco, entrassem em cena atores sociais antes marginalizados e que novas questões fossem colocadas na agenda nacional. Por toda a parte se viu o renascimento de uma reivindicação agrarista e a pressão crescente das massas urbanas por emprego, salário e bem-estar. Nos primórdios da globalização ocorreram movimentos reivindicatórios de inspiração cubana ou maoísta, tendo havido mesmo um caso, o de Allende no Chile, no qual uma coligação à busca de mudanças sociais profundas recebeu o voto popular e chegou ao poder. Mais tarde houve a derrocada da experiência socialista chilena sob pressão das forças internacionais em luta contra o bloco soviético. Da mesma maneira, os movimentos guerrilheiros mais expressivos, como o Sendero Luminoso, os Tupamaros e os Montoneros foram sufocados ou contidos, como no caso das Forças Armadas Revolucionárias da Colômbia (FARC). Depois disso, à retórica fortemente reivindicativa não mais se seguiu uma prática transformadora: a inexistência de "um outro Bloco", com o desmoronamento da União Soviética, limitou a passagem do mito revolucionário à realidade.

Isso não quer dizer que o mito tenha desaparecido da amálgama ideológica de movimentos políticos ativos em muitas partes da região. A atração por uma transformação estrutural profunda continua viva em vários deles, desde os neozapatistas do comandante Marcos, passando pelos arroubos "bolivarianistas" da liderança venezuelana, ao indigenismo boliviano e aos movimentos rebeldes da Guatemala. E também na Colômbia, onde os narcoguerrilheiros ainda se pensam revolucionários. Noutros casos, como no Movimento dos Sem Terra (MST) no Brasil, a situação geral do país está tão distante da retórica revolucionária que se torna difícil assumi-la publicamente, embora continue vivo o sonho de uma "outra sociedade".

Mais recentemente a política desafiadora da ordem estabelecida ganhou um caráter distinto. Tem sido usada a noção de populismo ou de neopopulismo para caracterizar a política de países como a Venezuela, a Bolívia ou até mesmo a Argentina (dado o carisma do Chefe e o distributivismo das políticas sociais presentes nesses países). Mas o que sobressai neles é a desconfiança dos mercados e a volta ao estatismo. Como as novas situações populistas se formaram em reação às políticas de ajuste econômico, às quais se atribuem todos os males do presente, não é de estranhar o componente regressivo da retórica que as sustenta. Seus líderes não costumam propor novas formas de organização social ou econômica. Desenvolvem, sobretudo, uma retórica negativista. Expressam palavras de ordem antiamericanas e antiglobalização, mas se abstêm de especificar o caminho utópico que garantirá um futuro de maior igualdade e bonança econômica. *Pari passu* com a atitude redentorista do governo Bush, que forçou mudanças de regime político e defendeu a legitimidade das guerras preventivas, o antiamericanismo é o polo aglutinador do novo estado de espírito latino-americano, antiordem estabelecida. Não está claro ainda se as iniciativas tomadas pelo governo Obama serão suficientes para arrefecer tal retórica. Até agora, posto que a mudança de atitude ainda não se transformou em algo mais palpável, tampouco a reação antiamericana arrefeceu. Define-se o inimigo externo para justificar a retórica nacional-estatizante, com a sustentação imediata das massas.[5]

Embora esses modelos de comportamento político hajam sido qualificados de populistas (mesmo no caso do Brasil de Lula vez por outra há quem assim o qualifique), eles se distinguem bastante do populismo clássico. Vive-se uma situação diferente dos anteriores processos populistas, de tipo varguista, peronista, ou que nome tenham tido. Aqueles apelavam diretamente às massas, incorporavam-nas parcialmente na sociedade, desprezavam a democracia representativa, redistribuíam recursos, mas não alentavam propósitos de mudanças da ordem econômico-social prevalecente. O antiamericanismo foi forte com Perón, mas não foi característica de Vargas. E ambos jamais deixaram entrever uma atitude antimercado, sendo que o estatismo, especialmente do período democrático de Vargas, era mais pragmático do que ideológico. O novo "populismo", de Chávez ou de Morales, tem em comum com seus predecessores as políticas de distribuição de rendas. Porém, é muito mais anti do que a favor, e não esconde o rancor aos mercados. No caso de Morales existe ainda o componente indigenista que leva o discurso a beirar a proposta de uma outra sociedade, baseada em valores não ocidentais.

Houve desdobramentos distintos nos ajustes à ordem global de cada país como consequência do jogo entre fatores políticos, sociais e econômicos. Nos países de economia pouco diferenciada e dependente de uma *commodity* básica de exportação, como a Bolívia, as consequências dos ajustes foram traumáticas. Seguiram-se uma verdadeira crise do sistema político e a ascensão de uma liderança de raiz indígena, fortemente influenciada pelo negativismo típico da reação altermundista. No Equador, os mesmos condicionantes tiveram como consequência uma profunda instabilidade, com as comunidades indígenas desempenhando um papel ativo nas pressões políticas. Seria simplista, portanto, explicar a dinâmica desses países apenas como resultado da falta de alternativas econômicas no mundo globalizado. Estas atuaram junto com a reivindicação das identidades culturais das massas indígenas, antes marginalizadas do controle da sociedade (na Bolívia, por exemplo, mais de 60% da população se declara indígena). O mesmo se diga sobre os demais países onde as populações autóctones conservaram suas culturas e são suficientemente numerosas para dispor de força política em momentos de afirmação democrática.

As dificuldades de compatibilizar os apelos democráticos aos ajustes macroeconômicos em países com poucas alternativas produtivas marcaram a Venezuela ainda sob o presidente Caldera. Elas deram margem às vitórias sucessivas, armadas ou eleitorais, de Hugo Chávez. Com a diferença de que a Venezuela dispõe de um elemento importante para o êxito no mundo global, o petróleo. O Peru de Fujimori (ainda na época das ilusões revolucionárias do Sendero Luminoso e antes do fim da bipolaridade) escapou desse dilema porque, com as reformas liberalizantes, das quais o presidente Toledo não se afastou, conseguiu elevadas taxas de crescimento econômico e certa diferenciação da base produtiva. Abriu espaço assim para uma modesta incorporação de segmentos das massas empobrecidas, embora sem o vigor das políticas antipobreza e integradoras do Brasil, do Chile ou mesmo do México e da Colômbia.

Convém advertir novamente que não se deve simplificar. Não foi apenas a inconsistência entre as pressões modernizadoras da economia globalizada e a pouca diferenciação produtiva desses países que os levou a crises políticas. Houve também um esgarçamento das instituições democráticas preexistentes, minadas pela corrupção e pela ineficiência, como se viu na Venezuela anterior a Caldera, no Peru ou no Equador. E, não por acaso, tanto na Venezuela como no Peru romperam-se experiências democráticas relativamente antigas e não ditaduras militares.

Apesar da variabilidade das respostas ao desafio da integração das camadas populares, não deixa de chamar a atenção que as tensões que levaram a tentativas de ruptura mais profunda com a ordem democrática tradicional se deram nos países de economia predominantemente de enclave. Quando nelas inexistiam estruturas de governo – melhor dito, de Estado – para responder com políticas sociais consistentes e ativas às demandas sociais, criou-se um clima propenso a soluções políticas menos confiadas nas soluções da democracia representativa. Na América do Sul, Peru, Venezuela, Bolívia e Equador constituíram, em alguns momentos, casos expressivos dessa situação.

Caso à parte foi o chileno. Desde o período pré-globalização, o Chile, embora dependesse crucialmente da exportação de cobre, apresentava uma economia mais diversificada. Por outro lado, os primórdios do ajuste chileno se fizeram (sem êxito de crescimento econômico, diga-se de passagem) ainda no governo Pinochet. Inspirados, aí sim, pelo Consenso de Washington em formas extremas, os *Chicago boys* radicalizaram as políticas neoliberais. Mais tarde, com a redemocratização, o Chile obteve o que poucos países conseguiram: uma agenda convergente entre governo e oposição. Mais que isso, uma política econômica mais consensual na própria sociedade, corrigindo-se os exageros neoliberais, mantendo-se o jogo democrático e revigorando-se as políticas sociais. Isso permitiu reforçar as instituições democráticas e lograr o crescimento da economia. A violência pinochetista produziu anticorpos em uma sociedade que contava em suas raízes históricas com valores de respeito às instituições.

Não segue daí que estivesse inscrito que assim deveria ser. As opções políticas dependem obviamente das lideranças e o Chile as teve competentes. Competentes e capazes de entender que na economia global a marca, o design, os circuitos de comercialização, juntos com a eficiência e o respeito às regras, são tão importantes quanto dispor de uma boa dotação de recursos naturais, de mão de obra abundante ou de capitais para realizar um circuito econômico completo no âmbito das fronteiras nacionais. Ou seja, já não vivemos na época em que o modelo prussiano, da economia *à la* Friedrich Lizt, ou mesmo o modelo da industrialização substitutiva de importações, era visto como o único modo para obter o crescimento do PIB. Exportar ostras, salmão, vinho ou frutas, atendendo aos requisitos de pontualidade e qualidade do mercado global, adiciona valor aos produtos e permite uma inserção internacional conveniente para um país de economia e população relativamente pequenas.

Dessa estratégia resultou a valorização de um modelo político, que se poderia chamar de "social-democracia globalizada". Esta forma de social-democracia não teme o mercado externo, preza as instituições e a responsabilidade dos cidadãos, tem consciência de que a estabilidade do processo democrático depende de certo progresso econômico, mas depende também, e muito, de políticas ativas de redução da pobreza e aumento do bem-estar social. De alguma maneira, se trata da adoção, em outras condições, do que na Europa se chamou de "economia social de mercado", com a diferença de que, além de se respeitar as regras no mercado local, se busca um engajamento no mercado global e uma linha de política econômico-social que estimule a ação social dos governos e da sociedade. Em países de tradição cultural ibérica, como os nossos, o individualismo possessivo e a crença na competição no mercado como instrumento para realizar o bem de todos nunca foram assimilados. Daí que a nova versão da social-democracia pode ser mais bem aceita. Ela é economicamente modernizadora e, ao mesmo tempo, dá espaço para a ação do governo nas áreas sociais e mesmo nas produtivas e estimula uma sociedade civil ativa. Longe de valorizar o individualismo, essa filosofia valoriza o comprometimento das pessoas com a sociedade, dando-lhes responsabilidades, inclusive, senão que principalmente, no combate à pobreza e à desigualdade.

Não foi outro o caminho trilhado pelo Brasil. País com maior diversificação econômica do que qualquer outro da região, bem como com obstáculos também incomparáveis para superar a pobreza e as desigualdades sociais, suportou a abertura da economia, as reformas do Estado (ainda incompletas) e conseguiu levar adiante a democratização, apesar das taxas de crescimento do PIB relativamente baixas dos últimos 15 anos. A resiliência das estruturas econômicas e das instituições democráticas, somada à existência de uma sociedade civil vibrante, permitiu respostas mais positivas ao desafio de instituir a democracia e ampliar a participação no mercado global. Diferentemente da experiência chilena, que se apoiou em consensos econômicos, no caso brasileiro as fortes disputas políticas entre os dois partidos polarizadores, o PT e o PSDB, não prejudicaram a continuidade daqueles dois processos. As diferenças entre os partidos finalmente mostraram ser menos de cunho ideológico do que de luta pelo poder. Uma vez no poder, o PT seguiu as linhas gerais das políticas anteriores.

O mesmo que disse acima sobre o Chile pode, portanto, ser repetido para o caso brasileiro. Muito mais do que seguir um modelo neoliberal, a política adotada no Brasil seguiu a inspiração de uma social-democracia globalizada, isto é, que leva em conta a força dos mercados, mas compensa seus abusos controlando-os no que pode, e desenvolve políticas sociais capazes de combater a pobreza e de reduzir as desigualdades.

No plano econômico foram aproveitadas as chances abertas pelo mercado global, aprofundaram-se as transformações estruturais que vinham de antes, e o que parecia uma impossibilidade no passado é hoje uma realidade. O país se tornou exportador de produtos sofisticados (como aviões ou celulares), desenvolveu tecnologias próprias (por exemplo, para a exploração do petróleo em águas profundas), revolucionou a agroindústria. No caso desta, a Embrapa, organização estatal de pesquisas que conta com cerca de mil doutores, teve um papel notável no desenvolvimento de novos cultivos, novas técnicas de plantio etc., permitindo a adaptação de lavouras como a da soja a áreas de savana, o "cerrado" brasileiro, antes considerado improdutivo. Empresas brasileiras se tornaram *global players*. Cerca de três dezenas de empresas brasileiras, inclusive a petrolífera que é controlada pelo governo, estão se espalhando pelo mundo por meio de aquisições e expansões. A Vale, ex-estatal Companhia Vale do Rio Doce (CVRD), é a segunda maior mineradora do mundo. A Embraer tem fábricas até na China. Existem indústrias de aço, de bebidas, têxteis, de suco de laranja que também se estão globalizando.

O setor produtivo se globalizou no Brasil, no Chile e também no México não só pela presença das multinacionais[6] mas pela transformação de empresas locais em grandes exportadoras e inversoras no mercado internacional. As empresas locais competem com as estrangeiras nos principais setores da economia, pois não houve uma privatização "selvagem", como ocorreu na Argentina. O setor financeiro, que é de importância crucial para uma inserção mais autônoma no processo globalizador, manteve-se forte. Ele se compõe em 50% por bancos estatais e 25% por bancos privados nacionais e 25% estrangeiros. A dívida pública se faz no sistema financeiro local, que ademais financia o consumo e as inversões, estas últimas principalmente através de um banco público de fomento, o BNDES.

Simultaneamente foram lançados programas sociais de vulto, tanto de natureza universal (saúde e educação), como específicos (reforma agrária e programas de proteção social e distribuição direta de renda). Os níveis de pobreza e mesmo os de desigualdade começaram a reduzir-se na década de 1990. A redução ganhou mais força na dobrada do século e continua com ímpeto até hoje. Depois da redemocratização nos anos 1980, as reformas econômicas que corrigiram os excessos monopolísticos e estatizantes da nova Constituição de 1988 e permitiram a privatização parcial de empresas estatais, bem como a ampliação das políticas sociais, fizeram-se em diálogo democrático entre Executivo e Legislativo, sob o olhar severo do Poder Judiciário. Isto, se tornou mais moroso o alcance de resultados, deu-lhes também maior solidez e, como consequência, maior persistência no tempo, a despeito das mudanças de governo. Assim, à esquematização que ressalta as diferenças entre economias de enclave e as de maior diferenciação produtiva e entre sociedades que dispõem de Estados mais bem estruturados e ativos e outras sem tais recursos, devem-se somar as dimensões políticas. Chamei a atenção para a possibilidade de uma alternativa social-democrata que vem se desenvolvendo em alguns países simultaneamente com a inserção no mercado global. O que caracteriza esta "social-democracia globalizada" não é apenas o respeito às regras gerais do mercado, mas o fato de que os sindicatos, diferentemente do que ocorreu na Europa, não são seus agentes propulsores. Trata-se de uma resposta política à necessidade da rápida integração de massas pobres, que se faz por meio de ampla e variável parceria entre Estado e sociedade civil, processo que se dinamiza graças a uma opinião pública ativa, que se expressa na mídia e, mais recentemente, nos meios eletrônicos de comunicação. É esta opinião pública difusa, mais do que partidos ou classes sociais específicas, que estimula a ação governamental e cobra resultados na redução da pobreza e da desigualdade. Os governos social-democratas atuam nas áreas sociais, mas não se isolam nas burocracias. Pelo contrário, estimulam e aceitam a cooperação de organizações não governamentais acopladas aos agentes governamentais que implementam as políticas públicas. Em sua maioria essas ONGs são formadas por pessoas das classes médias e encontram apoio nas empresas privadas, em seus executivos e nos empresários.

Este fenômeno não ocorre apenas nos países mais populosos, onde a presença das massas poderia ser eventualmente ameaçadora para as elites (como Brasil ou México), nem só nos muito dinâmicos economicamente, como o Chile. Basta ver o que ocorre há algum tempo na Costa Rica ou no Uruguai da Frente Ampla, ou mesmo na República Dominicana e no Panamá. Os partidos governantes podem se afirmar como sendo mais ou menos de esquerda, a favor ou contra a globalização: os processos sociais e as características estruturais somados ao clima ideológico difuso de não aceitação das diferenças sociais gritantes da região conduzem os governos a uma adequação dos ideais de mudança a um novo estilo social-democrático, que se contrapõe tanto à visão neoliberal como ao "rupturismo verbal" de estilo bolivariano.[7]

Na Argentina as coisas seguiram rumos diferentes. Aos avanços da economia no período anterior à globalização não correspondeu um esforço de diversificação produtiva. Apesar do investimento industrial preexistente, não foi a partir dele que o país se integrou na nova fase do mercado mundial. A economia argentina estava, desde o século XIX, integrada internacionalmente pela agricultura. Com a globalização as ligações se aprofundaram pelo mesmo caminho. O esforço de ajuste feito na época do presidente Menem e do ministro Cavallo – neste caso, sim, verdadeiramente neoliberal – não evitou que as consequências das crises financeiras mundiais atingissem a Argentina mais fortemente do que aos outros países. A forma como o governo controlou a inflação, atando o peso ao dólar, e o desequilíbrio fiscal levaram a economia a declarar *default* tão pronto o vendaval especulativo internacional se voltou contra a moeda local. Apesar disso a democracia argentina continuou funcionando, embora cambaleando (De la Rúa renunciou à presidência, houve sucessivos presidentes interinos até que Eduardo Duhalde sustentou o leme). Com a eleição do presidente Kirchner, graças à atuação do ministro da Fazenda, Roberto Lavagna, a situação voltou ao controle do governo, sem que tivesse havido a aceitação da negociação da dívida externa nos termos tradicionais propostos pelo FMI. Restabelecido o controle da situação, o governo Kirchner decidiu por um caminho intermediário entre a posição neoliberal de seus antecessores e o fortalecimento do mercado interno para viabilizar a industrialização e o crescimento do PIB. Aumentou tarifas aduaneiras, passou a exercer controle de preços e, temeroso da concorrência brasileira, recuou de algumas medidas integracionistas que o Mercosul havia avançado.

A Argentina ficou, portanto, algo à margem do mercado internacional mais dinâmico, continuando a ser grande exportadora agrícola. Os êxitos conjunturais da política adotada se baseiam nas altas taxas de crescimento econômico, com o que o atual governo pode mitigar a demanda das classes populares, altamente reprimida no período anterior. Cabe recordar que a Argentina lograra historicamente índices de bem-estar social mais elevados que os demais países da região e que a pobreza recente, mitigada pela recuperação econômica do governo Kirchner, fora fruto do ajuste neoliberal *à outrance*. As taxas de crescimento atuais foram obtidas com a expansão do comércio agrícola internacional, acelerada pela demanda da China, e graças às medidas de proteção da produção local. Foi neste contexto que a liderança popular do presidente se afirmou, neste caso com maiores semelhanças com o passado, embora sem o antiamericanismo ardente do peronismo originário.

Para terminar essas considerações, falta aludir a outro importante país da região, o México. Se houve um país com dificuldades para refazer suas políticas e instituições para responder ao duplo desafio da modernização globalizadora e da democracia, esse país foi o México. Herdeiro de um sistema político advindo de uma revolução popular, mas que se estiolara no burocratismo, no partido único e na forte intervenção estatal na economia, o México não parecia predisposto a se engajar de forma positiva na nova era. O regime da Revolução Institucionalizada fizera acentuados progressos econômicos, mas também criara grandes dificuldades para que prevalecessem as noções de mercado competitivo, abertura da economia, alternância no poder e transparência democrática.

Recordo-me de conversa que tive com o atual primeiro-ministro italiano, Romano Prodi, quando ele exercia a mesma função antes do ingresso efetivo da Itália nas regras de Maastricht, e reinava a desordem fiscal no país. Perguntei-lhe como lograria cumprir as obrigações de controle fiscal e orçamentário para a Itália integrar-se à União Europeia. Respondeu-me: "só há uma maneira, assinar os compromissos e obrigar a disciplina de fora para dentro...". Foi o que aconteceu com o México. Ao firmar o acordo de integração com os Estados Unidos e o Canadá, o NAFTA, entrou numa camisa de força. Ela pode ser contestada pelos opositores mas, bem ou mal, traçou os rumos da economia mexicana.

A anterior diversificação econômica já apontava na direção de uma industrialização complementar à economia americana. Já estava instalada a *maquila*, baseada na montagem local dos componentes de produtos duráveis de consumo com vistas ao mercado norte-americano. A produção se multiplicou e se diferenciou. Hoje Monterrey, sede da área de maior dinamismo industrial do país, se tornou um polo importante, abrigando inclusive (como no caso brasileiro) empresas globais, por exemplo, no setor de cimento. Houve a privatização parcial de empresas públicas, como a telefonia (com menos amor às agências reguladoras e à concorrência do que no Brasil), a indústria energética se manteve em mãos governamentais e o sistema financeiro (ao contrário do brasileiro) se desnacionalizou.

Tem-se a impressão de que no caso mexicano ocorreu uma integração unidirecionada ao mercado norte-americano. As estatísticas mostram a enorme proporção de produtos exportados que se dirigem para lá (cerca de 90%). O Brasil, por exemplo, que sempre teve pauta de exportações mais diversificada, exportou em 2006 18% para os Estados Unidos, 22% para a União Europeia, 23% para a América Latina e 37% para outras partes do mundo. É de notar que 60% das exportações, pelo menos até 2008, se compuseram de produtos industrializados.

Apesar de o crescimento econômico ter-se acelerado na fase inicial da globalização, mais tarde diminuiu o ritmo e, como no Brasil até muito recentemente, a oferta de emprego não acompanhou a oferta de mão de obra, o que explica o fluxo migratório para os Estados Unidos. O México ainda possui populações indígenas pouco integradas politicamente à sociedade nacional e falta transparência ao sistema político, apesar dos esforços democratizadores que começaram com reformas eleitorais na década de 1970 e se aceleraram no governo do presidente Ernesto Zedillo. É possível dizer, portanto, que a resposta mexicana aos desafios globalizadores, se garantiu razoável crescimento econômico, foi obtida com ligação crescente a um só grande mercado. O processo político, embora avançando, ainda não consolidou completamente as práticas democráticas. Daí que o discurso eleitoral continue enfatizando valores nacionalistas (para advertir dos riscos da ligação umbilical à economia norte-americana) e não se tenha apartado do debate antiglobalização e antiamericano, como se viu recentemente na campanha de Lopes Obrador, derrotado pelo presidente Calderón por pequena margem de votos.

Dado o porte relativamente pequeno de suas economias, alguns países da região continuam em busca de algum acordo de comércio que abra espaço para suas exportações (como o Uruguai e o Paraguai). Para responder aos desafios da democracia valem-se de suas tradições. Assim é que o Uruguai, hoje controlado por uma coligação de esquerda, e com um novo presidente ex-guerrilheiro já eleito, manteve a tradição democrática. Se fosse qualificar o sistema político uruguaio, eu diria que, com as diferenças naturais, mais se aproxima da social-democracia contemporânea, ao estilo chileno, do que das posições antimercado e antiamericanas dos países de antigas economias de enclave. O Paraguai, por seu lado, caracterizado por um sistema político tradicionalmente patrimonialista e clientelístico, dele não se afastou, bem como não conseguiu um caminho de crescimento econômico que o livrasse do subdesenvolvimento.

Caso relativamente à parte é o dos países da América Central. Em todos eles a democracia representativa está vigendo na sua forma tradicional, isto é, sem o complemento de sociedades civis mais atuantes que possam estimular a participação dos cidadãos e se livrar do clientelismo. Isso em graus variáveis, pois na Costa Rica, e mesmo no Panamá, o panorama é mais dinâmico, e o mesmo ocorre em Santo Domingo, país caribenho. Noutros países, como a Nicarágua, vê-se a volta de líderes que, no passado, pareciam mais próximos aos ideais cubanos e hoje, se os mantêm, é de forma esmaecida, dadas as mudanças ocorridas no mundo e nas próprias situações locais. Estas encontraram algum alívio graças a acordos comerciais com os Estados Unidos, que asseguram fatias de mercado a seus poucos produtos de exportação, acentuando os liames tradicionais de dependência. Globalização, no caso, com mais força do que ocorre com o México, que dispõe de maiores recursos produtivos, torna-se sinônimo de relação crescente e desigual com os Estados Unidos.

Há, não obstante, alguns fenômenos que matizam a situação centro-americana. O principal é a emigração para os Estados Unidos. Dela deriva grande volume de remessas de recursos para as famílias que ficaram nos países de origem. Para se ter uma ideia, de cada três salvadorenhos, um vive no estrangeiro, sendo que só nos Estados Unidos são mais de 2,5 milhões. O mesmo ocorre com o México, com muitos milhões de mexicanos vivendo nos Estados Unidos e remetendo dinheiro para os familiares, embora a proporção do fenômeno seja menor dado o porte da economia e da população mexicanas. Não são só os salvadorenhos, também os colombianos, equatorianos (destes muitos na Espanha), dominicanos etc. emigram e criam liames de outra natureza com o país de adoção. As remessas, por sua vez, têm imenso peso econômico nos países de origem. É fácil imaginar o tipo complexo de relação que se estabelece entre eles e os Estados Unidos, exibindo ao mesmo tempo reação nacionalista e amálgama cultural e financeira. Tudo isso forma um quadro bem distinto do que ocorre nas relações entre o Cone Sul das Américas e os Estados Unidos.

Tentei mostrar neste capítulo que o esquema de análise histórico-estrutural continua útil para descrever as transformações ocasionadas pela globalização nos países subdesenvolvidos, desde que usado com a sutileza necessária para evitar o reducionismo nas análises. A globalização, da mesma forma que a *dependência*, nada mais é do que um desdobramento do sistema capitalista nas condições históricas atuais.

O ponto de partida da análise estrutural condiciona mas não define a forma que os processos econômicos e políticos assumem. As estratégias políticas de inserção na economia global têm certa margem de autonomia. Assim, aqueles processos também dependem de fatores tão variáveis de país para país como a capacidade local de acumulação de capitais, a presença de investimento estrangeiro direto, do *mix* eventualmente existente entre a produção controlada nacionalmente e a controlada pelas multinacionais, da participação do setor público na produção, e assim por diante. Em outras palavras, há caminhos alternativos, embora não quaisquer, nem com sucesso semelhante em todos os países. A escolha das alternativas e o êxito eventual dependem tanto da base estrutural como da capacidade política das lideranças e, mesmo, das instituições e da cultura política em sentido mais amplo.

Na história recente da América Latina, pelo menos três países conseguiram uma integração mais favorável ao mercado globalizado e deram respostas, embora ainda insuficientes, mais orientadas para atender às demandas de suas populações: o Chile, o Brasil e o México. Outros desenvolveram uma estratégia de *exit*, como a Argentina, enquanto a maioria, como os países da América Central, o Uruguai e o Paraguai, sem dispor de recursos para acelerar as transformações da base econômica que permitissem um salto qualitativo, desenharam estratégias de sobrevivência buscando nichos no mercado global para sua produção tradicional. Alguns desses países, apesar das limitações de mercado, foram capazes de definir políticas sociais dinâmicas e de buscar responder ao terceiro desafio posto pela globalização: criar formas de democracia embasadas em forte compromisso social. E outros há que, por disporem de uma *commodity* de curso global mas não dos demais recursos para saltos globalizadores maiores, definiram uma estratégia de *voice*: alardeiam seu descontentamento com a globalização e, com menos clareza, até mesmo com a democracia representativa. Sem falar nos países que, embora com menores condições do que os três que se estão globalizando mais positivamente, contam com recursos capazes de lhes dar, ao longo do tempo, melhores chances para enfrentar os desafios da nova ordem mundial, como o Peru e a Colômbia.

Equívoco equivalente ao de não tomar em consideração estes caminhos variáveis seria não perceber os limites estruturais (embora mutáveis no longo termo) que se impõem aos países em desenvolvimento.[8] A globalização atual, como insisti, implica a extensão à escala planetária dos liames financeiros e a difusão rápida de inovações tecnológicas, constituindo a chamada economia do conhecimento. Ambos processos continuam largamente sob controle das grandes empresas multinacionais ou das superorganizações financeiras, sediadas em uns poucos países que continuam dando as cartas na economia global. Entretanto, o número de parceiros principais não é estático; basta ver o que acontece com a China. Não resta dúvida de que é árduo e restrito o caminho para ampliar as chances de criação e difusão de novas tecnologias e dispor de capitais. Ainda assim, para mencionar só os países mais populosos, Índia, Rússia e Brasil, sem esquecer a China que tomou a dianteira, os chamados Brics, estão em uma corrida contra o tempo para ver quem chega lá.[9]

Tudo dependerá, não só da economia, mas do tabuleiro político mundial e, principalmente, da capacidade das sociedades locais e de seus líderes para lograr políticas o quanto possível consensuais que aproveitem as oportunidades – e não só as econômicas – e tornem os efeitos da globalização e da democracia mais favoráveis aos países em desenvolvimento e a seus povos, reduzindo a pobreza e as desigualdades e dando às camadas menos privilegiadas maior acesso às esferas de poder.

Notas

1 Texto revisado da conferência *Globalization and Development: The Brazilian Experience*, proferida na Universidade de Carolina do Norte, em Chapel Hill, em 26/03/2007, publicada na *Revista de Política Externa*. São Paulo: Paz e Terra, v. 16, n. 2, set./nov. 2007, p. 9-24, e pela revista *Studies in Comparative International Development*, v. 44, n. 4, winter 2008.

2 Disso se tratava nas análises latino-americanas, que viam na presença ativa do Estado nacional condição para lograr, ao mesmo tempo, autonomia e crescimento econômico.

3 Ainda assim, comparativamente, não foi a América Latina a região que mais cresceu no mundo. Em 2008 haverá crescido em torno de 4,2%, enquanto os prognósticos da CEPAL preveem crescimento negativo de -1,8% em 2009. Esses dados são mais baixos do que as previsões do FMI para a média dos países em desenvolvimento, em torno de 6%, tendo a China previsões para 9% e a Índia para mais de 7%.

4 Como fizemos no livro sobre *Dependência e desenvolvimento*, caberia refazer, em trabalho de maior fôlego, as situações histórico-estruturais a partir das quais cada tipo de país enfrentou os desafios da globalização. Sobre a variabilidade das respostas latino-americanas aos desafios globais, ver Llana, Carlos Pérez. "Modelos políticos internos y alianzas externas", manuscrito, 2007.

5 Para uma interpretação estimulante do que significou o antiamericanismo e a visão nacional-estatista na América Latina, ver Graeff, Eduardo. "Nossa América e a deles", manuscrito, 2006.

6 No Brasil, depois do Plano Real, houve mais de duzentos bilhões de dólares em investimentos estrangeiros produtivos diretos e eles continuam a chegar em volumes elevados. Note-se que, em média, os investimentos estrangeiros diretos correspondem a algo em torno de não mais do que 25% do total de investimentos anuais. A base produtiva do país, na agricultura, na indústria e nos serviços sofreu, em consequência, uma forte alteração qualitativa, a despeito de vários anos de crescimento modesto do produto nacional.

7 Para o caso do Chile e da Costa Rica ver o estudo de Sanbrook, Richard; Edelman, Marc; Heller, Patrick; Teichman, Judith. *Social Democracy in the Global Periphery: Origins, Challenges, Prospects*. Cambridge: Cambridge University Press, 2007, e também de Castells, Manuel. *Globalización, Desarrollo y Democracia: Chile en el Contexto Mundial*. Santiago: Fondo de Cultura Economica, 2008.

8   Para uma análise das diferentes estratégias de inserção na ordem global ver Santiso, Javier. *Latin America's Political Economy of the Possible*. Cambridge Mass.: MIT University Press, 2006.

9   Estudo recente de Kristalina Georgieva, do Banco Mundial, compara, em diferentes dimensões, a participação relativa dos Brics na economia global. Chama a atenção que, conforme a dimensão analisada, ora um ora outro desses quatro países mostra melhores perspectivas de saltar para a condição, senão de nação desenvolvida, de *player* relevante na cena global.

5
Desafios e perspectivas da democracia[1]

A democracia foi a grande causa de minha geração. É o melhor caminho para superar as desigualdades do passado e construir uma sociedade aberta e participativa. Entendida tanto como um conjunto de regras e procedimentos quanto como o processo através do qual os cidadãos influenciam as decisões que afetam sua vida, a democracia supõe, evidentemente, o respeito dos direitos políticos e liberdades cívicas fundamentais, tais como uma pluralidade de partidos, eleições livres e limpas, liberdade de expressão e de organização. Mas é mais do que a soma de suas instituições e procedimentos. Uma democracia só é verdadeiramente substantiva quando está enraizada na sociedade e é alimentada por uma sociedade civil vibrante e por uma cultura cívica de participação, responsabilidade e debate. Esta é a razão pela qual a democracia é, sempre, uma obra em curso, uma construção inacabada. Trata-se de um processo que deita raízes na história e na cultura de cada sociedade. Por esta razão não pode ser imposta de fora para dentro e nunca está definitivamente assegurada.

A democracia está viva na América Latina. Confrontada a riscos e desafios, sem dúvida. Mas também passando por processos profundos de renovação e mudança. É inegável que as instituições democráticas, mesmo depois de restabelecidas, foram postas à prova severamente na região desde o início dos anos 2000. Neste curto lapso de tempo, Paraguai, Peru, Argentina, Venezuela, Bolívia, Equador – e, em certa medida, também Brasil em 2005 e México em 2006 – atravessaram situações de crise política. Em vários casos, a contestação popular levou à destituição de presidentes eleitos. Ainda que esses processos tenham sempre seguido os trâmites constitucionais, a repetição e intensidade das crises políticas é uma indicação clara de que persistem problemas de fundo. Salvo os casos excepcionais do Chile, Uruguai e da própria Colômbia, apesar da presença da guerrilha, o desencanto da população com as instituições políticas é um fenômeno amplo e generalizado. Todas as pesquisas de opinião apontam o déficit de confiança e o sentimento difuso de cansaço que afeta a credibilidade de partidos políticos, parlamentos e governos.

A América Latina entrou numa fase histórica marcada por riscos e oportunidades. Meu sentimento é que a melhor estratégia para preservar a democracia – em nossa região como em qualquer outra parte do mundo – é sempre trabalhar pelo fortalecimento de sua substância. Este é o caminho do futuro. A democracia precisa funcionar, demonstrar sua eficácia na solução dos problemas quotidianos dos cidadãos, ou apatia, cinismo e desencanto abrirão caminho para a volta de regimes autoritários, sob velhas ou novas roupagens.

Muitas razões explicam os crescentes sinais de fragilidade da democracia latino-americana. Em um período de dez anos contado a partir do início dos anos 1980, 14 países fizeram a transição da ditadura militar para a democracia. Cada processo de transição se realizou dentro de um contexto nacional específico. No entanto, tomada em seu conjunto, esta chamada terceira onda democratizadora exprimiu uma irreprimível demanda por liberdade que sacudiu o continente. O restabelecimento da democracia trouxe a promessa de uma vida melhor para todos. No entanto, a reconquista da liberdade política coincidiu com um tempo de grave instabilidade econômica. Em alguns países, a combinação de uma inflação galopante com estagnação representou uma ameaça à integridade do próprio tecido da vida social.

A globalização, na década dos 1990, levou a um segundo processo dramático de mudança: a reforma do Estado e a abertura das economias ao comércio global, acompanhada dos processos de privatização e de ajuste fiscal. É minha convicção que o balanço das reformas políticas e econômicas realizadas na América Latina em resposta aos desafios da globalização foi basicamente positivo. O crescimento foi retomado após a difícil década dos anos 1980. Os indicadores sociais, que começaram a mover-se anteriormente, melhoraram de forma abrangente e consistente a partir da estabilização das economias. A riqueza, no entanto, continua altamente concentrada. Persistem patamares inaceitáveis de desigualdade. Muitos de nossos jovens vivem sem esperança e sentido de futuro. A frustração com a incapacidade da democracia de melhorar – rápida e significativamente – as condições de vida da população estão na raiz do sentimento atual de desencanto.

Esta percepção é agravada pela proliferação dos escândalos de corrupção e pelos níveis crescentes de violência criminosa, especialmente nas grandes cidades. Impunidade e insegurança, combinadas à persistência da pobreza e da desigualdade, explicam o profundo sentimento de distância entre a população e o poder e minam a capacidade das instituições políticas para responder às demandas da sociedade. A desconfiança em relação aos partidos políticos, parlamentos e sistema judiciário é uma das explicações para o ressurgimento, em vários países, de formas de populismo autoritário que pareciam definitivamente relegados ao passado. Diante das posições assumidas pelo presidente Chávez da Venezuela e, em certa medida, pelos governos da Bolívia, Equador e Nicarágua, muito se tem falado a respeito de uma guinada para a esquerda na política latino-americana.

Minha impressão é que a realidade é bem mais complexa. Sem dúvida, estamos diante de diferentes manifestações de um novo populismo com fortes tintas de nacionalismo e dirigismo estatal. O discurso político tem se afastado perigosamente do debate racional de temas e problemas para privilegiar uma retórica tão radical quanto vazia. Os líderes populistas fazem apelo à emotividade das pessoas invocando símbolos e palavras de ordem para conjurar ameaças reais ou imaginárias. A associação estreita que se estabelece entre o líder carismático e "o povo" ou "a nação" debilita os fundamentos da democracia. Tais regimes têm uma inevitável propensão a impor controles crescentes do Estado sobre a sociedade. Sempre em nome do "povo" e do "interesse nacional".

Na Venezuela, por exemplo, a sociedade civil, os meios de comunicação e empresas públicas têm sido submetidas a controles e interferências, embora as liberdades civis se mantenham e os processos eleitorais sejam usados para validar os novos contornos do poder. O clima de frustração derivado da incompetência de governos democráticos anteriores para melhorar as condições de vida do povo e coibir a corrupção levou parcelas da população a pensar que o caminho para o futuro é a volta ao passado "bolivariano" – mesmo que se trate de um passado idealizado que, na verdade, nunca existiu com as características que hoje lhe são atribuídas.

Devemos estar conscientes deste risco sem cair, porém, em exageros e simplificações. A América Latina é um continente imenso e complexo com uma paisagem política extremamente diferenciada. Há mais diferenças do que semelhanças entre Hugo Chávez e Michèle Bachelet, Evo Morales e Luiz Inácio Lula da Silva, Nestor Kirchner e Tabaré Vázquez. Não se pode identificar Morales com Chávez, pois respondem a contextos culturais e históricos diferentes. Nem é correto exagerar na avaliação dos efeitos da retórica sobre a realidade venezuelana. Segundo ponto importante a salientar: não vamos cair na armadilha de identificar o populismo com a esquerda. O populismo é uma tendência autoritária e regressiva que tem pouco a ver com uma visão progressista a respeito do futuro de nossas sociedades. Seus rasgos autocráticos contradizem o lento porém contínuo processo de construção de sociedades abertas e complexas em nossos países.

As sociedades latino-americanas mudaram muito – e para melhor – nas últimas décadas. Os tempos mudaram e os atores também. As ONGs e movimentos sociais desempenharam um papel de vanguarda na luta pelos direitos humanos e pela democracia. No entanto, esta vertente organizada da sociedade civil não dá conta hoje da amplitude e diversidade da ação cidadã. A capacidade dos cidadãos de agir por si mesmos, traço distintivo da sociedade civil contemporânea, requer a liberdade e a autonomia individual. A sociedade civil é, cada vez mais, um espaço de debate político, atravessado pelas controvérsias da sociedade. Por esta razão, não pode ser apropriada por qualquer projeto ou partido político.

A participação dos cidadãos é tão diversa quanto as questões e causas que mobilizam a energia e o envolvimento das pessoas. Não há mais uma grande narrativa embasando e orientando uma estratégia uniforme de transformação social. Espontaneidade e fragmentação são elementos constitutivos da nova sociedade, e esta diversidade é um fator de enriquecimento da democracia. Os cidadãos têm, hoje, identidades e interesses múltiplos e cambiantes. Estilos de vida, padrões de consumo, idade, pertencimento religioso, orientação sexual representam fontes mais poderosas de identidade do que o status social.

Na nova sociedade que emerge sob os nossos olhos, com contornos que nem sempre percebemos, os indivíduos tendem a dar respostas mais inteligentes aos problemas que os afligem e a serem mais criativos do que no passado. Por uma razão muito simples: são constantemente desafiados a fazer juízos de valor e escolhas de vida onde antes havia conformação a um destino preestabelecido. Gozando de uma maior autonomia pessoal em sua vida cotidiana, os cidadãos podem desenvolver também uma nova relação com o poder político. Na era da informação, cada vez mais as pessoas formam sua opinião com base no que vivem e no que veem. Quando seu conhecimento e experiência entram em contradição com a mensagem dos políticos e governantes, o resultado inexorável é a desconfiança e a perda de credibilidade. Esta massa crítica de pessoas informadas dá origem a uma opinião pública com um poder virtual crescente de configurar e influir no debate público.

Cidadãos que pensam e agem pela própria cabeça não aceitam o papel de espectadores passivos. Querem falar e ser ouvidos. Querem o diálogo, não o monólogo, o convencimento, não a imposição, o argumento, não a retórica vazia, a autonomia, não o centralismo burocrático. A sociedade aparentemente é menos organizada mas, no fundo, está mais conectada e interativa. Blogs, e-mails, celulares e sites estão se tornando ferramentas facilitadoras de um novo tipo de comunicação pessoal, participativa e interativa. Esta combinação de autonomia individual e novos espaços de participação e debate representa, a meu ver, o melhor antídoto contra as regressões autoritárias.

Em sistemas complexos, como as sociedades em que vivemos, a ordem não se impõe mais de cima para baixo a partir de centros de comando e de controle. Nem a mudança social ocorre segundo estratégias uniformes e preestabelecidas. A mudança é um processo contínuo que ocorre simultaneamente em múltiplos pontos. Ações pioneiras, experiências inovadoras, iniciativas exemplares geram uma massa crítica de ideias e mensagens que comunicadores amplificam e retransmitem com grande velocidade por todo o sistema.

Até agora estas novas formas de ação e comunicação ainda não revitalizaram o sistema político. Se a distância entre política e sociedade não se reduzir, estas inovações sociais poderão, paradoxalmente, contribuir para enfraquecer a democracia representativa. Como germens de uma cultura cívica atuante, as formas emergentes de participação e comunicação podem redefinir a democracia.

É preciso, contudo, cuidado. Há o outro lado da medalha: a internet pode levar ao extremo tendências de segregação política, ideológica, cultural e comportamental. A "opinião pública" articulada por jornais e redes de televisão de grande audiência e prestígio se fragmenta. Liberal tende a ouvir e falar com liberal, radical com radical. Cada um procura e encontra fontes de informação e interlocutores que corroborem suas crenças e preferências e evita o resto.[2]

Na América Latina, estamos no limiar em que as linhas divisórias contrapõem velhos modelos e novas ideias, regressão autoritária e aprofundamento da democracia. O desafio que temos pela frente é o de adaptar a democracia às mudanças na sociedade. Cabe mesmo indagar se ainda faz sentido falar de uma "vontade geral" em sociedades complexas e reflexivas. Acho que não. Como resultado do processo democrático temos decisões e regras que refletem o entrechoque de interesses e valores. Quanto mais aberto e transparente o processo, maior será sua legitimidade. O que conta, hoje, não é uma fluida "vontade de todos", mas a participação de todos na deliberação.

Esta realidade requer um novo estilo de liderança. Líderes democráticos serão os que forem realmente abertos ao diálogo e preparados para traduzir o que ouvem em ação concreta. Se aprendi uma lição em meus oito anos de presidente do Brasil foi que, no mundo contemporâneo, liderança política não se ganha de uma vez por todas. Ela precisa ser constantemente cultivada e renovada. Não é mais possível impor sem negociar, decidir sem ouvir, governar sem explicar e persuadir. Votos numa eleição, mesmo quando são dezenas de milhões, não bastam.

No dia seguinte ao da eleição é preciso recomeçar quase do zero. Ou o líder é capaz de inspirar e mobilizar em torno a uma visão compartida de futuro ou a perda de eficácia na ação é inevitável, podendo levar à perda de poder.

Os sistemas políticos de muitos países da América Latina são marcados, ademais, por um paradoxo: tudo se espera do Chefe de Estado, detentor da autoridade; mas a este se contrapõe uma arquitetura institucional democrática baseada em facções e particularismos alheios à lógica de sujeição ao Chefe de Estado. Havendo descontinuidade entre o princípio legitimador que elege o (ou a) presidente e no qual se apoia sua autoridade paternal ou maternal, e os mecanismos e motivos pelos quais se elege o Congresso, só em raras circunstâncias o presidente encontra uma maioria sólida no legislativo em que possa se apoiar para cumprir as expectativas da população. Daí o caráter frequentemente conflituoso das relações entre o Legislativo e o Executivo que têm marcado o presidencialismo latino-americano. O sistema político obedece a uma lógica da confrontação, distante da lógica de cooperação, da harmonia entre os poderes, prevista por Montesquieu.

O resultado dessas incongruências, como bem assinalou Arturo Valenzuela,[3] são presidências interrompidas, fracassos político-administrativos, incapacidade dos presidentes e dos governos de cumprir o prometido. Ainda assim, curiosamente, há quem qualifique o estilo presidencial latino-americano de imperial. A dimensão imperial dos presidentes nos países da região que praticam regras democráticas, entretanto, não passa de aparência.

O robustecimento recente das instituições, em especial dos Congressos, leva os presidentes a basearem seus governos em coalizões formadas *ad hoc*, dependentes da natureza das questões em discussão. Falta ao poder Executivo o apoio partidário para implementar um projeto de governo, pois inexistem partidos, na acepção original do termo ou, quando existem, dificilmente logram maioria no Congresso. Mesmo no caso de presidencialismos relativamente bem-sucedidos, como o chileno e o brasileiro, a sustentação parlamentar é feita com muita dificuldade. O jogo entre Executivo e Legislativo cobra muitas vezes o preço da descrença popular nos partidos e no Congresso, quando não no próprio presidente. No limite, havendo um presidente popular, o risco passa a ser o contrário: o do personalismo presidencial paralisar a ação parlamentar e substituir os valores democráticos pela retórica populista. É verdade que em alguns países, como o Uruguai, a força dos partidos é efetiva, pois eles estão tradicionalmente mais arraigados na vida política nacional e a sociedade não enfrenta os desafios da massificação nacional. Já em outros, como o México, a democracia recente ainda não conseguiu harmonizar as relações entre os poderes, nem mesmo da forma precária como o fez nos países mencionados acima, e a dinâmica das migrações internas e da explosão demográfica coloca desafios novos às instituições políticas. Disso derivam impasses contínuos.

Tem-se a impressão de que na América Latina a forma democrática, e sublinho a palavra *forma*, só parece funcionar sem fricções internas em situações nas quais os donos históricos do poder ainda não foram questionados mais fortemente pelo surgimento de uma sociedade de massas. Quando esta surge, como ocorreu no México ou na Argentina, sem o fortalecimento condizente do "espírito democrático", ou, dito mais apropriadamente, sem uma cultura democrática enraizada na sociedade e baseada no respeito à lei, o presidente, aí sim, ou bem se torna imperial ou se tem um impasse institucional.

Por outro lado, aquilo que Tocqueville assinalara como fator homogeneizador da política norte-americana, uma certa condição de igualdade, se desfez na América Latina, diante do peso histórico da concentração da propriedade e, até hoje, da concentração da renda. Em sociedades fraturadas, a representação política vigente, se de representação pode ser qualificada, é também dispersa e fragmentária. Falta a delegação popular consciente e específica que dá legitimidade à decisão congressual e falta compatibilidade entre os anseios que levam à eleição dos presidentes e aos interesses concretos dos congressistas. Faltam, portanto, compromissos de ordem mais geral. Por outro lado, sobram espaços para as articulações que, sem servir ao interesse geral, fazem o enlace entre o Congresso e interesses particularistas da sociedade e garantem as vinculações entre os legisladores e o Executivo. O clientelismo renasce com força, revestido de formas modernas e enraizado na divisão do bolo dos orçamentos públicos.

Quase se diria que o Congresso se transforma na *clearing house* de lobbies ou de conexões corporativas. Falta a chama do interesse geral para dar ao país o sentimento de que governo, Parlamento e sociedade dispõem de espaços institucionais adequados e compatíveis e se movem por objetivos de interesse geral.

É certo que alguns países têm instituições políticas fortes cuja mecânica funciona. Nestes, a arquitetura da democracia, seus andaimes, são visíveis e estão azeitados. As eleições se sucedem, as leis pululam, embora isso algumas vezes seja antes sinal de fraqueza do que prova da capacidade dos governos e dos Congressos para definir uma agenda nacional significativa. Os interesses e mesmo alguns valores de segmentos da sociedade podem se refletir nas instituições legislativas. Mas eles não se articulam em visões políticas coerentes, que permitam uma escolha informada sobre os objetivos gerais perseguidos.

Frequentemente os nexos entre os parlamentares e alguns segmentos sociais se estabelecem depois das eleições, não decorrem de um compromisso assumido na campanha eleitoral. Dessa forma, os partidos, por intermédio de alguns de seus membros, refletem – mais do que representam – interesses que se espalham fragmentariamente na sociedade e se espelham prismaticamente no Legislativo. São interesses que não se conectam a valores, nem partem de uma filosofia capaz de, dizendo à antiga, levar os povos à felicidade. A maquinaria das instituições democráticas está em andamento, mas falta "o espírito" que deveria sustentá-la: a convicção na igualdade formal perante a Lei, a busca do interesse público e de um caminho para maior igualdade social.

Nas democracias amadurecidas há naturalmente formas de conexão entre grupos de interesse da sociedade com os partidos e com o Congresso. Mas este processo não dispensa que os partidos justifiquem ou racionalizem essas alianças em nome de valores ou das ideologias que as sustentam. Daí por que se abre sempre a perspectiva da alternância no poder: não se anteveem com ela rupturas que ponham em risco a ordem jurídico-social. E isso só por exceção ocorre entre nós. O refrão que vem do século XIX continua adequado: aos inimigos, a lei; aos amigos, os favores, a começar pela aprovação das medidas que lhes interessam. Nessas condições, não é de espantar que continuem ocorrendo golpes contra a Constituição e derrubadas de presidentes. Os golpes de Estado, se ontem eram militarmente impostos, hoje são apoiados popularmente: o amor à liberdade é relativo e a incompetência dos governos, ou sua impossibilidade de atender aos anseios da coletividade, favorece o surgimento de demagogos, de salvadores da Pátria. A população não se sente concernida com as decisões processadas pelo aparelho do Estado democrático nas condições em que ele opera.

Dá-se o que no Brasil se criticava desde o Império: uma separação entre a "opinião pública" – ou seja, a opinião informada – e a "opinião nacional", isto é, o sentimento das camadas majoritárias, menos vinculadas ao cotidiano da política, menos informadas, embora nem por isso menos conhecedoras de seus interesses imediatos, nem menos importantes politicamente, até porque é delas que procede o voto majoritário. Neste jogo entre um Executivo do qual tudo se espera e que pode menos do que aparenta e um Congresso que é uma colcha de retalhos formada por interesses específicos sem uma filosofia que cole a vontade dos parlamentares aos diferentes partidos, o equilíbrio entre os poderes é precário. Mais difícil ainda porque a magistratura, nas terras latino-americanas, com a exceção de uns poucos países, dentre os quais o Brasil, não dispõe do prestígio, às vezes nem sequer da autonomia ou dos meios para fazer valer a letra, quanto mais o espírito da Constituição, que, aliás, é frequentemente ambíguo.

É compreensível que diante deste quadro se continue a buscar soluções institucionais para a "crise política" da região. Esta vai mudando o script e os atores: ontem foram os generais, hoje são os caudilhos plebiscitários os responsáveis pela crise, ou sua resultante. Ontem eram as ditaduras que tinham enredo inaceitável, hoje é a ineficiência dos governos para atender aos reclamos do povo que está em causa. Sem que uma pregação propriamente democrática leve a pôr em prática a máxima de que a lei é igual para todos, e sem "uma certa condição de igualdade" (sobretudo de oportunidades, e, portanto, sem revolução educacional e sem mais oportunidades econômicas), a fragmentação das sociedades, as massas excluídas e o choque entre interesses das elites de poder dificilmente assegurarão maior estabilidade política a alguns países da região. Falta-nos mais crença na democracia. Sem democratas, como manter instituições democráticas? Não digo isso para reforçar o pessimismo conjuntural. Pelo contrário. Penso que existem situações na América Latina nas quais a emergência do cidadão-informado, que deseja deliberar, é real, como escrevi acima. Mas estamos longe de poder generalizar tal afirmação.

Seria utópico e "culturalista", no mau sentido da expressão, opor às tentativas de reengenharia institucional, como as propostas favoráveis ao parlamentarismo ou, ao contrário, para adotarem-se sistemas semipresidencialistas, um retrógrado *volksgeist* (o espírito do povo, a consciência popular) que condenaria a região ao iberismo patrimonialista (ou seja, a uma herança ibérica do princípio de hierarquia, ausência de fronteiras entre as esferas privada e pública, mandonismo, coronelismo, nepotismo etc.), que, aliás, não mais prevalece na Espanha nem em Portugal. Tampouco adianta sonhar com uma imersão no que foi o espírito da democracia dos primórdios americanos. Nossa democracia é contemporânea à sociedade de massas, à internet, à TV e ao sentido de solidariedade social. Não podemos pretender fundamentá-la no individualismo possessivo, nem deixá-la ser tragada pelo coletivo, pelo Estado, o sindicato ou o partido todo-poderoso.

Até recentemente – e a tendência persiste – poder-se-ia dizer *à la* Hegel que, ao contrário da democracia norte-americana, o fundamento moral da liberdade para os latino-americanos residia no Estado; era este quem deveria garantir os direitos dos cidadãos e assegurar a igualdade. A novidade no fenômeno político contemporâneo é outra: existem em marcha forças e valores que não fundamentam a política somente no Estado nem acham que tudo depende do indivíduo. Sem basear a democracia no que nos é estranho ou pelo menos não é consensual – o individualismo possessivo e a ideia de que o fundamento do contrato democrático assenta na soberania do indivíduo – há que reinventar práticas e enraizar valores que resguardem o essencial: as liberdades, as garantias legais, o sentimento de busca da igualdade substantiva, além da formal, perante a lei, e o comprometimento com o bem comum.

Este último só servirá de fundamento para a crença democrática se for parte do cotidiano, sem se esgotar na retórica. O afã de aumento de oportunidades e de redução das desigualdades não pode se restringir ao impulso moral individual movido pelo sentimento de solidariedade. Este, por generoso que seja, se estiola quando não encontra apoio em práticas públicas e nos resultados da ação de governos que não se amarram nas forças de mercado como base para a obtenção da igualdade. A tradição de um Estado paternal e poderoso bem poderia ser substituída pela presença de um Estado imerso na sociedade civil, sofrendo suas pressões e aberto a elas, em um contexto no qual fosse possível ultrapassar a visão binária "Estado ou indivíduo", "mercado ou Estado".

Se ficarmos apenas com os andaimes ou mesmo com a arquitetura institucional da democracia, por mais que a aperfeiçoemos, não dissiparemos o mal-estar que hoje ronda a política. Hoje os valores que a conduzem oscilam entre o predomínio do mercado como regulador único da sociedade e o discricionarismo autoritário de presidentes que confundem democracia com consultas populares. Neste caso supõe-se que basta "vontade política" – dos que mandam – para produzir a felicidade da Nação (igualdade e tudo o mais). Do mercado, por seu lado, pode-se esperar racionalidade na alocação de recursos e geração de lucros, mas não a solução das desigualdades e dos problemas sociais. Revigorar os mecanismos, as leis eleitorais e o sentido da representação, e criar mecanismos de participação que não se reduzam aos plebiscitos constantes nem restrinjam a democracia ao congressual, mas ampliem os âmbitos de deliberação participativa e, sobretudo, insistir nos valores fundamentais da liberdade e da igualdade são os desafios que temos pela frente.

Outro desafio é a persistência do corporativismo em nossas sociedades e suas implicações para a democracia. Houve época em que o tema esteve na moda. Os trabalhos de Philippe Schmitter, notadamente, chamaram a atenção para ele. Schmitter se contrapôs à antiga noção de corporativismo como algo ligado apenas ao Estado – à moda do economista romeno Mihail Manoïlescu – e mostrou que havia um corporativismo da sociedade (*societal corporativism*). Em seu debate com os defensores do pluralismo como esteio da democracia, Schmitter acentuou o fato de que os interesses dos trabalhadores encontraram abrigo em regimes altamente corporativos, como os de Perón na Argentina e Vargas no Brasil, não se devendo confundir, portanto, corporativismo com elitismo e talvez nem mesmo reduzir todas as formas de corporativismo ao fascismo, de corte dirigista. Neste caso, o interesse da corporação e, portanto, também do sindicato, se subordina ao Estado que, em nome do interesse nacional, mascara os conflitos de classe e dirige a economia e a nação.

Passados tantos anos, em pleno auge da terceira onda democratizadora na América Latina, é conveniente voltar a essas preocupações. É de fato surpreendente ver como o corporativismo continua forte ao mesmo tempo que se enfraquece o espírito liberal em situações democráticas, como a brasileira ou a mexicana, para ficar nas mais expressivas – sem nos esquecermos da Argentina ou do Uruguai. Isso a despeito das experiências eleitorais reiteradas, da liberdade de imprensa, com toda a parafernália democrática. Se os partidos parecem frágeis e os grupos de interesse ativos, as conexões corporativas (que não devem ser confundidas, como mostrou o mesmo Schmitter, com grupos de interesse ou lobbies), pelo contrário, continuam fortes.

Para comprovar, basta olhar a proporção ocupada na pauta dos Congressos nacionais pela discussão de leis que se referem a interesses dos funcionários públicos, das empresas estatais, dos sindicatos ou das corporações de profissionais que, no passado, se chamavam "liberais". Mas não se devem confundir essas formas corporativas com o velho dirigismo corporativista, de estilo fascista. São fenômenos de natureza político-social distinta, como já reconhecera Schmitter.

No auge do regime autoritário brasileiro, que não podia ser considerado tecnicamente como fascista, escrevi um artigo, nos anos 1970, sobre o que chamei de "anéis burocráticos", ou seja, grupos de interesse que se organizavam em redes articulando setores da máquina pública com setores da sociedade civil. Parecia-me que "a política", naquela época, não passava pelos partidos, mas por estas formas híbridas, que conectavam o Estado com a sociedade em um momento no qual a vida partidária estava sufocada pelo autoritarismo. O que chama a atenção agora é a permanência desse tipo de rede, mesmo depois do renascimento democrático. Dizendo diretamente e para abreviar: não dá para pensar algumas sociedades latino-americanas a partir exclusivamente da dicotomia Estado-sociedade civil como se cada um desses polos habitasse uma região ontológica distinta, pois eles se conectam. Existe uma teia complexa e variável de articulações entre as formas tradicionais de organização da sociedade civil (partidos, organizações não governamentais, religiões, sindicatos etc.) e as conexões burocrático-corporativas. Mesmo as novas formas de organização da sociedade civil, as organizações não governamentais, crescente e surpreendentemente se transformam em neogovernamentais. Mais ainda, o uso delas pelos governos, sindicatos e partidos merece ser analisado e reavaliado para a necessária reelaboração dos conceitos para analisar adequadamente a política democrática contemporânea, pois seria abusivo não considerar esses processos como partes do esforço de redemocratização. Não digo isso para minimizar a importância da pressão da sociedade civil sobre o Estado ou para negar sua autonomia relativa, nem muito menos para diminuir a importância, como defendi acima, da revitalização dos partidos. Mas até que ponto o futuro da democracia dependerá de se rever as formas tradicionais de representação e de incluir, modificando-os, nexos de sabor corporativo que no passado repugnavam à democracia liberal? E o corporativismo das grandes empresas capitalistas, que também se burocratizam, não estará afetando a política nas próprias democracias maduras? Como incluí-los no processo democrático, dando-lhes transparência e submetendo-os ao olho fiscalizador da opinião e dos órgãos de controle estatal?

Ao lado da permanência ou da renovação de formas de conexão corporativa em países que se democratizaram, há algumas outras tendências perigosas para a ordem democrática. Já me referi aos desdobramentos recentes da política venezuelana, com suas repercussões regionais. Muitos analistas veem nesses acontecimentos uma recaída populista, mas eu penso que, mais do que isso (pois há populismos que não propõem ampliar o controle do Estado sobre a produção econômica), trata-se de um reforço do dirigismo estatista, baseado em um estilo de mobilização política que, se quiser assentar-se em algo mais do que o eventual carisma do Chefe, tenderá a ampliar políticas assistencialistas para lograr a adesão das massas dispersas e semiparticipantes da sociedade e do mercado e a reforçar o corporativismo dos sindicatos e das grandes unidades estatais de produção, dando-lhes, nesse caso sim, a feição mais propriamente de corporativismo dirigista, à moda dos anos 1930 e 1940.

No caso referido no tópico anterior – da existência de conexões corporativas ao lado dos partidos e da vida associativa da sociedade civil –, estaríamos diante de uma adaptação de características do passado que se refazem e talvez se possam amoldar aos desafios do presente democrático. No segundo caso pode estar havendo a volta ou a recriação de práticas, valores e ideologias incongruentes com qualquer tipo de democracia. O charme novo de que se revestem as tentativas contemporâneas de um caminho de "democracia heterodoxa" é a roupagem do *anti* – antiglobalização, antiamericanismo – imantando as mentes e os corações dos nostálgicos das esquerdas anti-imperialistas com um sopro novo de esperança em "um outro desenvolvimento", econômico e político. Ainda que pondo de lado esses casos de recaída heterodoxa, a complexidade da vida política atual requer mais pesquisas e novas análises.

No caso do Brasil, por exemplo, onde as regras fundamentais da democracia (liberdades individuais, políticas, de imprensa etc., tribunais autônomos, liberdade partidária, eleições regulares, alternância no poder e tudo o mais) são indiscutíveis, é intrigante ver no governo atual a fusão entre o interesse partidário e a máquina pública. E, ao mesmo tempo, a força do mercado, especialmente financeiro e das grandes empresas capitalistas, estabelecendo conexões surpreendentes entre diferentes segmentos da vida econômica e da atividade pública.

Um só exemplo: os fundos de pensão, no Brasil como em qualquer democracia moderna, desempenham um papel crucial na acumulação de recursos e na dinamização da produção e do mercado. Os grandes fundos de pensão se organizaram – há décadas – nas empresas públicas brasileiras. Estas sempre tiveram entre seus acionistas parcelas expressivas de capital privado. Suas ações são cotadas em bolsa – algumas são *blue chips* –, lançam ADRs (*American Depositary Receipts*) na bolsa de Nova York etc. Os capitais acumulados nos fundos de pensão dessas empresas estatais são muito expressivos. Aplicados no mercado, passaram a controlar ou a influir em muitas e importantes empresas, como em algumas de mineração, algumas telefônicas e centenas de outras mais. Tudo isso é natural e ocorre em todas as economias capitalistas do mundo. Com uma particularidade no Brasil: a influência de um partido que está no governo, o Partido dos Trabalhadores (PT), é decisiva na nomeação da diretoria dos maiores fundos de pensão... E, ao contrário do que ocorre na maioria dos países de capitalismo mais maduro, os fundos de pensão controlam não apenas blocos de ações, como naqueles países (dos quais se podem desfazer, sendo o caso, para não prejudicar seus pensionistas), mas nomeiam diretores e participam diretamente da gestão das empresas.

Pode haver exemplo mais significativo de vinculação não linear entre mercado e política, empresas privadas e grandes corporações burocráticas e, sem que o público perceba, de influência do governo e de partidos (dada a conexão partido-governo) em decisões econômicas que afetam a expansão capitalista? Na intersecção entre estes diferentes níveis da sociedade vigem tanto os princípios da mais pura competição – afim com a racionalidade democrático-capitalista – como os critérios político-partidários e as conexões de tipo corporativista, desafiando qualquer pensamento mais simplista ou linear a definir a situação que assim se forma ou prever condutas e consequências. Se isso é assim no Brasil, que dizer do que ocorre na Rússia?

Na verdade, são tantas as formas que as democracias vêm assumindo na América Latina e tantas as suas metamorfoses, que talvez seja melhor reconhecer que o conceito de democracia tal como utilizado para caracterizar a vida político-institucional dos países de tradição liberal, ainda que conservadores, e de economias de mercado livre não descreve algumas situações contemporâneas em nossa região. Em alguns países a transição foi incompleta e a democracia entrou em colapso. Nesse caso é melhor deixar de qualificá-las como transições democráticas e buscar a maneira mais correta para, sem repetir conceitos nascidos em outros contextos históricos, como o populismo ou o autoritarismo oligárquico, definir apropriadamente os sistemas políticos que estão surgindo. Não cabe, entretanto, aplicar-lhes o qualificativo de democracias, pelo menos tal como este descreve as "democracias realmente existentes".

Igual atenção deve ser prestada ao surgimento de novas práticas e valores afins com uma cultura cívica de participação e responsabilidade. Cidadãos informados, opinião pública ativa, expansão dos espaços públicos de deliberação são vetores para o fortalecimento do "espírito democrático" nas sociedades abertas do século XXI. Pode não haver incompatibilidades excludentes entre a manutenção de traços de um corporativismo renovado, submetido a controles democráticos e certas formas contemporâneas de democracia. Nas sociedades de massa, grandes organizações burocráticas, públicas e privadas, com sua corte de interesses corporativos, podem conviver com uma sociedade civil participante, desde que a forma política instituída garanta espaço para a discussão do interesse público e que prevaleça um clima de liberdade no qual convivam opiniões e interesses plurais e mesmo contraditórios.

Os limites desse tipo de conexão entre o público e o privado, o interesse geral e o particularismo são, entretanto, fluidos. O reforço do espírito verdadeiramente democrático, baseado nos valores de liberdade e responsabilidade, da separação entre os poderes e da delegação representativa precisa ser permanentemente cuidado para que não se jogue fora a criança com a água do banho, sob a justificativa de haver "avanços sociais substantivos" logrados por governos personalistas ou de partidos quase-únicos, que de democráticos têm muito pouco.

Notas

1   Versão corrigida e ampliada de palestra feita no seminário sobre "War and Peace in the 21st Century", realizado em Barcelona, em 18 de janeiro de 2008.
2   Ler a respeito *True Enough; Learning to Live in a Post-Fact Society,* de Farhad Manjoo. http://tinyurl.com/yanmzbz
3   Valenzuela, Arturo. "Latin America's Interrupted Presidencies: Alternatives?" In: Stepan, Alfred C. (org.). *Democracies in Danger*. Baltimore, Maryland: Johns Hopkins University Press, 2009, p. 99-120.

6
Os fundamentos da estabilidade

No começo da década de 1990, era opinião corrente entre cientistas políticos, economistas e outros observadores que uma combinação de ideias anacrônicas e instituições defeituosas barrava o caminho das reformas necessárias para o Brasil controlar a inflação e retomar o crescimento. Enquanto a discussão sobre reformas avançava, não sem resistência, em setores da universidade, da tecnoburocracia estatal, do empresariado e dos meios de comunicação, a média dos políticos continuava pautada ideologicamente pelo nacional-estatismo que a Constituição de 1988 entronizara em suas disposições sobre administração pública e ordem econômica. No dia a dia da política, velhas práticas clientelistas e populistas rebrotavam à sombra das instituições democráticas consagradas pela nova Constituição. Nas grandes decisões, o desenho das instituições ao mesmo tempo enfraquecia os partidos e dificultava a passagem pelo Congresso das iniciativas do presidente, ameaçando reproduzir o padrão de conflito Executivo-Legislativo que compusera o cenário do golpe de Estado de 1964, embora a ameaça agora fosse antes de morte lenta por ingovernabilidade do que de ruptura abrupta.[1]

A vitória de Collor de Mello na primeira eleição presidencial direta depois de quase 30 anos, em 1989, concorrendo por um partido praticamente inexistente, dramatizou o desgaste precoce dos partidos que haviam conduzido a transição para a democracia. O PMDB, que aglutinara a oposição ao regime autoritário e elegera uma ampla maioria para o Congresso Constituinte em 1986, fragmentou-se no processo de discussão da nova Constituição. Na eleição de 1990 sua representação caiu para um quinto da Câmara dos Deputados, embora mantendo uma maioria relativa no Senado.[2] O *impeachment* de Collor em dezembro de 1992 sob acusações de corrupção teve por pano de fundo o fracasso de sua tentativa de derrubar a inflação "com um tiro só" (um choque monetário que incluiu o congelamento de depósitos bancários) e a falta de apoio às propostas de reforma que submeteu ao Congresso. Superinflação e baixa governabilidade pareciam sintomas de uma mesma armadilha histórica que esgotava as energias do país, exasperava a sociedade e justificava prognósticos pessimistas sobre a democracia brasileira recém-instaurada.

O caráter maciço, vibrante mas pacífico dos protestos contra Collor e o respeito ao rito constitucional na sua substituição pelo vice-presidente Itamar Franco revigoraram a confiança no processo democrático. Itamar, um político experiente, formou seu ministério com base numa coalizão partidária ampla que lhe garantiu apoio mais estável no Congresso. A distensão do ambiente político não trouxe, porém, alívio na economia. A inflação continuou acelerando, realimentada pela indexação de preços e salários, afugentando investidores externos e desalentando os internos. Em maio de 1993, quando assumi o Ministério da Fazenda, três ministros me haviam antecedido em apenas sete meses e a inflação chegava aos 30% ao mês. Como se isso não bastasse, a tensão política estava de volta, agora com foco no Congresso, às voltas com um escândalo de corrupção na distribuição de recursos orçamentários que levaria à cassação de vários deputados, incluindo alguns de grande projeção.

Compreende-se, nessas condições, que o propósito de atacar de frente os "três grandes problemas do país: a inflação, a inflação e a inflação", como enfatizei em meu discurso de posse como ministro, tenha sido recebido com ceticismo, apesar da boa vontade da mídia, dos empresários, da maioria do Congresso e do público em geral. Com um presidente legalmente investido mas sem respaldo direto das urnas (no Brasil, como nos Estados Unidos, o candidato a vice-presidente não é votado) e o Congresso mergulhado numa penosa autodepuração, não se acreditava que houvesse condições políticas para dar essa batalha. Nem tempo para vencê-la, já que haveria eleições gerais no fim de 1994 e a eleição presidencial logo seria antecipada para a mesma data por uma emenda constitucional. Restava pouco mais de um ano antes de a campanha eleitoral reter os congressistas em suas bases, impossibilitando a aprovação de qualquer medida legislativa complexa, que exigisse a presença da maioria em plenário.

Contudo, mesmo no prazo apertado deixado pelo calendário eleitoral, foi possível reunir uma equipe técnica competente no Ministério da Fazenda – requisito vital para um ministro que não era economista –, formular uma estratégia inovadora de estabilização, combinando medidas ortodoxas e heterodoxas, e conseguir apoio político para implementá-la – no que a experiência anterior do ministro como congressista mostrou-se valiosa. O êxito do Plano Real e o ciclo de mudanças por ele inaugurado pareceram desmentir ou pelo menos relativizar os diagnósticos que enfatizavam os obstáculos políticos para a estabilização da economia e a realização de reformas.

O Plano Real

A frouxidão da política fiscal minara a credibilidade das tentativas anteriores de estabilização nos governos dos presidentes José Sarney e Collor de Mello. A primeira etapa daquilo que viria a ser o Plano Real foi um conjunto de medidas destinadas a cobrir esse flanco: cortes de gastos no orçamento federal; liberação parcial de receitas vinculadas a determinadas despesas por disposição constitucional; um novo imposto sobre movimentação financeira, incluindo o desconto de cheques; renegociação das dívidas dos estados, vários deles em situação de inadimplência ou quase. Admitidamente insuficientes para assegurar equilíbrio fiscal em longo prazo, essas medidas foram apresentadas ao presidente, ao Congresso e à sociedade como um primeiro passo para atacar as causas estruturais da inflação. O governo, ao propô-las, deixava claro que não repetiria a desacreditada terapia dos "choques" anti-inflacionários e mostrava determinação de dissolver o casamento entre inflação e fazenda pública, que se tornara a marca registrada do regime fiscal brasileiro.[3]

O Congresso, ao aprová-las, sinalizou a possibilidade de construção de consenso para outras reformas. Isso, juntamente com a negociação que permitiu ao Brasil sair da moratória da dívida externa em outubro de 1993, reforçou nos agentes econômicos o lastro de confiança necessário para o êxito da estabilização.

A etapa monetária do plano consistiu essencialmente no desmonte dos mecanismos de indexação de preços e salários que se haviam generalizado na década de 1980 e realimentavam por inércia o processo inflacionário, as taxas da inflação passada determinando o piso da inflação futura. O aspecto inovador e até certo ponto ousado dessa passagem foi radicalizar o uso da própria indexação como antídoto da indexação, lembrando o *similia similibus curator* da homeopatia. Um indexador diário introduzido pelo governo em fevereiro de 1994, a Unidade Real de Valor (URV), funcionou como referência para ajustes espontâneos de contratos e preços antes da entrada em circulação da nova moeda, dia 1º de julho. Isso evitou demandas judiciais de agentes privados entre si e com o Estado sobre o "descasamento" de direitos e obrigações contratuais antes e após o plano de estabilização. Os contenciosos originados em planos anteriores resultaram numa longa fila de passivos para o Tesouro Nacional. No caso do Plano Real, um único dispositivo foi invalidado pela justiça, com consequências comparativamente pequenas. A blindagem jurídica foi um elemento chave para a confiança no plano.

O real nasceu com cotação próxima à paridade com o dólar, mas não legalmente atrelado ao dólar como o peso argentino no Plano Cavallo (1991). Isso teria implicações importantes no processo de consolidação da estabilidade brasileira. A inflação, que chegara a 47% ao mês na véspera da troca de moeda, caiu para menos de 3% ao mês depois de 30 dias e tem se mantido na casa de um dígito ao ano.

As primeiras pesquisas depois que saí do governo para assumir a candidatura a presidente, em maio de 1994, davam-me cerca de 15% das intenções de voto; Lula, franco favorito, tinha 40%. Em outubro, ganhei a eleição no primeiro turno com mais da metade dos votos válidos. A esperança despertada pelo Plano Real foi a grande impulsionadora da minha candidatura. Foi também o cimento da coalizão partidária pela qual concorri e que, como presidente eleito, tratei de ampliar. Embora meu programa não se limitasse a esse ponto, consolidar a estabilização – ou "segurar o real", como o povo traduziria – tornou-se o compromisso básico em função do qual meu governo buscaria apoio no Congresso e na sociedade e seria avaliado em última análise. O controle da inflação não era o fim mas o começo de um processo, eu e meus colaboradores não cansamos de afirmar. Sabíamos que as mudanças iniciadas em clima de quase euforia levariam tempo e exigiriam esforços persistentes numa mesma direção para chegar a resultados duradouros. Nossa estratégia antecipava o bônus da estabilização e adiava o ônus das reformas necessárias para consolidá-la. Um economista neoclássico nos recomendaria o contrário: antecipar o ônus mantendo a expectativa do bônus. Como leitor de Maquiavel, eu vislumbrava nessa inversão da lógica econômica convencional a oportunidade política para empolgar a maioria desarticulada que em última análise ganharia com as reformas e neutralizar a resistência das minorias bem articuladas. Não ignorávamos o risco do "cansaço das reformas". Mas apostávamos que o alívio com a queda da inflação aguçaria na sociedade brasileira a percepção de suas mazelas seculares e a demanda por mais avanços. Andaríamos no fio da navalha entre esses dois sentimentos coletivos: o desatar das aspirações em função das mudanças que iniciávamos e a frustração com o prazo e o custo para completar as mudanças.

Estabilização e reformas estruturais

Tínhamos noção clara do rumo. A visão geral e várias medidas específicas da agenda de reformas que ocupou todo o meu primeiro mandato (1995-1998) e boa parte do segundo (1999-2002) estavam esboçadas já nos documentos de elaboração do Plano Real.[4] O caminho, porém, se fez ao caminhar, com muitas pedras e curvas imprevistas.

Nosso ponto de partida era a convicção de que o quadro de superinflação, desequilíbrio fiscal, endividamento externo e estagnação econômica que se arrastava desde a década de 1980 sinalizava o fim de um ciclo de desenvolvimento do Brasil, sem que as bases de outro ciclo estivessem assentadas. A crise tinha causas conjunturais conhecidas, desde os choques externos do petróleo e dos juros até aos erros e omissões de sucessivos governos. Mas sua causa profunda era a falência do Estado centralista intervencionista fundado pela ditadura de Getúlio Vargas (1937-1945) e reforçado pelos governos militares (1964-1985). Depois de proporcionar ao país 50 anos de forte crescimento – mas também de concentração de renda e marginalização social – esse modelo de Estado esgotara sua capacidade de impulsionar a industrialização via investimentos públicos, barreiras protecionistas e subsídios ao setor privado.

Não haveria estabilidade econômica duradoura nem muito menos retomada sustentada do crescimento, pensávamos, se o Brasil se mantivesse à margem dos fluxos internacionais em expansão de comércio, investimento e tecnologia. Apesar da crise, muitas empresas brasileiras haviam conseguido modernizar seus métodos de gestão e produção, embora nem tanto os equipamentos. Ao contrário do setor público, as empresas privadas não estavam excessivamente endividadas. Mesmo surpreendidas pela abertura comercial promovida pelo governo Collor, mostravam-se em geral aptas a enfrentar uma maior exposição à competição internacional.

Para tornar sua economia como um todo mais competitiva, no entanto, o país precisava de outro modelo de Estado. Nem o grande protagonista do desenvolvimento nacional, como no passado, nem o Estado mínimo neoliberal, mas o "Estado necessário", como preferimos chamá-lo: com mais cérebro e nervos do que massa burocrática para responder a tempo às oportunidades e turbulências do capitalismo globalizado. Mais voltado para a coordenação e regulação da iniciativa privada do que para a intervenção direta na economia, embora se mantendo presente em setores-chave, como o petrolífero e o financeiro. E, não menos importante, capaz de cumprir as promessas da democracia na área social sem jogar sobre os próprios destinatários dessas promessas – trabalhadores, aposentados, os mais pobres em geral – o peso do "imposto" inflacionário.

Extensa e detalhista ao extremo, a Constituição de 1988 era – em larga medida ainda é – uma peça contraditória. Avançada no reconhecimento dos direitos e garantias fundamentais do cidadão, generosa na antevisão dos direitos sociais, nela também se entrincheiraram interesses especiais ligados às estruturas do Estado varguista, além do patrimonialismo arraigado na cultura política brasileira.

As empresas estatais foram contempladas com a inclusão no texto constitucional do monopólio que já detinham nos setores de petróleo e telecomunicações. Em mineração e navegação não havia monopólio estatal mas foi estabelecida a exclusividade da exploração por empresas de capital nacional. Consequência em ambos os casos: paralisação ou insuficiência dos investimentos. Atraso dos investimentos também das empresas estatais de energia elétrica. Com o Estado em plena crise fiscal, seria preciso eliminar ou flexibilizar as vedações constitucionais e definir regras para dividir com a iniciativa privada, incluindo o capital estrangeiro, o esforço de expansão desses setores, sob pena de ver a retomada do crescimento abortada por gargalos de infraestrutura.

Aos funcionários públicos a Constituição garantiu um regime previdenciário altamente favorecido, tanto em termos dos requisitos de idade, tempo de serviço e contribuição como do valor das aposentadorias. Os empregados do setor privado filiados à previdência oficial, embora com muito menos vantagens, também tiveram benefícios garantidos ou/e ampliados. Com o aumento das despesas correndo acima da capacidade de geração de receitas, os dois regimes passaram a apresentar déficits crescentes que onerariam o conjunto da sociedade, quer pelo aumento da carga tributária, quer pela inflação, quer pela pressão sobre a taxa de juros. Aumentos dos encargos sobre a folha de salários do setor privado, medida paliativa para conter a expansão do déficit, levariam, por outro lado, ao aumento da informalidade, deixando grande parte dos trabalhadores desprovida de proteção previdenciária. Cristalizou-se assim, na contramão das promessas de universalização de direitos, um sistema previdenciário altamente estratificado, iníquo, além de insustentável em longo prazo.

Os funcionários públicos ainda foram beneficiados pela extensão a todos, inclusive ao grande número de contratados sem concurso, de garantias de emprego vitalício e irredutibilidade de vencimentos, medidas normalmente reservadas apenas à magistratura. Isso dificultaria qualquer esforço mais ambicioso de modernização da administração, além de tornar praticamente incontrolável a expansão dos gastos com pessoal nos três níveis de governo – federal, estadual e municipal. Corrigir essas distorções se impunha tanto por razões de eficiência econômica como de equidade social. Foi o que propusemos por meio de um conjunto de emendas à Constituição nos dispositivos sobre monopólios estatais, a definição de empresa nacional, previdência social e serviço público, todas elas submetidas ao Congresso nos primeiros meses depois de inaugurado o governo em 1º de janeiro de 1995.

BATALHA EM VÁRIAS FRENTES

Para o público em geral, a discussão sobre reformas se confundiu com as marchas e contramarchas em torno das emendas constitucionais. Na verdade elas foram uma parte importante, mas só uma parte das reformas do Estado levadas adiante nos anos subsequentes. A consolidação da estabilidade envolveu esforços em várias frentes.

As relações financeiras – e, por trás delas, o equilíbrio de poder – no âmbito da Federação foram arduamente renegociadas até se chegar a um marco legal que limitasse o endividamento futuro dos estados (além de algumas prefeituras de médias e grandes cidades), induzisse-os a ajustar suas contas e garantisse o pagamento das prestações das dívidas assumidas pela União. Nesse processo, vários bancos de propriedade dos estados, usados pelos respectivos governos para a emissão descontrolada de dívida, foram fechados ou privatizados.

A luta para alinhar estados, municípios e a própria União na busca da sustentabilidade fiscal intensificou-se a partir de 1999, depois da introdução do câmbio flutuante e de uma política de metas de inflação. Como coroamento desse esforço no plano normativo, em maio de 2000 foi aprovada uma Lei de Responsabilidade Fiscal, aplicável aos três níveis de governo, com critérios estritos para a assunção de dívidas e a criação de despesas com pessoal e outros encargos permanentes.

Os bancos privados sofreram com maior ou menor intensidade o impacto da perda dos rendimentos inflacionários que estavam acostumados a auferir sobre depósitos não remunerados. Um programa de reestruturação e fortalecimento do sistema bancário promoveu a troca de controle de instituições fragilizadas, limitando os prejuízos dos depositantes e principalmente evitando os efeitos devastadores de uma quebra em cadeia. As instituições financeiras federais também foram reestruturadas e capitalizadas. Tudo isso permitiu ao país enfrentar melhor as crises financeiras externas da segunda metade da década de 1990.

A remoção do grosso das barreiras não tarifárias e a redução das tarifas de importação haviam ocorrido, como já assinalei, no governo Collor. Com o real estável e apreciado em relação ao dólar, a abertura comercial tornava-se um fato. Ao contrário do que muitos previram, isso não levou ao desmantelamento do amplo parque industrial instalado no Brasil pela via da substituição de importações. Apesar de dificuldades localizadas, a indústria como um todo reagiu bem à abertura: aproveitou o câmbio favorável para importar máquinas e insumos de maior teor tecnológico, beneficiou-se da expansão do mercado interno, manteve basicamente o mesmo nível de complexidade e integração setorial.

O Estado teve que fazer sua parte para apoiar a retomada do crescimento nas novas condições decorrentes da abertura da economia. O Banco Nacional de Desenvolvimento Econômico e Social (BNDES) expandiu seus desembolsos cerca de cinco vezes entre 1994 e 1998, para um patamar acima de R$ 20 bilhões por ano. A presença de uma instituição de fomento desse porte, sem similar em países emergentes, foi decisiva para a reestruturação produtiva do setor privado. Órgãos governamentais negligenciados ou inexistentes numa economia fechada tiveram que ser fortalecidos ou implantados em áreas como promoção das exportações, defesa da concorrência, defesa agropecuária, propriedade intelectual, apoio à inovação. Sua estruturação ajudou a preparar o terreno para a forte expansão das exportações brasileiras, tanto de *commodities* como de manufaturados, a partir da mudança da política cambial no começo de 1999.

A entrada da iniciativa privada nos setores de infraestrutura requereu um novo regime legal de concessão de serviços públicos e a criação de um ente até então desconhecido na organização do Estado brasileiro: as agências reguladoras com competência legal e independência política para zelar pelos direitos dos consumidores diante das empresas prestadoras de serviços e pela manutenção das condições dos contratos de concessão, assegurando assim que os investimentos não seriam prejudicados por manobras governamentais. Várias dessas agências foram criadas na esteira da regulamentação das emendas constitucionais sobre petróleo, energia elétrica e telecomunicações.

Por fim, mas não menos importante, seria preciso redesenhar instrumentos de ação do Estado para fazer frente às promessas de universalização de direitos na área social. Também por emendas constitucionais, foram estabelecidas novas regras de participação da União, estados e municípios no financiamento do ensino fundamental e da atenção à saúde e criado um Fundo de Combate à Pobreza. Os critérios de aplicação desses recursos representaram um passo adiante no sentido da equidade do gasto público, beneficiando prioritariamente as camadas mais pobres e vulneráveis da população, tradicionalmente mal aquinhoadas na distribuição dos benefícios dos programas sociais. Um amplo conjunto de mudanças na concepção e execução dos programas essenciais nessas áreas proporcionou avanços em relação à eficiência do gasto, com ênfase na descentralização dos recursos e ações da União para os estados e municípios, nas parcerias com a sociedade civil e na avaliação sistemática dos resultados finais.

Nem todas as reformas foram completadas em toda a extensão proposta. Não serei eu o melhor juiz de seu acerto, nem posso garantir que tenham alcançado o ponto de não retorno. Parece-me inegável, de todo modo, que elas avançaram o bastante para sustentar a estabilidade da economia nestes últimos dez anos. E, se não assentaram sobre alicerces inabaláveis um novo modelo de desenvolvimento, pelo menos definiram seus contornos.[5]

O fato é que a agenda de reformas foi extensa, complexa e – o que importa salientar aqui – ocupou intensamente a pauta do Legislativo. Ao todo, entre 1995 e 2002, a Constituição brasileira sofreu 35 emendas; 36 se for considerada a emenda que possibilitou o ajuste fiscal preparatório ao Plano Real em 1993.[6] Cada uma delas requereu a aprovação de 3/5 da Câmara dos Deputados e do Senado, em dois turnos de votação em cada casa. Como o regimento da Câmara permitia (ainda permite, dentro de certos limites) a qualquer partido requerer a votação em separado de partes de uma proposição, o quorum qualificado de 3/5 teve de ser alcançado em centenas de votações. Mais de 500 leis complementares, leis ordinárias e medidas provisórias de alguma relevância foram aprovadas no mesmo período.

Em nenhum outro país da América Latina, que eu saiba, as reformas envolveram um esforço parecido de construção de consenso no Legislativo. No Chile, as reformas de Pinochet dispensaram a chancela do Congresso. Na Argentina, a privatização, a desregulamentação e o que houve de enxugamento da máquina estatal foram feitos em grande parte por delegação legislativa ao Executivo. Em retrospecto, isso talvez tenha sido vantajoso para o Brasil. O atalho argentino para as reformas, ao que parece, deu em instituições mais débeis e não mais fortes. O tortuoso caminho brasileiro levou-nos a uma situação mais sólida desse ponto de vista. Toda a pauta legislativa mencionada acima tramitou dentro de um quadro político-institucional basicamente inalterado, com os mesmos atores e as mesmas regras do jogo, ou quase as mesmas, que se supunha colocar obstáculos praticamente intransponíveis para as reformas.

A pergunta que se coloca é: como foi possível levar adiante essa agenda deixando para trás aquela que era considerada a "mãe de todas as reformas": a reforma política?

A FALÁCIA DAS PRECONDIÇÕES POLÍTICAS

Aludi acima às circunstâncias políticas excepcionais – o *impeachment* de Collor, a falta de respaldo eleitoral direto de seu substituto legal, o Congresso mergulhado num escândalo de corrupção – que justificavam o ceticismo em relação às chances de êxito de um ataque frontal à inflação no momento em que assumi o Ministério da Fazenda. Paradoxalmente, foram essas circunstâncias mesmo que tornaram possível o Plano Real. Onde os analistas diagnosticavam a falta de precondições políticas, abria-se na verdade uma janela de oportunidade. Em condições normais, os grupos que de algum modo se beneficiavam do processo inflacionário e da desestruturação do Estado, incluindo segmentos do Congresso, do setor privado e da própria burocracia estatal, teriam se articulado melhor para defender seus interesses. Só a desorganização das forças políticas tradicionais explica que se tenham deixado vencer

– ou convencer, não importa – por um ministro e seu pequeno grupo de auxiliares e simpatizantes no governo, com respaldo do presidente da República, é verdade, mas com apoio muito hesitante de outros partidos que não o meu próprio, o PSDB.

Ao enfraquecimento momentâneo das forças políticas tradicionais somava-se outro fator decisivo: a saturação da sociedade depois de anos de convivência com os efeitos desagregadores da superinflação. Com preços subindo quase todo dia e acumulando aumentos médios acima de 20% ao mês, praticamente não havia setores e camadas imunes. Todos eram de algum modo impactados: os assalariados, aposentados e pensionistas, pela corrosão acelerada do poder de compra de seus rendimentos fixos; os trabalhadores por conta própria e microempresários sem acesso ao sistema bancário, pela desvalorização de seus escassos ativos em dinheiro; a alta classe média e os empresários, pelas imensas dificuldades de calcular, planejar e investir no ambiente superinflacionário, mesmo tendo acesso a aplicações financeiras indexadas.

Qualquer proposta crível de ataque à inflação tenderia a obter, nessas circunstâncias, consenso amplo na sociedade, deixando em segundo plano outros interesses eventualmente divergentes e até conflitantes. Consenso que, uma vez repercutido pelos meios de comunicação de massa, terminaria por influenciar os que tomavam decisões no governo e no Congresso. Nossos esforços para "vender" o Plano Real voltaram-se, por isso, tanto para dentro do governo e do Congresso quanto para fora do sistema político, para o convencimento da sociedade. A ambas as tarefas me dediquei obsessivamente, primeiro como ministro, depois como candidato a presidente.

Credibilidade era um requisito crítico num país que sofrera as consequências do fracasso de sucessivos planos de estabilização nos últimos anos. Beneficiamo-nos na partida da boa vontade da mídia, da maioria dos empresários, de outros setores organizados da sociedade e do próprio Congresso que, embora céticos sobre as chances de êxito, avaliavam a seriedade de propósitos do ministro e a competência de sua equipe. Conscientes da importância de manter e ampliar essa base de confiança, decidimos que não haveria surpresas nem promessas difíceis de sustentar: cada passo da nossa estratégia de estabilização seria antecipadamente anunciado e explicado ao público em geral, sempre deixando claro que se tratava, não de um *ato* unilateral do governo, mas de um *processo* cujos resultados dependeriam da convergência continuada de esforços do governo, do Congresso, dos agentes econômicos privados, do conjunto da sociedade. Muitas vezes estivemos perto de perder a batalha da confiança. Com o passar dos meses aumentaram a aflição na sociedade, dada a aceleração da inflação, as pressões por medidas de impacto no próprio governo e as resistências de partidos e lideranças que viam no eventual sucesso do plano de estabilização a frustração de seus planos políticos.

A troca de moeda com a substituição de todo o meio circulante trouxe um reforço fundamental a esse trabalho de convencimento: o *símbolo* representado pelo real, no qual se condensaram as expectativas de mudança difusas na sociedade. Antes mesmo da entrada em circulação da nova moeda, o radar dos partidos e das lideranças políticas começou a captar a mudança de ânimo da sociedade. A percepção de que isso poderia impulsionar uma candidatura presidencial competitiva facilitou a tarefa de conseguir apoio para as nossas propostas no Congresso. Assim se deu o *breakthrough*: lançado sob o signo da "falta de precondições políticas", o Plano Real acabou por se tornar ele próprio a precondição para um realinhamento das forças políticas favorável às reformas. Quase por saturação, a velha ordem de coisas deu passagem a uma situação nova. A vitória na eleição presidencial conferiu-me a oportunidade e a responsabilidade de ancorar essa nova situação no leito das instituições, levando adiante a extensa agenda de reformas que sabíamos necessária para "segurar o real" e manter viva a esperança depositada nele.

Testando os limites do presidencialismo de coalizão

O êxito inicial da estabilização aproveitou a oportunidade de um momento. A consolidação da estabilidade levou oito anos de esforços persistentes. A continuidade dos avanços que foi possível realizar ao longo desse período dependeu de uma estratégia política assentada em dois pilares: 1) a obtenção de maioria estável no Congresso mediante a partilha do poder no âmbito do Executivo com os partidos da coalizão governista; 2) a aplicação da liderança presidencial para fazer convergir a favor das reformas tanto as forças do governo e dos partidos aliados como o apoio da opinião pública e de setores organizados da sociedade.

Testemunhei as crises que levaram à renúncia do presidente Jânio Quadros e à deposição de João Goulart na década de 1960 e participei, como senador, do *impeachment* de Collor. A lição desses episódios é clara para mim: o pior engano de um presidente é imaginar que tem um mandato para governar sozinho. Para realizar o que prometeu aos seus eleitores ele precisa do Congresso. E para obter maioria no Congresso precisa fazer alianças, pois a heterogeneidade da Federação e as peculiaridades do sistema de representação proporcional brasileiro produzem um quadro partidário fragmentado, no qual nenhum partido detém sozinho a maioria.[7] Com essas lições da história em mente, empenhei-me pela coligação do meu partido, o PSDB, com o PFL e o PTB na eleição presidencial e pelo ingresso posterior do PMDB e do PPB na coalizão governista, somando mais do que os 3/5 de deputados e senadores necessários para a aprovação de emendas constitucionais.

Existe uma tensão inevitável entre os papéis do presidente como representante eleito da maioria da nação e o de articulador da maioria parlamentar. Sem alianças o presidente não governa. Mas se ele "se entrega" ao Congresso, tampouco conseguirá governar no sentido de executar seu programa. A grande questão é: alianças para quê? Apenas para se manter no poder, ou para atingir objetivos mais amplos? Os objetivos mais amplos põem limites para as concessões que o presidente pode fazer aos aliados e a seu próprio partido. Se ele não for capaz de identificar e preservar as partes do Executivo essenciais para realizar seus projetos, pode vir a nomear pessoas erradas para posições-chave. No nosso caso, a área econômica, incluindo ministérios e instituições financeiras federais, e as pastas mais importantes da área social, começando por educação e saúde, ficaram fora das composições políticas. A privatização de empresas estatais tirou do balcão centenas de cargos de direção que costumavam ser objeto de barganha. O mesmo efeito teve a introdução de processos formais de seleção para gerências regionais e intermediárias em áreas como previdência social, reforma agrária e preservação ambiental. De resto, mesmo em posições abertas à indicação dos partidos aliados foi possível conciliar critérios políticos com competência técnica e alinhamento aos objetivos do governo. Membros da oposição e outros críticos do governo atribuíram-lhe a montagem de um "rolo compressor" no Congresso azeitado pela distribuição de cargos e verbas orçamentárias aos aliados. Na realidade o espaço para nomeações políticas diminuiu, pelas razões acima, assim como diminuiu a margem para as chamadas "emendas paroquiais" depois do escândalo envolvendo membros da comissão de orçamento em 1993. Se o uso clientelístico de cargos e verbas fosse a chave da maioria parlamentar do governo, seria inexplicável como tivemos apoio mais amplo, por mais tempo, em torno de uma pauta legislativa muito mais ampla e complexa, contando com menos meios de barganha do que os governos anteriores.

A meu ver a chave da maioria foi outra: foi o projeto mesmo em nome do qual o governo fez alianças e buscou apoio no Congresso. O senso comum sugere que quanto mais o governo pede ao Congresso em termos de produção legislativa, mais alto o preço que deve estar preparado para pagar no varejo das negociações com a base parlamentar. A experiência desses oito anos mostra o contrário: a consistência da agenda legislativa do governo com seu compromisso maior de "segurar o real", em vez de dificultar, facilitou a tarefa (de resto sempre árdua) de manter o atendimento das demandas específicas dos partidários e aliados dentro de limites razoáveis.

O apoio das ruas, insisto, não substitui o dos partidos. Sem alianças estáveis com os partidos, teria sido difícil para o governo superar a crise cambial de 1999, coincidindo com o início de meu segundo mandato, quando a sustentação daquele compromisso pareceu momentaneamente comprometida. A combinação de flexibilidade tática para negociar e renegociar uma maioria parlamentar com obstinação estratégica para defender os pontos essenciais da agenda de reformas permitiu atravessar os inevitáveis altos e baixos da popularidade presidencial mantendo ambos, a maioria e o rumo do governo.[8]

A GOVERNABILIDADE REVISITADA

Os anos de estabilidade econômica e avanço das reformas a partir do Plano Real diminuíram a preocupação com a (in)governabilidade mas não suprimiram o interesse teórico e prático da questão. Se as instituições permaneceram basicamente as mesmas, que outras condições explicariam a superação do impasse que se visualizava no começo da década de 1990? Mais importante: quão preponderantes e permanentes seriam essas outras condições para que se possa falar realmente em superação e não em mera suspensão do impasse?

A primeira pergunta leva a abrir o foco da questão da governabilidade do plano estritamente institucional para o plano político em sentido amplo, incluindo as visões ideológicas e forças sociais que conformam o ambiente da tomada de decisões no âmbito do Executivo e do Legislativo.

Começando pelas visões ideológicas: mencionei acima o atraso relativo da discussão sobre reformas no meio da classe política no começo da década de 1990. De fato, além e antes de resistências à mudança específicas deste ou daquele grupo, o que havia era falta de clareza das forças políticas sobre o rumo das mudanças. Nevoeiro conceitual, portanto, que ora encobria, ora se confundia com gargalos institucionais para a tomada de decisões.

Os políticos não estavam sozinhos no pelotão dos retardatários. No Brasil, como por toda parte, uma parcela importante dos intelectuais continuou a sustentar o prestígio de uma visão basicamente estatista – rotulada de esquerda, socialista, nacionalista, progressista – mesmo depois de posta em xeque pelo colapso da União Soviética e a aceleração da globalização capitalista. Alianças surpreendentes tiveram lugar entre esses companheiros de viagem. Nas discussões sobre ajuste fiscal, por exemplo, muitas vezes o populismo orçamentário tradicional de políticos adeptos do "gasta que o dinheiro aparece" socorreu-se de argumentos pseudokeynesianos de economistas reverenciados pela esquerda.

A crítica dessa visão amadureceu, de todo modo, nos cinco anos entre a promulgação da Constituição e o Plano Real. Correndo por fora do sistema político, inicialmente, o debate entre especialistas (economistas,

principalmente) de alguns centros universitários, núcleos de excelência
da administração federal e centros de estudos ligados a entidades empresariais foi decantando uma nova visão do Brasil e de seu lugar no
mundo, bem como surgiram novas propostas para uma estratégia de
desenvolvimento adequada a essa realidade. Collor de Mello abraçou
algumas dessas propostas em nome de uma vaga "modernidade". Sua
passagem meteórica sacudiu o mundo político e ampliou o espaço na
mídia para a discussão sobre reformas. Ao levar ao paroxismo a intervenção presidencial na cena política e na vida econômica, é possível que
ele tenha deixado na sociedade a demanda por uma liderança que, sem
retroceder à visão do passado, pudesse restabelecer a confiança numa
agenda não traumática de mudanças. Quando o agravamento da crise
depois do *impeachment* bateu no limite de tolerância da sociedade à
superinflação e baixou as resistências à mudança no Congresso, havia
uma agenda alternativa suficientemente amadurecida para se oferecer
ao país.

Creio que minha contribuição como híbrido de intelectual e político foi servir de intérprete e ponte entre o governo, os partidos e o Congresso, de um lado, e os núcleos reformistas da universidade, da tecnoburocracia e do empresariado, do outro.

Minha reflexão pessoal sobre esses temas havia avançado durante os
trabalhos da Constituinte. Um discurso que fiz em janeiro de 1988, intitulado "A crise e as opções nacionais", antecipava muito do que fizemos
ou tentamos fazer a partir do Plano Real: menos protecionismo e mais
desenvolvimento tecnológico; menos corporativismo e maior permeabilidade do Estado às demandas e à participação da base da sociedade.
Critiquei tanto os defensores empedernidos dos monopólios estatais
quanto os que viam qualquer intervenção do Estado como ameaça à
economia de mercado. Estatização *versus* privatização, disse, era um falso problema quando reduzido a uma questão de princípio, sem levar em
conta os limites e possibilidades da ação do Estado e da iniciativa privada em cada setor.

Era tarde para tentar mudar os rumos da Constituinte. O programa
do PSDB, no entanto, fundado em julho de 1988 a partir de uma dissidência do PMDB, incorporaria muito das novas ideias. Mais adiante,

quando se abriu a janela de oportunidade do Plano Real, a interlocução com os setores reformistas da sociedade proporcionou-nos ao mesmo tempo massa crítica intelectual e respaldo na opinião pública para avançar. Dissipado o nevoeiro, definido o rumo alternativo, as resistências à mudança se corporificaram, tendo à frente uma oposição parlamentar minoritária mas aguerrida – capitaneada pelo PT – e um segmento importante do movimento sindical, baseado principalmente no funcionalismo público e empregados das empresas estatais.

O debate sobre as reformas nunca chegou a caracterizar um cisma na sociedade. Quando isso poderia ter acontecido, o governo preferiu limitar seus objetivos a alimentar polarizações que poderiam esgarçar as regras do jogo democrático. Várias vezes, contudo, às vésperas de votações difíceis, apelei publicamente aos setores favoráveis às propostas do governo. Não para constranger o Congresso, mas para contrabalançar as pressões contrárias e legitimar o voto que a maioria – mesmo sem muito entusiasmo, como no caso da reforma da previdência – se dispunha a dar.

O jogo entre liderança presidencial, Congresso e setores organizados da sociedade deixaria de fora a imensa maioria da população, e assim teria consequências limitadas, se não fosse pela intervenção de outra instância política fundamental no mundo contemporâneo – a opinião pública mediada e produzida pelos meios de comunicação de massa.

O Brasil é um país com proporcionalmente poucos leitores mas com uma quantidade de telespectadores e radiouvintes que cobre praticamente a totalidade da população. A oferta de informação pelos dois veículos, rádio e televisão, é razoavelmente pluralista e independente. A força política das massas informadas pela mídia eletrônica se fez sentir pela primeira vez na campanha por "eleições diretas-já", em 1984, que marcou o ocaso do regime militar. Todos os acontecimentos políticos importantes desde então trazem a sua marca, da eleição indireta de Tancredo Neves para presidente ao *impeachment* de Collor, do Plano Cruzado ao Real, passando pelas eleições periódicas.

A presença desse ator difuso altera profundamente as formas de exercício democrático do poder. Não basta ser votado, ainda que por dezenas de milhões, nem estar revestido de autoridade legal. A legítimação das decisões requer o esforço incessante de explicar suas razões e convencer a opinião pública. Collor, antes de mim, e Lula, meu sucessor, vestem, cada um a sua maneira, o figurino do presidente midiático. Suponho que meu treinamento como professor me preparou para esse papel, não sei se bem, mas em todo caso melhor do que para o de orador de comícios. Recorri intensamente à mídia, como ministro e depois como presidente, para explicar e sustentar perante a opinião pública cada passo do Plano Real e da agenda de reformas.

Em suma, três fatores externos à arena político-parlamentar criaram condições favoráveis para destravar o processo decisório: 1) a emergência de uma visão do desenvolvimento do país alternativa ao velho nacional-estatismo, 2) a acumulação de massa crítica a favor dessa visão na sociedade organizada e 3) a presença virtual mas poderosa da opinião pública mediada pelos meios de comunicação de massa. A função da liderança presidencial foi fazer convergir essas condições potenciais a favor das reformas, neutralizando a resistência dos atores políticos tradicionais.

Ainda a reforma política

É mais difícil responder à segunda pergunta feita acima – se houve superação ou mera suspensão do impasse político. A esta altura é inegável que o processo de reformas, quaisquer reformas, perdeu velocidade no governo Lula. Contra a hipótese de recaída na síndrome da ingovernabilidade, contudo, trabalham alguns fatos.

Primeiro, há uma mudança inequívoca do centro de gravidade ideológico do país. Ainda que o nacional-estatismo esteja vivo em setores dos partidos, da intelectualidade e do aparelho estatal, ele perdeu muito de seu antigo apelo, a ponto de hoje representar talvez mais uma "mentalidade" do que uma visão de futuro.

O Congresso é um termômetro dessa mudança. Contrastando com a resistência encarniçada às nossas propostas de ajuste fiscal em 1993 nos preparativos do Plano Real, a Lei de Responsabilidade Fiscal foi aprovada com relativa facilidade em 2000. A emenda constitucional proposta pelo governo Lula em 2003 com modificações adicionais no sistema de previdência dos funcionários públicos foi aprovada muito mais facilmente do que a que eu apresentei em 1995, até porque em 1995 Lula e o PT estavam na linha de frente da oposição à reforma. O sinal mais veemente de transformação foi, claro, a inflexão de Lula e do PT, antes os críticos mais duros da política econômica do meu governo, no sentido da manutenção das linhas gerais dessa política, começando pelas metas de austeridade fiscal. Dentro do próprio PT, questiona-se o modo como a cúpula conduziu essa inflexão fazendo tábula rasa da opinião média das bases do partido. Olhando de fora, é possível notar ora exageros de cristão novo, ora hesitações na condução das políticas fiscal e monetária pela equipe de Lula. Nem por isso as opções do novo governo deixam de afastar a hipótese de uma volta ao passado de protecionismo comercial e populismo orçamentário.

Isso de algum modo reduziu a dramaticidade do processo de reformas. É verdade que existe cansaço no Congresso e na própria sociedade. Mas não se trata mais de quebrar um modelo de Estado e assentar as bases de outro em seu lugar. A tarefa à frente é dar continuidade a mudanças condizentes com um novo modelo que, bem ou mal, está delineado, embora longe de acabado. Conceitos como privatização, abertura comercial, responsabilidade fiscal transitaram em julgado. O custo político de mudanças específicas nessas áreas tende a diminuir daqui por diante. E, pelo menos em tese, abre-se espaço na agenda para outros temas que avançaram pouco, como as reformas tributária, do judiciário e a própria reforma política.

Também há sinais de transformação cultural no que diz respeito à preservação da estabilidade política. A alternância no poder nos três níveis de governo, culminando com a eleição de Lula, reforçou o compromisso dos diferentes grupos e partidos com a regularidade do processo democrático. Isto serve de freio à disposição de levar os conflitos às últimas consequências sem considerar o eventual impacto sobre a estabilidade das instituições.

Finalmente, embora as bases do sistema de governo e do sistema eleitoral não tenham sido modificadas, houve mudanças pontuais que de algum modo afetam o equilíbrio Executivo-Legislativo. 1) A redução do mandato presidencial de cinco para quatro anos, na revisão constitucional de 1993, fez coincidir o mandato presidencial com o dos deputados. Isso tende a facilitar a coordenação das agendas do Executivo e do Legislativo, diminuindo o potencial de conflito entre os poderes. 2) A emenda constitucional de 1997 que permitiu a reeleição do presidente por um mandato consecutivo aumentou, em princípio, a capacidade do presidente de liderar mudanças de fôlego e manter o apoio da maioria do Congresso à sua agenda. 3) A faculdade do presidente de editar medidas provisórias (uma espécie de decreto-lei que perde vigência se não for confirmado pelo Congresso) foi restringida em 2001, mas não a ponto de impedir o uso desse instrumento em casos de relevância e urgência inequívocas, como as medidas que efetivaram o Plano Real.

Eram outras, mais amplas, as reformas políticas propostas no começo da década de 1990. Discutia-se a troca do sistema de governo para o parlamentarismo e a mudança do sistema de eleição proporcional para a Câmara dos Deputados. Mas a tese do parlamentarismo, com a qual o PSDB nasceu comprometido, foi derrotada na Constituinte e de novo no plebiscito feito em 1993, quando mais de 60% do eleitorado optaram pela manutenção do presidencialismo. E a substituição do sistema proporcional com lista aberta esbarrava, como ainda esbarra, nas objeções dos deputados às diferentes alternativas – voto distrital, distrital misto, proporcional com lista preordenada.

Como presidente, estimulei a discussão da reforma eleitoral no Congresso mas não quis engajar o governo na defesa de uma proposta específica. Tive receio de que essa discussão não terminaria tão cedo e acabaria por bloquear a agenda legislativa. O fato de as reformas econômicas terem avançado indica que essa opção foi acertada, mas não significa que os obstáculos político-institucionais ao processo decisório fossem desprezíveis. Prova disso foi a tramitação extremamente demorada e desgastante de algumas proposições, especialmente a reforma da previdência, que se arrastou por todo meu primeiro mandato.

O desenho institucional brasileiro conduz o jogo político entre o presidente e o Congresso a uma contrafação de presidencialismo de coalizão. A representação dos partidos aliados no ministério dá alguma estabilidade à base parlamentar do governo mas não garante a aprovação de seus projetos. A pressão dos aliados é constante para ampliar seus "espaços" no Executivo e obter outras vantagens. A maneira de pressionar é criar dificuldades no processo legislativo. Ora são os líderes dos partidos aliados que transigem com a oposição. Ora são os liderados – o chamado "baixo clero" – que se rebelam contra a orientação dos líderes. Quando a esse jogo se somam as pressões contrárias de setores da sociedade, a tramitação dos projetos de interesse do governo tende a se tornar uma maratona com barreiras.[9]

As dificuldades políticas enfrentadas pelo governo do presidente Lula trouxeram de volta à ordem do dia o tema da reforma política, mas com implicações diferentes. Tanto ou mais do que a *governabilidade*, a preocupação é com a *legitimidade* da representação política, como o caso do "mensalão" exemplifica. Não há sinais de impasse entre Executivo e Legislativo. Pelo menos, não em relação ao processo legislativo, até porque as propostas mais controvertidas do governo, como a nova rodada de reforma da previdência em 2003, tiveram apoio da oposição. A preocupação com a fragmentação e indisciplina dos partidos ressurgiu a partir da revelação dos métodos pouco ortodoxos de cooptação de aliados pelo atual governo e seu partido.

É inegável que o sistema proporcional com lista aberta, instaurando uma competição de vida e morte entre candidatos do mesmo partido por melhor colocação na chapa, tende a encarecer as campanhas eleitorais e tem um efeito corrosivo sobre a coesão partidária. Acima de tudo, ele dilui a relação representante e representados. Passadas as eleições, em pouco tempo se torna difícil para o eleitor lembrar em quem votou para deputado, pois centenas de candidatos disputaram o voto no super-distrito formado por cada estado. Além disso, os escândalos sobre contribuições não declaradas criam uma nuvem de suspeita sobre o financiamento das campanhas em geral, pondo em questão, em última análise, a legitimidade dos mandatos.

Qualquer das alternativas em discussão para o sistema proporcional com lista aberta parece mais favorável à transparência do processo eleitoral e à identificação representante-representados. A grande dificuldade é convencer os partidos e cada deputado de que essas alternativas não prejudicam suas chances eleitorais. Os pequenos partidos temem ser varridos pelo princípio majoritário do voto distrital. Muitos deputados temem a manipulação das listas partidárias pelos caciques regionais, tanto na hipótese do sistema proporcional com listas preordenadas como na do sistema distrital misto.

Outra dúvida cabível sobre o sistema proporcional de listas preordenadas é se não fortaleceria demais as cúpulas partidárias em detrimento da renovação da representação política, por um lado, e da margem de manobra do presidente para compor maioria na Câmara. Partidos fragmentados e indisciplinados tornam a composição da maioria um esforço de Sísifo. Partidos menos numerosos e rigidamente comandados podem ser sinônimo de governabilidade no parlamentarismo. No presidencialismo, tanto podem facilitar a composição de maioria como torná-la ainda mais difícil, prestando-se a organizar o impasse em vez de o processo deliberativo.

O ótimo possível nesse leque de alternativas não é uma questão teórica mas de oportunidade histórica.

Grandes reformas políticas resultam quase sempre de grandes crises. No Brasil da década de 1990, em circunstâncias históricas muito específicas, premidos pela crise do velho modelo de Estado, saturados com o processo inflacionário, fizemos talvez o mais difícil: pusemos em marcha um processo de reformas estruturais dentro de um quadro político-institucional desfavorável à tomada de decisões dessa envergadura. Pode ser que em circunstâncias menos dramáticas, com uma agenda deliberativa mais leve, abra-se o espaço que faltou até agora para a engenharia institucional. Se não pelo consenso dos políticos, pela mobilização da opinião pública a favor de regras do jogo mais transparentes e resultados mais previsíveis.

Notas

1   São representativas dessa visão as opiniões de especialistas brasileiros e norte-americanos reunidos pela Universidade de Miami e a Fundação Getúlio Vargas no fim de 1991. Cf. Marks, Siegfried (ed.). *Political Constraints on Brazil's Economic Development; Rio de Janeiro Conference edited proceedings and papers.* North-South Center Press, 1993.

2   Nesse ano houve eleições para somente um terço das cadeiras do Senado.

3   A regra implícita desse casamento era que a expansão nominal das receitas e corrosão do valor real das despesas previstas garantiam *a posteriori* o equilíbrio orçamentário, ou algo parecido com isso, dispensando o governo e o Congresso do incômodo de negociar *a priori* prioridades e cortes de despesa.

4   Ver as exposições de motivos do Plano de Ação Imediata, de julho de 1993, e da medida que introduziu o real, de julho de 1994. Ambas podem ser consultadas nesta página do site do Ministério da Fazenda: http://www.fazenda.gov.br/portugues/real/realhist.asp.

5   Mauricio Font falou de um "realinhamento estrutural", referindo-se ao saldo das transformações do Brasil nesse período. Cf. *Transforming Brazil; A Reform Era in Perspective*. Rowman & Littlefield, 2003. Para um balanço das reformas por especialistas brasileiros, alguns deles participantes ativos da sua realização, consultar Giambiagi, Fabio; Reis, José Guilherme; Urani, André (orgs.). *Reformas no Brasil: balanço e agenda*. Rio de Janeiro: Nova Fronteira, 2004.

6   O texto da Constituição brasileira, com todas as emendas até o presente, pode ser consultado na seguinte página web da Presidência da República: https://www.planalto.gov.br/ccivil_03/Constituicao/Constitui%E7ao.htm.

7   A caracterização do sistema institucional brasileiro anterior a 1964 como um "presidencialismo de coalizão" foi feita por Sérgio Abranches, "Presidencialismo de Coalizão: o dilema institucional brasileiro". *Dados*, v. 31, n. 1, 1988, p. 5-33.

8   Cf. Graeff, Eduardo. "The Flight of the Beetle; Party Politics and Decision Making Process in the Cardoso Government". *Paper* elaborado para o V Congress of the Brazilian Studies Association, Recife, Brasil, junho de 2000. Traduzido por Ted Goertzel.

9   Cf. Mainwaring, Scott P. *Rethinking Party Systems in the Third Wave of Democratization; The Case of Brazil*. Stanford University Press, 1999.

7
Autonomia pela inserção: o caso do Brasil[1]

As características atuais do processo de globalização foram apontadas em capítulo anterior. Mas sua abrangência e velocidade merecem ser relembradas para iluminar o porquê das políticas postas em prática no Brasil dos anos 1990 em diante. A dispersão do processo produtivo à escala planetária se generalizou, como vimos, com os novos meios eletrônicos de comunicação e com a revolução dos meios de transporte (transporte em grandes contêineres aéreos e marítimos, construção de grandes *hubs* marítimos e aeroviários etc.). A fragmentação do processo produtivo se acentuou pelo deslocamento das empresas na procura de proximidade com as matérias-primas e pela produção de partes dos bens finais, quando não da montagem final de suas partes, em diversos locais do mundo nos quais as indústrias ou os serviços encontram vantagens competitivas, especialmente mão de obra mais qualificada ou mais barata e melhores condições de infraestrutura. Assim, as cadeias produtivas de países industrializados foram quebradas e houve o deslocamento de muitas indústrias dos países mais desenvolvidos para os menos, mas não exclusivamente nesta direção. Os próprios quartéis-generais das empresas podem se localizar não importa onde.

As transformações no processo produtivo e o deslocamento de capitais para realizarem investimentos diretos em terceiros países mudaram o panorama da economia internacional. Basta dizer que hoje operam, segundo dados da Conferência das Nações Unidas sobre Comércio e Desenvolvimento (UNCTAD, na sigla em inglês), cerca de 60 mil empresas multinacionais, com uma participação crescente de empresas com origem em países em desenvolvimento, como Brasil, Índia e México. No conjunto, esse processo de redivisão internacional do trabalho levou a uma perda relativa da posição dos Estados Unidos na produção mundial. A participação das principais regiões do globo se distribui da seguinte maneira:

Tabela 1 Participação no PIB mundial PPP

País	1975	2006
Estados Unidos	24,6%	20,4%
Japão	9,1%	6,4%
Alemanha	6,7%	4,0%
Reino Unido	5,0%	3,3%
França	5,0%	3,2%
Itália	4,6%	2,8%
Índia	4,0%	6,6%
China	3,2%	15,5%

Fonte: World Bank Estimates, United Nations Statistics Division.

Mais significativa do que a distribuição atual da produção é a tendência de crescimento relativo da economia nas diversas partes do globo. De 1990 a 2005 a China foi responsável por 28% do crescimento global medido pelo poder de compra das moedas (PPP), a América Latina por 7%, percentual igual ao dos outros países asiáticos em conjunto (exceto Coreia e Japão), enquanto a Índia o foi por 9%. Isso permitiu que se escrevesse que "o mundo atingiu um marco importante no qual cerca de metade do PIB global, ajustado pela paridade de poder de compra, vem de países em desenvolvimento".[2] Note-se que a tendência se consolidou: "em 2007, 27,9% do crescimento mundial podia ser atribuído à China, e 7,9% dele à Índia",[3] sendo que a participação da China no comércio mundial foi de 8%, o que a tornou, junto com a Alemanha e os Estados Unidos, a terceira economia exportadora do mundo.

As taxas de crescimento dos países de economia emergente começaram a dar sinais de vitalidade a partir do fim da Segunda Grande Guerra.

O Japão, na época, era o candidato mais visível a passar de economia subdesenvolvida a desenvolvida, mesmo porque, como já apontei, a Revolução Meiji preparara o terreno para sua posição atual, que não se deveu apenas à nova fase da globalização. Depois vieram os "tigres asiáticos". Mas mesmo os países tipo baleia (ou "*monster*", como já foram qualificados) cresciam razoavelmente. Entre 1980 e 1988 o PIB da China crescera, em média 9,5%, e o da Índia 5%, embora Rússia e Brasil ainda estivessem às voltas com problemas políticos ou inflacionários.

Com os resultados positivos da economia global surgiram novos polos de desenvolvimento, a partir dos últimos 20 anos, dentre os quais se destaca a China. Sua fome por matérias-primas e alimentos alterou, pelo menos em um primeiro momento, a relação tradicional de preços entre as *commodities* e os bens industrializados. A incorporação das técnicas científicas da biologia à produção agrícola, revolucionadas graças à informática e aos transgênicos, deu enorme ímpeto a esse tipo de produção. Apesar disso, a elevação da renda dos países emergentes, sobretudo asiáticos, aumentou o consumo e as importações, fazendo com que os preços das *commodities* se elevassem de maneira sustentável enquanto os produtos manufaturados perderam valor relativo graças aos avanços do progresso técnico. Se a tendência persistir – é cedo para prever – poderá pôr em causa a teoria da deterioração dos termos de troca, tão cara aos economistas da CEPAL e muitos outros mais.

A velocidade do crescimento da produção internacionalizada teve consequências não só na produção de bens, mas nos setores de serviços, muito especialmente nos serviços bancários e financeiros. O volume dos fluxos financeiros assumiu proporções inacreditáveis. Michel Pébereau, presidente da Federação Europeia de Bancos (2004-2006), por exemplo, reconhece que "a informática reduziu os custos de produção, substituindo trabalhadores pelos computadores e ao permitir processamento de dados em massa" houve ganhos de produtividade, com melhor qualidade e mais segurança nos serviços bancários. É a microeletrônica a serviço dos lucros e das pessoas. O computador permite oferecer serviços durante as 24 horas do dia e põe em conexão *on line* todas as latitudes do planeta, além de dar lugar à oferta de produtos financeiros novos, como os derivativos. Só para se ter uma noção do que isso significa: "nos derivativos de câmbio, inexistentes em 1985, esse valor atingiu US$ 20 trilhões, em 2001, e US$ 38 trilhões, em 2006; os derivativos das taxas de juros, que apareceram mais ou menos na mesma época, passaram de US$ 76 trilhões, em 2001, para US$ 262 trilhões em 2006".[4] Igualmente, os derivativos de ações saltaram de 2 trilhões de dólares em 2001 para 12 trilhões em 2006. No conjunto, estes instrumentos financeiros (que operam como valor de referência, quase como em uma simulação) passaram de 220 trilhões de dólares em 2001 para 380 trilhões em 2006. Como seria possível operar cifras de tal magnitude sem os computadores e, principalmente, sem os microcomputadores que dão a cada operador o instrumento de trabalho?

Estas mudanças, se foram possibilitadas e incentivadas pelas novas tecnologias, foram-no também pela expansão, uma vez mais, desmedida do capital financeiro – pois a ampliação do crédito e a liberdade que o câmbio flutuante deu ao dólar e ao Tesouro americano para colocar seus papéis pelo mundo afora exponenciaram a circulação financeira para sustentar o fluxo de mercadorias. Basta dizer que o comércio internacional cresceu a uma velocidade superior à do produto bruto de cada país, exigindo fluxos crescentes de financiamento. Por outro lado, a consolidação do euro foi tão importante para o sistema monetário internacional quanto sua expansão acelerada. Agora existe a alternativa da moeda europeia, ao contrário do que ocorria em épocas passadas quando o dólar era o único refúgio seguro para as empresas e economias nacionais se defenderem de recessões ou de crises políticas. Só Deus sabe que papel essa opção jogará no futuro e até que ponto ela ajudará a minar o predomínio americano. Mas é inegável, desde já, que o escudo da moeda não servirá de proteção absoluta para as manobras que o FED ou Tesouro queiram fazer diante de tempestades financeiras. Os representantes da economia mais forte precisarão sentar-se à mesa de negociações com os parceiros europeus, em Basileia, na Alemanha ou onde seja. Também terão de convencer os possuidores de yen ou de renminbi a seguir os conselhos de prudência para não deixar que a economia mundial, em caso de crise ou recessão, imbique no desconhecido, ou, pior, no abismo pressentido. Deverão substituir a arrogância anterior pela disposição de entendimento.

As transformações no processo produtivo e o deslocamento de capitais para realizarem investimentos diretos em terceiros países são conhecidos, não sendo necessário ilustrar com exemplos. As consequências delas começam a se fazer sentir. A metáfora, se assim posso chamar, dos Brics – inventada por um banco de investimentos, o Goldman Sachs, o que por si é significativo – substituiu no imaginário e na prática a metáfora anterior, dos anos 1970, quando se falava nos "tigres asiáticos" como plataformas de exportação.[5] Agora, as antigas "baleias", China, Índia, Brasil e Rússia, se transformaram em eventuais polos de desenvolvimento; não apenas exportam, mas consomem e produzem para mercados domésticos de grande porte. Esse processo, mais a consolidação do mercado europeu sob o comando de uma moeda alternativa ao dólar, além do vertiginoso crescimento anterior do Japão, que se tornou individualmente a segunda economia do mundo até sua estagnação relativa atual, explicam por que a centralidade da economia norte-americana, mesmo se mantendo, está a perigo.

Já no início dos anos 1990, era perceptível que os Estados Unidos enfrentariam a competição tecnológica e industrial de alguns países europeus, sobretudo da Alemanha e da Grã-Bretanha, bem como do Japão, da Coreia e do sudeste asiático, nos produtos de nova tecnologia. Mantinham-se na dianteira, é certo, na área espacial e na microeletrônica, mas nos computadores, nos equipamento de telecomunicações e na robótica suas exportações decaíram no decorrer da década em comparação com os principais competidores.[6] A partir do início do século XXI não se pode mais pensar na economia internacional sem tomar em conta que a produção se diversificou, espalhou-se pelo globo, consolidando a posição da União Europeia, embora mantendo o Japão e os EEUU como fortes *players*. A esse grupo somou-se indiscutivelmente a China, quem sabe como cabeça de ponte dos outros Brics, e não se pode desprezar o papel que irão jogar no mundo outros países produtores, seja de petróleo, como os do Golfo, seja de manufaturas, como os do Sudeste Asiático, o México ou a Turquia.

Entretanto, como vira *The Economist*, continua grande e até aumentou a dispersão dos atores políticos. Seja em defesa de seus "interesses nacionais" – não só econômicos, mas culturais e de poder – seja porque se situam estrategicamente entre as grandes e as médias potências, muitos outros países, aparentemente "irrelevantes" em termos de poder bélico ou econômico, como a Palestina, a Coreia do Norte, o Paquistão ou o Afeganistão, passaram a ser partes do xadrez mundial de poder. Outra vez, temos economia internacionalizada e poder fragmentado; instituições econômicas com aspiração e mesmo legitimidade universal, como a OMC, e baixo coeficiente de legitimidade política para o exercício do poder e para a manutenção da ordem global. O grande instrumento criado para isso depois da Segunda Grande Guerra, a ONU, se viu abalado pelo jogo das potências, e a magnitude das transformações econômicas e monetárias foi de tal ordem que as próprias instituições idealizadas para regular a economia internacionalizada, o FMI e o Banco Mundial, tornaram-se pequenas frente à força das multinacionais, dos mecanismos e fluxos financeiros e dos interesses nacionais diversificados.

Não deixa de ser curioso que para a seleção de países contidos na metáfora dos Brics uma das variáveis-chave foi o tamanho da população. A economia pesa muito. O bem-estar dos povos, nem se diga. Mas para participar do xadrez político mundial há outros fatores relativamente desconectados do peso econômico em si ou da renda *per capita*, do maior bem-estar social ou das "boas" instituições políticas. Quando se fala de China, Índia, Rússia ou Brasil como eventuais "polos" (ou do peso futuro do Vietnã, da Indonésia, Nigéria etc.) não se está discutindo democracia, direitos humanos ou bem-estar do povo. Discute-se, em uma simplificação, a multiplicação da capacidade produtiva pelo número de habitantes distribuídos no espaço geográfico. A demografia volta a pesar, mesmo que ao se dividir o produto de cada país populoso pelo número de habitantes não se possa comparar os resultados com o obtido por alguns pequenos países de alta produtividade e boas performances econômicas, que asseguram muito melhores condições de vida a seus habitantes.[7] Volta-se, assim a uma visão disfarçada de "equilíbrio de poder", ou de candidatos a desequilibrar o poder atual, pois é de poder que se trata quando se dá relevo aos Brics.

Dessa forma se coloca, no plano político, o desafio econômico que as revoluções tecnológicas haviam apresentado aos diferentes países. Terão essas sociedades, com suas instituições e culturas próprias, a capacidade de redefinirem suas formas de comportamento e seus objetivos para se manter à tona na luta pelo poder, conseguindo adesões a seus propósitos não só pela força bruta, hoje mais difícil de assegurar vitórias duradouras? Como reagirão as potências dominantes? A discussão em curso nos Estados Unidos, onde Barak Obama enfrenta as agruras da crise financeira e as incertezas sobre a agenda global – além dos imbróglios no Iraque e no Afeganistão –, será parte desse processo de revisão? Continuarão os Estados Unidos a ter, como na década de 1970, a flexibilidade para redefinir seu papel no sistema produtivo, mantendo a iniciativa nas inovações? Ou o abalo financeiro atual é parte do momento mencionado por Braudel em que o crescimento desmedido do capital financeiro prenuncia o aparecimento de um ou de alguns novos centros? É cedo para responder.

O Brasil em busca de autonomia pela inserção

O Brasil havia crescido razoavelmente depois da Segunda Grande Guerra e, principalmente, transformara-se de um país baseado na economia agrícola-exportadora em um país que se industrializava.[8] Este processo data dos começos do século XX, mas foram os êxitos do período das políticas substitutivas de importações que desenharam a face do Brasil industrializado. A dupla característica, de grande exportador de alimentos e matérias-primas e de país industrializado, oferece vantagens inegáveis (basta dizer que esse é um dos trunfos dos EEUU e de algumas economias europeias), mas coloca também desafios para os gestores das políticas macroeconômicas. Por exemplo, a desvalorização da moeda local facilita a exportação, mas dificulta a importação de bens de capital e, portanto, a modernização produtiva do setor industrial. A sobrevalorização do real, inversamente, dificulta a exportação de produtos manufaturados e favorece a importação de bens de capital e de consumo.

Bem ou mal, contudo, o Brasil enfrentou a primeira onda da nova globalização, a da década de 1970, defendendo o que conquistara, embora temeroso de novos avanços. Firmado nos êxitos iniciais da exploração do petróleo, da construção de um sistema energético de proporções razoáveis com base na hidroeletricidade, o país conseguira ainda criar um sistema financeiro capaz de resistir às investidas inflacionárias e adaptar-se às indexações, e ampliara seu sistema de telecomunicações com a Embratel e a Telebrás. Os dirigentes da economia e do país julgavam poder estender por mais tempo aquilo que até então fora a condição para o desenvolvimento: uma sólida barreira de proteção tarifária somada aos instrumentos creditícios poderosos de que o governo dispunha (Banco do Brasil, Caixa Econômica e, sobretudo, Banco Nacional de Desenvolvimento Econômico – BNDE). Esperavam que a economia continuasse a crescer sem grandes alterações de rumo. Havia o que defender e do que se orgulhar.

A indústria manufatureira resistia galhardamente aos novos tempos. Apoiada em uma base siderúrgica (iniciada com a Companhia Siderúrgica Nacional criada pelo governo Vargas), ampliara seu porte com as conexões que o governo Kubitschek fizera com empresas estrangeiras (indústria naval, automobilística, metal-mecânica em geral). A "fortaleza industrial brasileira"[9] – como Antônio Barros de Castro, em artigo esclarecedor, chama nossa indústria metal-mecânica (automóveis incluídos) – não se ressentia nos anos 1970 do isolamento comercial. O mercado doméstico assegurava-lhe espaço, se não para crescer, para se manter. A economia permanecia fechada à concorrência do exterior. Pouco exportávamos e pouco importávamos.

Pudemos nos manter em berço esplêndido até os choques do petróleo, em 1972 e em 1982. As turbulências financeiras internacionais, se não nos despertaram, fizeram-nos dormir com pesadelos: a inflação e as dívidas externas asfixiavam as contas públicas e restringiam os espaços para a indução do crescimento. Na década de 1970, quando os "tigres asiáticos", academicamente chamados de NICs (*new industrialized countries*), brilhavam no céu da globalização como grandes exportadores, nós, apesar de afastados dessa nova onda, ainda apresentávamos resultados positivos graças ao antigo modelo de substituição de importações, com pitadas de NICs na cópia de certos produtos. O "milagre brasileiro" dos anos 1970 exibia taxas de crescimento de 7% ao ano. Nos piores momentos da ditadura militar, o país continuava navegando em mar de almirante e não se apercebia, por trás da neblina dos êxitos, que no horizonte havia um *iceberg* com o qual colidiríamos. Nos anos 1980 o *iceberg*, em vez de derreter, nos derreteu: a economia começou a ser erodida pela inflação e pela moratória da dívida; estávamos a um passo da estagnação.

Nestas condições, não havia espaço para o Estado brasileiro ter alguma interferência no plano global. Mesmo quando os Estados Unidos, com o presidente Carter, ensaiaram mudar a política de sustentar qualquer regime que se opusesse ao "perigo comunista" e eventualmente seriam mais permeáveis à voz brasileira, nossos governantes continuavam a manter uma visão "terceiro-mundista", correlata com as ideologias de desenvolvimento nacional-estatista. Não puderam, entretanto, deixar de reconhecer algumas mudanças na cena econômica internacional. Foi quando se estabeleceu que nosso desenvolvimento econômico far-se-ia a partir de um tripé: capitais nacionais privados, estatais e capitais estrangeiros (como, por exemplo, na petroquímica).

À fórmula Kubitschek de inversão direta estrangeira se sobrepôs a preocupação com o fortalecimento de alguns setores industriais locais, com amplo apoio estatal. Na medida em que as lutas pela redemocratização avançavam, tanto empresários nacionais quanto setores da opinião pública começaram a temer que a voracidade dos setores estatais (que era natural, dado o vulto das empresas públicas e o volume de capital por elas acumulado) afogasse a liberdade necessária para a modernização da economia privada. Foi quando, nos anos 1980, se começou a discutir os inconvenientes de manter a indústria da informática submetida à rigidez de uma lei que, com preocupações nacionalistas e com o objetivo de criar um setor tecnológico nacional (os soviéticos não fizeram o mesmo?), vedava importações e investimentos estrangeiros. Ademais, o próprio processo de importações de equipamentos – por causa das restrições de divisas – se tornara penoso para as indústrias que desejavam e tinham que se modernizar para competir. A tarifa média de importações na década de 1980 era de 50% e, além disso, se necessitava uma autorização da CACEX, dada discricionariamente, de modo lento e burocrático. Isso no exato momento em que o setor de comunicações e informações exibia no mundo incrível dinamismo que afetava o conjunto dos setores industriais e de serviços.

Nos fins da década de 1980 já se tornara claro que ou bem mudávamos de rumo ou dificilmente recobraríamos o ímpeto que tivéramos na década de 1970. Esta se beneficiara das decisões dos anos 1950 dos governos Vargas e Kubitschek e, sobretudo da década de 1960, quando o governo Castelo Branco começou a adaptar o Estado aos desafios da modernização, mudando a estrutura impositiva e outras práticas da política fiscal. A bonança vinda mais tarde do exterior e as condições mais saudáveis das finanças do governo permitiram alguns investimentos públicos importantes nos governos subsequentes, sobretudo nas estradas e em energia. O tratamento menos inamistoso dado ao capital privado também ajudou a que a "fortaleza industrial" se robustecesse nos anos 1970. Até que a crise de 1982 revelou, de chofre, que havia muito mais do que algo de podre nos reinos do Brasil... Apesar disso e dos marcantes avanços democráticos da década de 1980, a consciência média dos dirigentes políticos brasileiros se mantinha fechada às mudanças de paradigma.

A Constituição de 1988 é a prova do que escrevi acima: "Constituição-cidadã", como a chamava com razão Ulysses Guimarães por seu vigor democrático, capaz de desenhar um futuro social-democrático nas áreas da previdência, da saúde, da reforma agrária e da educação, não dotou o país, entretanto, das condições institucionais propícias para gerar a riqueza necessária ao custeio de tão altos propósitos. Pelo contrário, manteve o viés, que se justificava nas décadas anteriores, de um controle estatal forte da produção, de inibição ao capital externo e uma estrutura tributária que ou deixaria o Estado à míngua ou as empresas e a população à morte. A resposta não podia ser outra: a necessidade de obter recursos fiscais para financiar os encargos estatais levou os sucessivos governos federais a aumentarem a carga tributária. Não só a aumentaram, como distorceram ainda mais a estrutura impositiva, dando preferência aos impostos indiretos e às contribuições, porque estas não se repartem com os estados.

O pressuposto, não explícito na Constituição, dada a forma como definiu receitas e responsabilidades, mecanismos de incentivo e vedações de investimentos estrangeiros e mesmo nacionais, autorizando vários monopólios estatais, era o de que continuaríamos a manter a economia fechada, com um governo ativo a fomentar um estilo de crescimento baseado no mercado doméstico e na discricionariedade do Tesouro, que definiria os vencedores em cada setor da economia. Tampouco a consequência negativa desse modelo foi esclarecida ou mesmo mencionada por seus defensores: a continuidade da concentração de rendas. Seria difícil compatibilizar falta de recursos e desordem fiscais com liberdade para grupos e movimentos sociais apresentarem demandas em um quadro de baixa integração ao mercado internacional. O mais provável é que esta situação levasse, como levou, a baixas taxas de crescimento que impediam o atendimento do clamor nacional para reduzir a exclusão social. Vivia-se um momento oposto ao que ocorrera nos anos do milagre, quando a situação orçamentária e a carga impositiva permitiam que uma fração expressiva do gasto se dirigisse para os investimentos produtivos, sem dar maior ênfase ao gasto nas áreas sociais. O autoritarismo vigente calava no ar os gritos de descontentamento.

As fragilidades do modelo de não crescimento que nos sufocava na década de 1980 ficaram mais visíveis depois da queda do Muro de Berlim, que simbolizou a *débâcle* do bastião que dava guarida aos anseios ideológicos tanto do comunismo quanto das variantes socialistas. Em nosso caso, não se queria imitar o padrão soviético, mas a existência do mundo soviético abria espaço para imaginar-se a possibilidade de "uma outra forma de desenvolvimento", menos assentada no mercado e mais ancorada no governo. A Guerra Fria concentrara grande parte das forças produtivas americanas e das energias diplomáticas no campo bélico. Isso limitava avanços ainda maiores da "globalização americana", pois freava os efeitos "*soft*" de que este modelo poderia lançar mão para ampliar sua aceitação sociocultural pelo resto do mundo, inclusive pelo Brasil, frequentemente espantado com as já mencionadas incongruências entre o dizer e o fazer dos Estados Unidos. Com a queda do Muro de Berlim as resistências à globalização diminuíram. Mais uma vez, a política que havia sido obstáculo no passado para a mudança de paradigma tornava-se fator no jogo econômico, desta vez para desobstruí-lo.

Nas condições difíceis em que nos encontrávamos no final dos anos 1980 para um *catch-up* com o mundo, o "milagre", parodiando seu equivalente econômico dos anos 1970, foi a democracia haver-se mantido. Mérito dos governos dos presidentes Sarney, Collor e Itamar Franco e, sobretudo, do povo brasileiro, que provou e gostou da liberdade, principalmente da mídia. Mas na área econômica havia que mudar muita coisa para reabrir um horizonte de crescimento mais sustentado e mais audaz. O primeiro golpe desferido nas antigas barreiras a uma integração de novo tipo ao mercado internacional foi a abertura comercial. Em 1988 a tarifa brasileira máxima era de 105%, em 1993 caíra para 35%; a tarifa média, que era de 51%, caiu para 14% e se manteve assim depois do Plano Real (1994). Em 1996 o limite máximo permanecia em 35%, sendo que neste ano só México, Colômbia e Argentina mantinham máximos pouco superiores a 25%, ou seja, a abertura no Brasil foi mais cautelosa.[10] Fomos nos ajustando progressivamente aos reclamos do comércio internacional:

"Hoje, o Brasil não tem qualquer barreira não tarifária – são muito poucos os países que podem dizer o mesmo – e a sua tarifa média de importação, que é a Tarifa Externa Comum (TEC), do Mercosul, é da ordem de 12%." A tarifa efetivamente praticada caiu para 10,7% em 2005, de acordo com estudo da Confederação Nacional da Indústria (CNI).[11]

Os temores de que a abertura comercial desorganizaria a indústria nacional não se efetivaram. Houve setores que se desarticularam momentaneamente (têxteis, por exemplo, ou autopeças), mas poucos anos depois se recompuseram, embora, como ocorre com as mudanças estruturais, nem sempre nas mãos dos mesmos grupos. Houve, eventualmente, alguma perda de know-how acumulado em empresas nacionais. Referindo-se ao período posterior às grandes reformas estruturais dos anos 1990, um autor que não pode ser considerado anti-industrialista, A.B. Castro, escreveu:

> a estas alturas já era possível perceber que a grande diversidade industrial herdada do período de crescimento acelerado havia passado bem pelo teste da abertura comercial da economia, levado a efeito nos anos 1990. Isso não implica dizer que não ocorreram perdas [...] e sim que a indústria brasileira preservou, em boa medida, a diversidade herdada do período 1950-1980. Mais que isso, a metal-mecânica, já referida como "fortaleza industrial brasileira", saiu claramente revigorada do episódio da abertura.[12]

Ruíram os temores dos arautos do nacional-estatismo protecionista. Mesmo porque, no caso brasileiro, a abertura comercial e as reformas postas em marcha não se inspiraram no simplismo de pensar que a globalização devesse implicar inação do setor público. Pelo contrário, dadas as características de plasticidade da nova globalização, se ela é capaz de conviver com o modelo chinês de capitalismo de Estado, nenhuma dificuldade teria em se adaptar às regras de um país cujo histórico de desenvolvimento econômico jamais foi fundamentalista, nem no sentido do puro estatismo (as empresas públicas brasileiras, desde Vargas, foram se organizando como sociedades de capital misto e lançam ações no mercado) nem na cegueira de um liberalismo *à outrance*, que deixa o crescimento econômico nas mãos exclusivas das forças de mercado, como ocorreu em alguns países de nossa região.[13] O BNDES teve um papel muito ativo na modernização dos setores de papel e celulose, siderurgia, petroquímica, têxtil, moveleiro e calçadista, bem como no apoio à indústria aeronáutica, à automobilística e assim por diante. O fato é que, tão logo, a partir de 1999, as condições da política cambial mudaram e a economia global, a partir de 2001, passou por um surto sem precedentes de crescimento, as exportações de produtos básicos e de manufaturas cresceram e as modificações nas técnicas de produção e de design asseguraram um padrão global aos bens exportados.

Enfrentada a abertura, a economia brasileira teria de resolver o mais antigo problema que a fustigava quase cronicamente: a inflação. Não preciso me referir ao Plano Real, a seus êxitos e peripécias. Falarei apenas de dois tópicos porque se ligam diretamente à globalização: as privatizações e o câmbio. O processo de privatização começou no final do governo Sarney e prosseguiu nos governos Collor e Itamar Franco, obedecendo ao Programa Nacional de Desestatização, aprovado no Congresso em 1990. No início as privatizações tiveram como mola propulsora as necessidades do Tesouro, que não conseguia arcar mais com o custeio, os baixos lucros e o endividamento crescente das empresas estatais, sobretudo do setor siderúrgico. A crise fiscal não dava folgas ao Tesouro para arcar com esses ônus sem afetar gravemente o controle da inflação.

O momento mais simbólico desses primeiros passos se deu no governo Itamar Franco, com a privatização da Companhia Siderúrgica Nacional (CSN). Durante o governo Collor a moeda de compra das empresas estatais foram papéis de dívidas do governo, ditos podres, por sua baixa solvabilidade, inclusive títulos da dívida agrícola. Isso começou a se modificar no governo Itamar, que também impulsionou a concessão de algumas estradas federais. O quadro se alterou substancialmente no governo subsequente quando as privatizações passaram a visar não apenas – o que também era importante – a desafogar a crise fiscal e consolidar a estabilização da economia, mas a atrair vultosos investimentos estrangeiros em setores de infraestrutura, principalmente energética, de transportes ferroviários e telefônicos.

Do ponto de vista da integração do Brasil à ordem global, contaram bastante neste período as mudanças constitucionais e legais que redefiniram o quadro jurídico das relações entre o Estado e as empresas. O objetivo já não era apenas privatizar para liberar o Tesouro do ônus de sustentar algumas empresas deficitárias, mas ter uma estratégia de integração competitiva do país à economia mundial, atraindo capitais e tecnologia do exterior. É desnecessário repetir neste capítulo o papel fundamental para a atração de capitais privados, nacionais e estrangeiros, bem como para assegurar a competição e atender aos consumidores, que as agências regulamentadoras desempenham desde então: a ANP, Agência Nacional do Petróleo, Aneel, para o caso das elétricas, a Agência Nacional das Águas (ANA) e outras mais. Foi necessário reforçar o papel do CADE, que é a agência encarregada de evitar os monopólios, e assim por diante. Formava-se um novo quadro jurídico para regular as relações entre empresas nacionais e estrangeiras e o Estado.

A dinamização da economia não se fez sentir num primeiro momento. O país estava criando condições para uma nova etapa de desenvolvimento econômico, mas a aceleração do crescimento ainda dependia da consolidação da estabilidade, de avanços na parte fiscal, da definição de regras de câmbio compatíveis com o crescimento e de decisões de conjuntura. Sem falar nos ciclos globais do capitalismo. Entre 1994 e 2002 o país passou por um conjunto de turbulências financeiras e políticas: crise do México em 1994, crise da Ásia em 1997, da Rússia em 1998, do real em 1999, crise da Argentina, intermitente, durante 1999-2002, crise de energia em 2001, crise eleitoral em 2002. Assim como na década de 1970 não se via nada de negativo e os obstáculos estavam à frente, na primeira etapa da integração do país à nova economia internacional, as profundas modificações em marcha ficavam obscurecidas pelo renitente processo de semiestagnação derivado das crises e de não havermos completado o ajuste fiscal.

Em alguns setores as mudanças se fizeram sentir mais depressa. Esse é notadamente o caso da telefonia e dos meios de comunicação. Embora os governos militares tivessem sido pioneiros na matéria e, para sua época, tenham obtido êxitos, era evidente o gargalo representado pela falta de investimentos e de disponibilidade de moderna tecnologia no setor que estava sob controle do Estado. Ele constituía um óbice intransponível para o país avançar na ordem global. Não poderíamos continuar incorrendo nos erros "soviéticos", exemplificados pela antiga lei da informática, que foi modificada pelo Congresso para adaptá-la às circunstâncias em 1991, mas que ainda esbarrava, no caso da telefonia, com o monopólio constitucional. Com a quebra do monopólio em 1995, os investimentos chegaram em grande volume no momento da compra das telefônicas e continuam se expandindo até hoje. O salto tecnológico foi evidente e a ampliação acelerada do acesso à telefonia e à internet permitiu ao Brasil aumentar o dinamismo de sua economia.

Mas não foi só na telefonia. A modernização do setor portuário também foi significativa, com a concessão maciça da operação de terminais, mais de 90% dos quais passou às mãos da iniciativa privada. No setor de petróleo e gás, a flexibilização do monopólio estatal atraiu investimentos privados para as áreas de exploração e produção. Transformada em uma corporação empresarial moderna, a Petrobras reagiu ao novo cenário competitivo, com mais investimentos, mais produção e novas descobertas de reservas de petróleo e gás. E o mesmo aconteceu com as instituições financeiras, como a Caixa Econômica e o Banco do Brasil. A primeira, que estava incapacitada para operar nos empréstimos à moradia e ao saneamento básico, foi saneada pelo governo do PSDB. O Banco do Brasil, socorrido duas vezes pelo mesmo governo para evitar sua concordata, reorganizou-se nos moldes de uma corporação moderna, obedecendo a critérios mais transparentes em suas operações.

Citei com destaque a telefonia porque é o caso mais óbvio de modernização para permitir que se respondesse aos desafios da globalização. Não cabe detalhar neste capítulo as demais transformações havidas no parque produtivo brasileiro, como os avanços tecnológicos que nos permitiram competir mundialmente na aviação comercial ou na construção civil bem como nos transformaram em respeitáveis produtores de petróleo extraído de águas profundas. Sem esquecer que houve uma verdadeira revolução no agronegócio e que as companhias mineradoras, notadamente a Vale, tiveram enorme impulso.

A falta de compreensão dos efeitos da globalização motivou críticas que, vistas hoje, se mostram infundadas: a preocupação com o "sucateamento" da indústria como resultado da abertura dos mercados e o fantasma da "desnacionalização" que as privatizações acarretariam. No caso da Petrobras, a decisão não foi de privatizá-la, mas de quebrar o monopólio da exploração do petróleo que a empresa exercia, deixando-o nas mãos do Governo Federal, com a possibilidade de se fazerem concessões. Desde 1995 o Congresso aprovara uma lei de Concessões do Serviço Público, que serviu de guarda-chuva para as concessões de estradas, geração de energia elétrica etc. Ao programa de privatizações acoplou-se, portanto, uma outra forma de viabilizar as parcerias entre o setor público e o privado, mais recentemente reforçada pela lei que criou as PPP (parcerias públicas-privadas).

Algumas estatais de maior porte, como a Vale ou a Embraer (essa no governo Itamar Franco), foram privatizadas. No caso de algumas teles, na Vale, na CSN e em outras mais, os fundos de pensão dos empregados das empresas públicas e, às vezes, o próprio BNDES, se tornaram sócios. As antigas empresas estatais perderam, é verdade, as amarras com o Tesouro, gerando mais recursos graças aos impostos que pagam ou aos dividendos que o BNDES recebe. A rápida adaptação aos mercados e a mobilização de recursos de capital e tecnologia permitiram-lhes se transformar em atores globais. A Embraer, cuja tecnologia de base foi desenvolvida pela Aeronáutica, foi privatizada pelos prejuízos constantes que causava (submetida, entretanto, a uma *golden share* nas mãos do Tesouro); passou a ter suas ações cotadas como *blue chips* nas bolsas, e seus aviões se tornaram recordistas na competição internacional. Processo semelhante ocorreu com outras empresas privatizadas e com a Petrobras.

Outro setor no qual a privatização atuou como alavanca na nova fase de dinamização econômica foi o bancário. Privatizamos bancos estaduais que se haviam transformado em caixas pretas das dívidas dos governos estaduais. Funcionavam como bancos emissores informais, na medida em que transferiam o ônus dos títulos não pagos pelos governos estaduais para o Banco Central, que os absorvia para evitar a quebradeira bancária. Abrimos o investimento nas privatizações dos bancos estaduais aos bancos estrangeiros e transformamos o Banco do Brasil em uma *corporation* separando, também neste caso, a empresa do Tesouro, processo que se iniciou na década de 1980, quando se pôs fim à "conta-movimento" que ligava os cofres do BB aos do BC. Apesar de ter havido muita lamentação sobre a "desnacionalização" do setor financeiro, até hoje os dois principais bancos são públicos – não se contando o BNDES –, seguidos por dois outros de capital nacional, e só depois surgem bancos estrangeiros entremeados por outros tantos nacionais. Por qualquer critério que se use (valor dos depósitos ou dos empréstimos), os bancos estrangeiros não detêm mais do que um terço do total e a dívida interna do Governo Federal é feita no sistema financeiro brasileiro, denominada geralmente em reais, o que dá enorme margem de manobra ao Tesouro.

Em suma, a economia brasileira passou razoavelmente bem pelo teste da adaptação às regras da competição global, sem que se possa dizer que houve sucateamento da indústria ou desnacionalização do conjunto do setor produtivo. Houve, inegavelmente, maior participação do capital estrangeiro em setores importantes, mas normalmente em cada um deles há parceiros nacionais, privados, públicos ou mistos. Isso é assim na telefonia, nas indústrias eletrônicas e de computadores, na siderurgia, na indústria de papel e celulose, na petroquímica, no agronegócio, no petróleo, na energia elétrica, no cimento, nos materiais de construção, nas redes comerciais de distribuição, nos serviços bancários, nos transportes; até mesmo no setor automotor, que no passado era exclusivamente estrangeiro, há um competidor de monta, a Marcopolo. E, como veremos adiante, agora são as empresas de capital originariamente nacional que compram empresas no exterior e se internacionalizam.

Por fim, para explicar os mecanismos que permitiram a acomodação da economia brasileira ao sistema de produção globalizado, as questões cambiais e fiscais jogaram papel crucial. Depois das dificuldades com a sustentação de taxas de câmbio quase-fixo, posteriores ao Plano Real em 1994, com a crise da moeda em janeiro de 1999, o Banco Central introduziu o sistema de câmbio flutuante. Os primeiros passos para que as políticas cambiais e monetárias pudessem se ajustar melhor às demandas do mercado foram dados quando, ainda no governo Itamar Franco, o BC passou a gozar, na prática, de autonomia operacional e o país suspendeu a moratória, renegociando em 1993 os títulos da dívida externa. A conjuntura internacional, somada às dificuldades do ajuste fiscal que consumiram as energias dos governos nos primeiros cinco anos da estabilização, impediram um ajuste mais rápido do câmbio, que teria permitido um impulso maior às exportações (embora a desvalorização do real pudesse dificultar a modernização industrial pelo encarecimento em reais da importação de equipamentos). A crise de janeiro de 1999 desvalorizou a moeda e, para surpresa geral, não acarretou uma subida significativa da inflação.

Daí por diante, a flutuação cambial e a política monetária de ajuste das taxas de juros ao cumprimento de metas inflacionárias deram grande folga ao país para ampliar as exportações. A expansão econômica foi se consolidando na medida em que a crise fiscal foi sendo controlada com as metas de superávit primário e as taxas de juros foram diminuindo. Entre 1997 e 1999 o superávit primário saltou de -0,9% para +2,9% do PIB. Em 2000 foi aprovada a Lei de Responsabilidade Fiscal, instrumento básico para assegurar as metas de superávit e a boa gestão pública. Em 2002, apesar da candidatura de Lula, provocar um pânico no mercado financeiro e causar um surto inflacionário, o seu governo ampliou as metas de superávit primário e as cumpriu, não só em 2003, mas até hoje, desanuviando as preocupações com a solvência da dívida interna. As modificações anteriormente introduzidas no sistema produtivo e no regime cambial, já mencionadas, somadas ao *boom* mundial a partir de 2001 e à "revolução sinocêntrica", puxando o valor das matérias-primas e dos alimentos, trouxeram o Brasil para um patamar no qual deixou de ser mero artifício falar-se de Brics, ou seja, da possibilidade de o país ir se deslocando da "periferia" para o "centro" da economia mundial. Ele não tem condições para ocupar uma posição verdadeiramente central, mas se aproxima do grupo de países economicamente relevantes na cena mundial.[14]

Os desafios da globalização

Nesta parte final do capítulo desejo me referir apenas à expansão das empresas brasileiras no exterior e ao significado do *boom* atual, puxado pela economia chinesa, para o processo brasileiro de integração competitiva. Houve etapas diversas na integração competitiva da economia. A inicial consistiu na quebra das barreiras alfandegárias entre 1989 e 1993. A segunda, nas modificações constitucionais que ocorreram em meados dos anos 1990, para permitir investimentos em telecomunicações, petróleo, informática etc. Por fim, mais recentemente,[15] a partir do ano 2000, as empresas brasileiras intensificaram as inversões no exterior, algumas delas se tornaram verdadeiras empresas multinacionais quanto ao âmbito dos investimentos e à importância do mercado externo para seus resultados.

Como avaliar essa nova tendência? A resposta não é simples, como notou Sergio Amaral, de quem extraio as considerações que seguem. Depende: se houve uma "expulsão" do mercado doméstico por causa de altas taxas de juros, do câmbio valorizado ou de impostos excessivos, dificilmente o investimento externo terá sido positivo para a economia nacional (não esquecer que ele cria empregos no exterior, não aqui). Se, pelo contrário, como parece ter sido o caso na maior parte das vezes, a internacionalização deriva da busca de novos mercados, sem prejuízo do interno, para aumentar a competitividade das empresas ou para agregar mais valor aos produtos, a resposta é outra: a internacionalização está dinamizando as condições locais de produção. Neste caso, está em curso o que prevalece nos países desenvolvidos, os quais tiveram que se adaptar aos fatos: as cadeias produtivas fragmentaram-se e, por outro lado, houve o deslocamento de empresa para buscar vantagens competitivas. Enquanto a pesquisa e a engenharia que concebem o produto se originam em um país, por exemplo, a matéria-prima vem de outro e o acabamento final pode se dar em um terceiro, sem falar no financiamento e no marketing. O que conta nesse jogo disperso é que se criam cadeias produtivas globais. Se a empresa não se insere nelas, agrega menos valor a seus produtos e progressivamente perde capacidade de competir.

Motivações e causas distintas levaram empresas brasileiras a alçar voos internacionais. Algumas para se aproximarem dos consumidores, como a Marcopolo, a Ambev, a Camargo Corrêa e mesmo a Embraer; outras, como a Sadia, para se apropriar de canais de distribuição; ou ainda, como a Odebrecht, para obter um *upgrade* tecnológico enfrentando competidores de porte, ou ainda para consolidar a posição no setor, como a Gerdau, ou posições de liderança no mercado de recursos naturais (Petrobras e Vale); um bom número para driblar as barreiras protecionistas, como a Coteminas, a Friboi ou a Cutrale. Obviamente, estas razões não são excludentes, a mesma empresa pode visar a múltiplos objetivos. Mas o importante é ressaltar que existem empresas brasileiras operando no exterior e não necessariamente apenas as grandes, como as aqui citadas. Em alguns casos as cadeias produtivas se desdobram no espaço global.

Não restam mais dúvidas, portanto, de que o Brasil entrou na globalização, para repetir frase que é expressiva, decidindo internacionalizar-se e não apenas sendo internacionalizado pela penetração das multinacionais no mercado doméstico. Este processo se acelerou nos últimos anos e tem como pano de fundo uma conjuntura econômica mundial extremamente favorável, na qual a China tem um peso enorme. A elevação do preço das *commodities* (embora a expansão para o mercado externo não se explique só por isso) beneficiou o Brasil e boa parte da América Latina. Vários países da região se livraram das amarras da dívida externa, e apresentam balanças de comércio exterior muito positivas, produzindo divisas que ajudam a financiar a expansão externa.[16]

Até quando e até que ponto a China e demais países que ingressam no consumo de massas continuarão a ser a alavanca das outras economias emergentes?

Não é a primeira vez que a economia mundial apresenta um quadro de demanda acentuada por metais e outros recursos naturais, como o petróleo. Na época da industrialização da Inglaterra, a demanda por alimentos da população da Ilha incentivou a expansão exportadora da Austrália, da Nova Zelândia e dos países do Cone Sul das Américas. Mais recentemente, a demanda por petróleo e o controle da oferta pelos países produtores produziu uma enorme deslocação de recursos dos países desenvolvidos para os petrolíferos. O surto atual, contudo, se distingue dos anteriores porque a pressão sobre matérias-primas e produtos alimentícios tem origem em economias que ainda estão em processo de desenvolvimento e possuem enormes contingentes populacionais, como a China e a Índia. E mesmo os "pequenos", como o Vietnã, são comparáveis aos mais populosos da Europa. Resumindo: "O fenômeno, que não tem precedente histórico, sugere algo como a 'generalização do desenvolvimento', e sua consequência maior consiste na conversão da demografia em fator de definição do peso econômico e gravitação das nações".[17]

A China, como já vimos, é responsável por quase uma terça parte do crescimento do produto mundial, pela metade da demanda de alumínio e cobre e por boa parte do incremento de preços em produtos como soja e outros de alimentação.[18] E não está isolada nesta posição: a Índia, na medida em que sua economia cresce e a população tem a renda aumentada, também pressiona o mercado mundial de *commodities*. Esta nova situação tem múltiplos efeitos. Somada à febre de produção de combustíveis com base na biomassa, leva a uma expansão sem precedentes no uso de terras para a agricultura, o que pode beneficiar os países com economia agrícola, sejam eles desenvolvidos, emergentes ou pobres. A elevação do preço dos alimentos pode também, é verdade, elevar os índices de inflação e ter consequências negativas para os segmentos mais pobres da população mundial. Mas é preciso reconhecer que desta vez não se trata de elevação dos preços pelas deficiências de oferta (embora as mudanças climáticas contribuam para isso em momentos e áreas específicas, causando inundações ou secas), mas sim pela extraordinária expansão da demanda, pois o aumento da renda em países com grandes massas de população incorpora novos consumidores. Tal processo também abrange o mercado de carnes.

Juntando as informações que o semanário *The Economist*[19] publicou sobre o tema, Rubens Barbosa resumiu as consequências dessa situação para o Brasil dizendo:

A escassez de alimentos e o alto preço das *commodities* agrícolas, em um contexto internacional mais aberto, poderão mudar o equilíbrio de poder na economia mundial em benefício dos mercados emergentes. O Brasil está muito bem posicionado para ser um dos principais países favorecidos por essa tendência. Tanto em pesquisa e na extensão de terras agriculturáveis, quanto na produção agrícola, do etanol e do biodiesel, o Brasil goza de vantagens competitivas importantes.

Começa a se firmar assim a interpretação sugerida por Castro e desenvolvida em uma série de artigos por Luiz Carlos Mendonça de Barros[20] de que teria havido uma mudança estrutural na economia internacional que afetará favoravelmente o Brasil no longo prazo. O *boom* atual não seria passageiro, como foram os anteriores, embora também naqueles, especialmente no que ocorreu entre o fim do século XIX e a Primeira Guerra Mundial, as economias dos países agrícolas tenham passado a outro patamar de desenvolvimento.

Tudo isso é certo, mas requer cautela. Não me refiro às eventuais complicações que o recente estouro da "bolha imobiliária" norte-americana possa trazer para a economia mundial se vier a restringir o fluxo comercial com a China. Ou se, dada a existência do euro, os chineses, que também dispõem de consideráveis posições em ouro, decidirem jogar contra a estabilidade do dólar, hipótese altamente improvável. Penso antes no efeito que os excedentes em dólares gerados pelas exportações de *commodities* possam ter na valorização do real e as consequentes dificuldades para a exportação de manufaturas brasileiras. Basta dizer que nos últimos dois anos o real se valorizou em cerca de 30% frente ao dólar.

Os efeitos negativos da eventual (e no caso de certos países, real) concorrência de produtos manufaturados chineses[21] dependem, contudo, do grau de exposição dos países à concorrência da China e da Índia e da capacidade que demonstrem para se ajustarem às novas circunstâncias, aumentando a produtividade ou abrindo novos nichos industriais e de exportação. Em outros termos, dependem do grau de especialização da economia de cada país, de seu custo de produção e das decisões estratégicas que vierem a tomar. A OCDE acredita que no caso da América Latina, apesar de, em 2006, 70% das exportações se dirigirem aos Estados Unidos, Japão ou União Europeia, "a maioria dos países da América Latina tem pouco a temer do aumento do comércio com a China e a Índia".[22] Isto porque a exportação chinesa para aqueles países se concentra em produtos manufaturados, equipamentos de transporte e máquinas, com alto componente tecnológico, enquanto na América Latina há predominância na exportação de *commodities* ou manufaturas de baixo conteúdo tecnológico.

É preciso, não obstante, qualificar as ameaças que podem decorrer da competição com as exportações chinesas. Alguns países latino-americanos tendem a incrementar o conteúdo tecnológico das exportações (por exemplo, Costa Rica). Outros, como o Brasil, dispõem de uma indústria avançada e alguns bens manufaturados já estão sofrendo os efeitos da concorrência (calçados e têxteis, por exemplo), para não mencionar o caso do México ou mesmo da Colômbia, que viram antigas montadoras industriais se deslocarem para a China. Em outros termos, a presença da China e, em menor escala, da Índia, propicia enorme impulso às economias emergentes e mesmo às economias dos países pobres. Até agora a adaptação desses países às condições do mercado globalizado tem sido positiva. Esta conclusão vale não só para a América Latina, mas também para os países africanos. Com um risco: o de essas economias concentrarem ainda mais sua produção e exportação em uns poucos produtos, como petróleo, cobre, soja ou café. Para os países que construíram parques industriais diferenciados, o crescimento das economias orientais coloca desafios futuros.

É o caso do Brasil, cuja base produtiva se assemelha às da Índia e da China, até porque estes países também adotaram políticas de substituição de importações e foram mestres na cópia de processos e de produtos desenvolvidos em outras economias. Esses desafios não impedem o crescimento se houver a definição de políticas adequadas para superá-los. No caso do Brasil, a tecla repisada com mais constância para assegurar a continuidade do crescimento como uma "economia do conhecimento" – que é o modelo prevalecente no mundo desenvolvido – recai sobre a necessidade de aprofundar as reformas educacionais. Para o país mudar de patamar de desenvolvimento, propõe-se o acesso generalizado à escola secundária – além do acesso universal, já em marcha, ao ensino fundamental –, uma revisão de todos os currículos, inclusive os do ensino superior, acentuando o conteúdo científico-tecnológico da formação dos alunos, o retreinamento dos professores e o incentivo às universidades para maior entrelaçamento entre pesquisa científica e tecnológica, bem como melhores práticas de gestão e maior entrosamento com o parque produtivo. Ao mesmo tempo, os diagnósticos mostram que, para nos mantermos à tona no mundo atual, precisaremos continuar a aperfeiçoar as instituições político-representativas, melhorar a governança do país e fortalecer os órgãos de regulação econômica. Trata-se de ajustar as instituições para dar maior validade e eficácia às normas que regulam as relações entre as empresas, o governo e os consumidores. As carências na infraestrutura para aumentar a produção e a exportação (energia, portos, estradas etc.) estão também à vista e precisam ser enfrentadas.

A dupla condição de país industrializado que dispõe de amplos recursos naturais e de uma agricultura tecnicamente avançada permite-nos desenvolver uma estratégia de longo prazo para transformar as vantagens de momento em garantia de futuro, trocando minerais e sementes por neurônios. A Noruega dá o exemplo de como recursos esgotáveis podem ser capitalizados para financiar o futuro. Uma política de desenvolvimento de longo prazo que crie uma espécie de macroparceria público-privada para utilizar os recursos a serem gerados, por exemplo, pela exploração dos megacampos de gás e petróleo, permitiria dar enorme impulso ao desenvolvimento da educação e aos investimentos em infraestrutura. Seria descabido detalhar, mas é possível pensar, simultaneamente, políticas para os setores industriais e de serviços que estimulem a agregação de valor e aumentem a produtividade. Assim como é fundamental multiplicar os tratados de comércio para garantir acesso aos mercados, pois o consumo doméstico, por maior que seja, e o nosso é grande, será insuficiente para absorver a produção em grande escala.

Apesar dos desafios, dificuldades e temores o Brasil participa crescentemente da economia globalizada, possui amplo mercado interno e poderá oferecer melhores condições de vida à população. Depende, como tudo na História, do rumo que viermos a tomar e de nossa capacidade de participar tanto do mercado como do poder mundial. Em suma, de sermos capazes de formular uma estratégia econômica e política que leve em consideração o contexto global. E de não nos esquecermos de que uma nação é mais do que um mercado. Sem que existam condições para um convívio seguro e decente, no qual as pessoas encontrem espaços de realização, a partir do emprego, para se relacionarem positivamente umas com as outras e possam manter a crença em construir juntas o futuro, não há crescimento nem integração econômica que valha a pena.

Notas

1 Este capítulo se compõe de partes, revistas, do capítulo sobre *As surpresas da globalização*. In: Barros, Octavio de; Giambiagi, Fabio (orgs.). *Brasil globalizado: o Brasil em um mundo surpreendente*. Rio de Janeiro: Elsevier Campus, 2008.
2 Dollar, David. "Asian Century or Multipolar Century", trabalho apresentado no Global Development Network Annual Conference, Beijing, janeiro, 2007, p. 5, tradução nossa.
3 OECD. *Latin American Economic Outlook 2008*. Paris: OECD, 2007, p. 143, tradução nossa.
4 Ver Pébereau, Michel. *A evolução do sistema financeiro global e seus desafios*. São Paulo: Instituto Fernando Henrique Cardoso; BNP Paribas, 2007, p. 23-4.
5 Na verdade o peso das economias asiáticas no processo de globalização, à parte a China, a Índia, o Japão e a Coreia, precisa ser mais bem avaliado. Em trabalho apresentado na Global Development Network Annual Conference, realizada em Pequim em janeiro de 2007, David Dollar, diretor do Banco Mundial, mostra que nos últimos 15 anos o PIB da China cresceu a taxas muito elevadas, enquanto países como Filipinas, Indonésia e Tailândia cresceram a taxas muito mais modestas. Estaria havendo, pois, muito mais a criação de uma área multipolar na qual EEUU e China ocupam (junto com a Europa, acrescento eu) posição de destaque, do que um mundo centrado na Ásia, e mesmo seria incorreto falar em globalização sinocêntrica, pois o contrapeso dos demais parceiros é substancial. Ver Dollar, David, op. cit., 2007.

6 Ver em Kennedy, Paul. *Preparando para o século XXI*. São Paulo: Campus, 1993, às páginas 178 e 179, a tabela ilustrativa desta tendência. Em fins de 1988 o Japão possuía 176 mil robôs industriais, em um total mundial de 280 mil, sendo que os EEUU tinham apenas 33 mil dessas máquinas; ver página 102.
7 Kennedy, Paul (op. cit., 1993) já se antecipara a esta visão *goldmaniana* – do Goldman Sachs – e mostrara o que é tradicional nos autores de geopolítica: a influência das grandes massas de população nas chances de crescimento e de prestígio de uma nação, desde que o país ultrapasse o umbral de analfabetismo e pobreza.
8 De 1947 a 1980 o crescimento médio da economia brasileira foi da ordem de 7,5% ao ano. Apenas o Japão, na época, superava essas taxas.
9 Ver Castro, Antonio Barros de. "From Semi-Stagnation to Growth in a Sino-Centric Market". *Revista de Economia Política*, janeiro-março, 2008. As referências feitas no texto, porém, com a paginação correspondente, referem-se à versão original na forma de mimeo, de 2004.
10 Para uma comparação entre os vários países americanos sobre o montante e a velocidade com que reduziram as tarifas de importação, ver French-Davies, Ricardo. *Reforming Latin America's Economies After Market Fundamentalism*. Nova York: Palgrave Macmillan, 2005, p. 91.
11 Citação extraída do artigo de Sérgio Amaral (2008), no qual me baseei para algumas análises apresentadas adiante.
12 Castro, Antonio Barros de (2008, p. 4).
13 A observação de Castro sobre a herança de uma base econômica diversificada é fundamental. Nem todos os países têm as chances que o Brasil e alguns outros países têm para obter sucesso na fase atual do capitalismo mundial. Alguns países de economias pouco desenvolvidas podem tirar vantagens da conjuntura por suas boas condições para a produção agrícola ou de matérias-primas. Outros, nem isso. Mas para realmente aspirar a "mudar de patamar" na divisão internacional de trabalho, é inegável que a disponibilidade de uma economia diversificada industrialmente, com base própria de financiamento, seja condição importante. A respeito dos distintos percursos históricos dos países latino-americanos na economia global ver Cardoso, Fernando Henrique. "Caminhos novos? Reflexões sobre alguns desafios da globalização", *Política Externa*. São Paulo: Paz e Terra, v. 16, n. 2, p. 9-24, set./nov., 2007. Não há "receitas" para o desenvolvimento econômico, pois os percursos históricos são variáveis.
14 Não cabe mostrar o vaivém das políticas monetárias e cambiais, afetando variavelmente a integração da economia à ordem econômica global. Para uma análise desse processo e das razões pelas quais o crescimento acelerado não vingou em certos momentos, ver o já citado artigo de Castro, Antonio Barros de (2008). Em várias ocasiões, o crescimento foi interrompido, ou "truncado",

AUTONOMIA PELA INSERÇÃO: O CASO DO BRASIL   193

como diz o autor: em 2001, pela crise energética; em 2003, pela política monetária, aumentando os juros com receio de um surto inflacionário. Parece que desde 2006-2007 entramos numa rota de crescimento sustentado. Tomara que a crise americana das *sub-prime* e outras distorções não nos desviem desta rota.

15 O salto da Petrobras se deu a partir das decisões tomadas depois de 1998, que transformaram a empresa em uma corporação moderna (o mesmo ocorreu com o Banco do Brasil). A diretoria executiva da Petrobras foi separada do Conselho de Administração, do qual fazia parte; os métodos de gestão e controle foram arejados, e as interferências político-partidárias nos negócios da empresa, significativamente reduzidas. A Petrobras se tornou uma empresa pública com participação acionária nacional e estrangeira, rendendo contas à sociedade e ao mercado.

16 Não cabe tratar especificamente da expansão internacional das empresas brasileiras. Basta ressaltar que elas completaram a terceira etapa do ajuste à ordem competitiva global. Para maiores informações ver o artigo de Amaral, Sergio. "Internacionalização das empresas brasileiras". *Política Externa*, v. 16, n. 4, mar./maio 2008, p. 41-49, já citado.

17 Castro, 2008, p. 20.

18 OECD, 2007, p. 143.

19 Ver no site Economist.com a reprodução de uma série de artigos publicados na revista sobre esta matéria, com os títulos sugestivos de: "The agonies of agflation", "Cheap no more", "The end of cheap food" etc. O embaixador Rubens Barbosa resumiu e tirou as consequências das tendências apontadas pela revista em artigo publicado em *O Estado de S. Paulo* (Barbosa, 2008).

20 Ver os muitos artigos publicados no *Valor*, especialmente com Pereira Miguel (2007), que discutem os efeitos positivos do mercado mundial de *commodities* para o Brasil e questões relativas ao câmbio e às finanças. Os autores insistem em que se abriram novas oportunidades para o país, mas que elas requerem uma visão de futuro para serem mais bem aproveitadas.

21 O custo da mão de obra se tornou um fator importante na competição atual e não só por causa da China. O diferencial de salário entre a Europa do Leste e a União Europeia também pesa na concorrência. É certo, contudo, que existe a tendência à convergência salarial, o que, em longo prazo, beneficiaria os países em desenvolvimento. Ver a respeito o artigo de Pastore (2007a); em versão mais simples ver do mesmo autor Pastore (2007b).

22 OCDE, 2007, p.146, tradução nossa. Para uma análise detalhada ver Santiso (2007), especialmente capítulos 4 e 5.

8
Políticas sociais no Brasil

Para caracterizar o que venho chamando neste livro, com alguma liberdade de expressão, de políticas social-democráticas de redução da pobreza e de aumento do bem-estar social, mostrarei neste capítulo como essas políticas operaram convergentemente na direção de seu objetivo. Farei uma ou outra menção a países como o Chile, o México e eventualmente a algum outro mais. Porém, me concentrarei no caso brasileiro.

A discussão sobre a maior eficácia de políticas universais em contraposição a políticas focalizadas para a redução da pobreza parece ter sido suplantada. O enfoque latino-americano de políticas sociais dá a ênfase indispensável às políticas universais, como educação e saúde, sem deixar de dirigir esforços a políticas para beneficiar segmentos mais vulneráveis da população, sobretudo quando eles são numerosos. Na tradição social-democrática europeia o bem-estar social foi promovido por políticas públicas que reforçaram o acesso à educação, à saúde e à previdência social. O peso desta tradição continua a ser grande e a viger no pensamento social mais avançado da América Latina, mas a antiga polarização entre políticas universais, que seriam de esquerda, e as focalizadas, supostamente de direita, não mais prevalece. Desapareceu do debate público a concepção de que a cooperação da sociedade civil com o Estado ou o uso de incentivos monetários para a melhoria de vida das pessoas, como as bolsas, teria a ver com uma visão liberal que favoreceria o mercado e não o povo.

O programa pioneiro na matéria foi o de Honduras, que se iniciou em 1990, mas não obteve amplitude, pois visava a resolver uma situação de emergência principalmente alimentar e não fazia a ponte pretendida pelos programas dos demais países citados com a educação e a saúde. Hoje há 15 programas similares operando na região, mas os de maior abrangência e duração são inegavelmente os do México (criado em 1996 com o nome de *Progresa* e que desde 2001 chama-se *Oportunidades*), Brasil (criado em 1997 como *Bolsa Escola* e a partir de 2003 denominado *Bolsa Família*, incorporando o anterior *Bolsa Escola* e ainda os também preexistentes *Bolsa Alimentação*, *Bolsa Gás* e um programa de erradicação do trabalho infantil) e Chile (criado em 2002, chamado a partir de 2005 de *Programa Puente/Sistema Chile Solidário*). No caso do Brasil já havia sido aprovada uma lei em 1997 que estabelecia um programa de renda mínima para tratar os pobres e miseráveis de forma diferenciada. Ela foi a base para o programa *Bolsa Escola*.

Em artigo publicado na edição do *Americas Quarterly* do verão de 2008, o conceituado economista, que já foi secretário geral da Comissão Econômica para a América Latina e o Caribe (CEPAL), José Antonio Ocampo, seguindo a melhor tradição da instituição que dirigiu, chama a atenção para a importância da noção de "cidadania social" e, simultaneamente, para a necessária expansão de impostos que sua consecução requer, e ao mesmo tempo qualifica e delimita o alcance das políticas de transferência de renda. Ocampo mostra que, desde os anos 1980, o Banco Mundial vem propondo a junção das políticas focalizadas de subsídios à demanda com a participação do setor privado e a descentralização administrativa. Esta seria a melhor fórmula para alcançar bons resultados na área social. São conhecidas as críticas dos organismos internacionais e de especialistas nacionais independentes ao desperdício de dinheiro público em programas sociais muito burocratizados, centralizados e não sujeitos a avaliação. Daí, em parte, o pendor pelas práticas mais simples das transferências monetárias diretas e a inspiração para a utilização nas políticas públicas dos métodos de gestão do setor privado.

Ocampo crê ser certo que programas de transferência direta vêm logrando resultados positivos na redistribuição da renda. Entretanto, obtêm-se resultados melhores quando a transferência monetária é acompanhada de exigências específicas, por exemplo, de que as famílias beneficiadas mandem os filhos à escola ou de que as mulheres grávidas recebam assistência pré-natal, como nos programas Bolsa Escola e Bolsa Alimentação do governo do PSDB no Brasil. O autor mostra, por outro lado, que o efeito positivo dos programas de transferência de renda (*cash transfer*) aumenta à medida que sua cobertura vai se tornando universal, engatando com os programas governamentais tradicionais. Na verdade as políticas de universalização da educação e do atendimento à saúde, áreas que são mantidas sob controle estatal na América Latina, são as que têm maior impacto redistributivo. Por isso mesmo, as políticas de distribuição monetária direta ou as que requerem participação da sociedade civil devem completar-se com medidas de inclusão social e de promoção humana de caráter universalista, ou seja, oferecidas pelo Estado para toda a população. No limite tanto os programas focalizados como os universais funcionariam como pontes para facilitar o acesso ao emprego, à renda do trabalho e aos serviços sociais gerais. Esse acesso é que muda para melhor a condição de vida das pessoas.

Até que ponto os programas de transferência de renda funcionam como um canal para um acesso mais amplo aos programas universais e ao emprego é questão em aberto. Em alguns países, como o Chile, parece claro que há este propósito e que o governo acompanha as famílias e pessoas assistidas pelos programas focalizados até levá-los a uma situação de emprego e de plena inclusão social. Obviamente há também uma questão de números: enquanto no Chile os programas afetam 250 mil famílias (a população é menor e os necessitados proporcionalmente menos numerosos), no Brasil se trata de mais de 11 milhões de famílias, ficando o México, cujo programa atende a 6 milhões de famílias, em uma posição intermediária quanto ao volume de famílias atendidas.[1]

A questão central, contudo, é outra: por mais que Ocampo registre os avanços proporcionados pelos programas de transferência direta de renda, ele parece preferir a abordagem que o Banco Interamericano de Desenvolvimento (BID) propôs em 2006, que enfatiza o universalismo básico. Os cidadãos têm *direito* à saúde, à educação e à proteção social. Sendo o acesso a esses programas um direito, a focalização só é realmente positiva quando opera como uma ponte para o provimento universal dos bens e serviços básicos. Quando ocorre tal ligação, tem-se um efeito redistributivo da renda. Mais ainda, Ocampo insiste em que, se bem seja certo que os programas universalistas tenham acabado por concentrar seus benefícios nas camadas de renda média, seria ilusório tirá-los delas para dar aos pobres. Elas reagiriam e, mais do que isso, as camadas médias são as que exigem melhor qualidade da educação e da saúde. O certo, portanto, não é diminuir a oferta às classes médias, mas ampliá-la para os pobres, mantendo-se a qualidade dos serviços. Daí a importância da questão fiscal, pois governos sem recursos pouco podem fazer para generalizar os programas sociais ditos universais. Na ausência de recursos mais vultosos e de competência burocrática para manejar melhor estes programas, torna-se mais fácil, porque mais barato, colocar maior ênfase nos programas focalizados, embora seu efeito positivo só se complete com a expansão dos serviços de educação, saúde e emprego.

Os programas sociais produzem impacto diferente sobre a redistribuição de renda. Em um índice de estilo "quase Gini", em que o efeito distributivo maior se dá em zero, a universalização da educação primária, da saúde, de programas de assistência social e de educação em geral, nesta ordem, são os programas que produzem maior efeito redistributivo. Em contrapartida, os programas habitacionais e as pensões, na ordem inversa, são os que têm menor efeito distributivo de renda. Como as aposentadorias e pensões pesam muito nos dispêndios governamentais, o gasto social geral é regressivo na América Latina. Não obstante, na medida em que quaisquer desses programas se generalizam seu impacto positivo aumenta.

Não se trata, portanto, de optar entre programas focalizados e programas universais e nem mesmo é fácil dizer quais programas universais são melhores para reduzir a pobreza. Embora em ritmo diferente, qualquer deles pode ter efeito positivo. O fundamental é dispor de uma estratégia que os combine. Só em conjunto convergem para o objetivo de reduzir a pobreza de modo duradouro, redistribuir mais equanimemente a riqueza e melhorar a oferta de bens e serviços essenciais para o conjunto da população. Só assim as pessoas poderão gozar dos benefícios desses programas como um direito pleno de cidadania. O passo para que os efeitos sejam duradouros e positivos para a maioria é que a economia alcance taxas razoáveis de crescimento e possa gerar empregos compatíveis com o crescimento da população. Em suma, tão importante quanto medir os efeitos monetários dos programas focalizados é verificar se eles estão contidos em uma política social abrangente que leve em consideração a intersetorialidade com os serviços sociais fundamentais (educação e saúde) tanto em sua gestão como em sua implementação. São os efeitos cumulativos que asseguram que a redução da pobreza não seja apenas momentânea. Os programas de transferência de renda mais completos, chamados de terceira geração, procuram rever as estratégias e modos de funcionar para incrementar a capacidade das pessoas para enfrentar riscos, aumentar o nível educacional dos beneficiários, dar-lhes melhor saúde e integrá-los ao trabalho, à família e à comunidade. Com este propósito estar-se-ia, ao mesmo tempo, respondendo ao desafio de compreender que a pobreza é multidimensional, que sua superação requer a promoção da capacidade das pessoas e que a elas correspondem direitos sociais e não mero assistencialismo paternalista, facilmente manipulável político-eleitoralmente.

Gráfico 1 Proporção de miseráveis
Em % da população

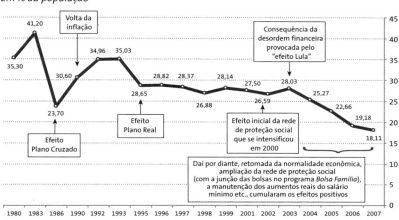

Fonte: Até 1990: Sônia Rocha, extraído de *O Globo* de 23/7/2009. Após 1990: CPS/FGV, baseado nos microdados da PNAD/IBGE.

Nota: A linha de pobreza adotada pelo Centro de Políticas Sociais da Fundação Getúlio Vargas (CPS/FGV) é ajustada por diferenças de custo de vida regionais e com base numa cesta de alimentos que garante o consumo diário de 2.288 calorias, nível recomendado pela Organização Mundial de Saúde (OMS).

Sem que tenha sido possível aplicar na íntegra a recomendação acima, é inegável que houve forte redução da pobreza e mais especialmente da miséria no Brasil. Este processo começou nos anos 1990 com a continuidade da estabilização da economia obtida pelo Plano Real. Diferentemente do que ocorreu com o Plano Cruzado, a estabilidade macroeconômica gerada pelo Real foi mantida desde 1994 até hoje. Assim, enquanto a redução de pobreza obtida com o Cruzado durou pouco, no caso atual ela perdura. A redução da inflação produziu um efeito positivo imediato na renda dos assalariados. (Gráfico 1)

O efeito da estabilização econômica na redução da pobreza, entretanto, se dá de uma só vez. Sua continuidade depende de outras iniciativas. É óbvio que quanto mais depressa o país crescer economicamente maior facilidade haverá para que se tomem iniciativas que possam reduzir a pobreza e aumentar o bem-estar; sem elas o mero crescimento econômico pode não ter tal efeito. No caso do Brasil a trajetória da economia deixou de seguir um circuito errático, de altos e baixos, como foi habitual nos anos anteriores à estabilização. Não obstante, o crescimento pós-estabilização, ainda que positivo, nunca foi brilhante, com exceção do que ocorreu nos anos 2007-2008, cujo ímpeto foi interrompido pela crise (que provavelmente fará com que se passe de um crescimento de 5% em 2008 para algo ao redor de zero em 2009). Na verdade o desempenho da economia brasileira não teve ímpeto semelhante ao das economias emergentes mais dinâmicas, como a China ou a Índia. (Gráfico 2)

O aumento da renda real média dos trabalhadores e das famílias, comparado com o período anterior à estabilização, tampouco foi espetacular. No conjunto a renda da população não cresceu de modo expressivo. Houve variação negativa em alguns anos e só em 2006 se conseguiu ultrapassar o pico obtido em 1998. Não se pode dizer tampouco que houve expansão significativa do nível de emprego ou redução significativa das taxas de desemprego. Elas se mantiveram mais ou menos elevadas, em comparação com o período anterior à estabilização. (Gráfico 3) Por isso mesmo chama a atenção a velocidade da redução da pobreza e o fato de que os índices de desigualdade tenham diminuído pelo menos um pouco, diferentemente do que ocorreu em países que adotaram políticas sociais semelhantes às nossas, como é o caso do Chile, nos quais a desigualdade entre as classes de renda foi mantida. (Gráficos 4 e 5)

Gráfico 2 Mundo, Brasil, China e Índia: Produto Interno Bruto a preços constantes
Variação % anual

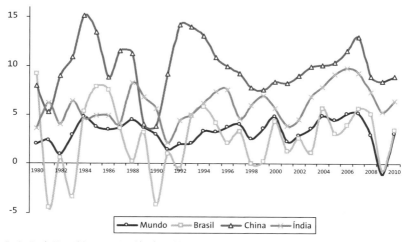

Fonte: Fundo Monetário Internacional (FMI), World Economic Outlook Database, outubro de 2009.

Gráfico 3 Rendimento médio mensal real
Em R$

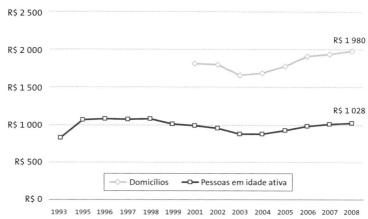

Fonte: IBGE - Pesquisa Nacional por Amostra de Domicílios (PNAD).

Notas: (1) Exclusive as informações das pessoas sem declaração de rendimento. (2) Valores inflacionados pelo INPC com base em setembro de 2007. (3) Exclusive o rendimento das pessoas da área rural de Acre, Amapá, Amazonas, Roraima, Pará e Rondônia.

Gráfico 4   Taxa de desemprego

Em %

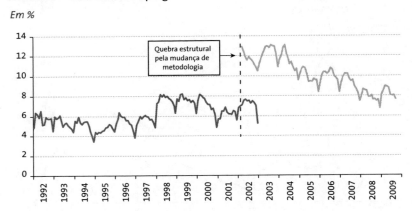

Fonte: IBGE-PME (Pesquisa Mensal de Emprego).
Notas: (1) Regiões Metropolitanas. (2) Período de referência de 30 dias para procura de trabalho.

Gráfico 5   Coeficiente de Gini

Brasil, Chile e México

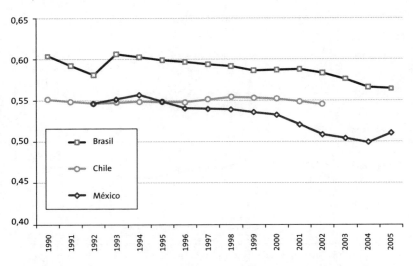

Fonte: World Institute for Development Economics Research / UNU. World Income Inequality Database (WIID2c).
Nota: Brasil (1991, 1994 e 2000), Chile (1991, 1993, 1995, 1997, 1999 e 2001) e México (1993–5, 1997, 1999, 2001 e 2003): interpolação.

Se for verdadeira a hipótese de que o crescimento econômico ou a expansão do emprego, por si, não explicam a redução da pobreza nem mesmo certa melhoria no bem-estar, e este aumentou no Brasil (abundam indicadores sobre expansão do acesso aos meios de comunicação, aos bens de consumo duráveis, aos autos etc., que não podem ser explicados apenas pelo consumo das camadas médias e altas), que outras políticas poderiam ter convergido para este resultado?

Comecemos por uma política cujo efeito é mensurável: a de salário mínimo (SM). Desde o Plano Real até hoje, os governos têm procurado elevar o salário mínimo real. A proporção de empregados que recebe salário mínimo é relativamente pequena, embora nas prefeituras mais pobres o número dos que não o ultrapassam ainda seja significativo. De toda forma, o aumento do piso salarial leva a um deslocamento de toda a escala para cima. Ademais, a legislação aprovada ainda no governo do PSDB permite que os governadores elevem o piso salarial de seus estados, independentemente do mínimo federal. Pelo menos os estados mais desenvolvidos frequentemente utilizam esta possibilidade. O significado maior do aumento do salário mínimo está em que ele regula o ganho da maioria absoluta dos aposentados e de certos grupos específicos, como os idosos cujas famílias não alcançam certo patamar de renda. Para estes grupos de renda o aumento do salário mínimo (SM) tem efeito direto. (Gráfico 6)

Mesmo assim, dificilmente se pode atribuir ao aumento continuado do valor real do salário mínimo a diminuição de porcentagem das camadas de pobres e de muito pobres havida no Brasil. O aumento do SM afeta positivamente, é verdade, o conjunto da população, mas o grosso da pobreza fica sufocado pela informalidade e pelo desemprego e recebe renda abaixo do mínimo. Entre as famílias pobres apenas 18% têm ao menos uma pessoa empregada no mercado formal ou informal com valor próximo ao SM.[2] Para estes, as formas de transferência direta de renda produzem um efeito positivo muito maior do que o aumento do SM. Estudo recente de Ricardo Paes de Barros[3] diz claramente que:

Gráfico 6 Evolução do salário mínimo real
Em R$

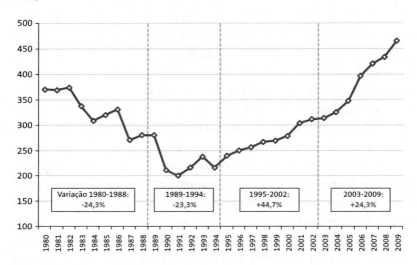

Fonte: Instituto de Pesquisa Econômica Aplicada (IPEA).

Notas: (1) Série em reais (R$) constantes do último mês, elaborada pelo IPEA, deflacionando-se o salário mínimo nominal pelo Índice Nacional de Preços ao Consumidor (INPC) do IBGE. (2) Base: 2/2009.

o Programa Bolsa Família é muito mais efetivo que o SM no combate à pobreza e à desigualdade, quaisquer que sejam as medidas que se deseje utilizar. Conforme vimos, se o mesmo volume de recursos for alocado às duas intervenções [aumento do mínimo ou das bolsas] o impacto do PBF sobre a pobreza e a desigualdade será sempre maior que o do SM qualquer que seja a medida utilizada.[4]

Essas considerações têm um significado ainda maior quanto aos efeitos das bolsas na redução da extrema pobreza. Há razões para tanto: a maioria esmagadora dos trabalhadores formais e informais que recebem salários próximos ao mínimo não faz parte das camadas pobres nem muito pobres. Assim, apenas 15% dos que recebem pelo menos um salário mínimo se encontram entre os extremamente pobres e 40% entre os pobres. Por isso, "cerca de 60% dos benefícios de um aumento do

SM via mercado de trabalho não chegam aos pobres, e mais de 85% não chegam aos extremamente pobres".[5] O impacto dos aumentos do salário mínimo sobre os mais pobres, como disse anteriormente, se dá principalmente em função do piso salarial dos aposentados. Ora, como as famílias pobres têm poucos idosos e muitas crianças (segundo Paes de Barros apenas 9% das famílias pobres e 5% das extremamente pobres contam com ao menos um idoso) os efeitos dos aumentos do SM na redução da pobreza são amortecidos. Em contrapartida, como 81% das famílias pobres possuem crianças, as bolsas têm impacto mais positivo na mitigação da pobreza, dado que seu valor monetário aumenta em função do número de menores em cada família.

Isso não quer dizer, como ressalta Paes de Barros, que o SM seja ineficaz no conjunto das políticas sociais. Primeiro, acrescento, porque o objetivo das políticas social-democráticas deve ser o de aumentar o bem-estar do conjunto da população e ampliar a oferta de empregos e não apenas reduzir a pobreza, principalmente se considerarmos os limites estatísticos restritos em que ela é definida. Estar acima da linha de pobreza está longe de implicar que as pessoas assim categorizadas estejam "bem de vida", muito pelo contrário. A renda média dos brasileiros ainda é muito baixa e o efeito dos aumentos reais do SM sobre a renda e a desigualdade é altamente positivo para elevar a porção apropriada pelas pessoas que se distribuem na parte central da curva de renda. Contrariamente às conclusões de Paes de Barros, não vejo por que questionar uma política que reforce o crescimento da renda de grupos que se afastam da classificação de ganhos correspondentes às famílias pobres ou muito pobres, desde que este processo não se dê em detrimento dessas últimas. O objetivo de uma política de generalização de bem-estar deve ser também o de incluir cada vez mais pessoas que recebam pelo menos um SM em cada família e de aumentar o valor deste.

É inegável, contudo, que os programas de transferência de renda precisarão ser mantidos até que o bem-estar mínimo se generalize. Para isso serão necessárias maior formalização nas relações de trabalho e oferta de emprego. Níveis mínimos de bem-estar requerem, ademais, acesso universal aos serviços de educação, saúde e proteção social (com a Previdência e seguro-desemprego). Esta proposição não implica desconsiderar a utilidade da avaliação contínua dos programas de transferência de renda para que eles possam ser aperfeiçoados. Com base em praticamente todas as avaliações disponíveis, e não só a respeito dos programas brasileiros, Sonia Draibe apresentou um balanço no qual ressalta a capacidade que estes programas tiveram de focar a ajuda nas famílias realmente pobres, dando-lhes uma pauta mínima de consumo. Eles tendem também a promover um aumento na utilização dos serviços de saúde, na expansão das matrículas e na frequência às escolas. Seus efeitos sobre a redução do trabalho infantil são poucos conclusivos. Entretanto, apesar da crítica política contínua de que as bolsas desincentivariam a busca de trabalho, isso não parece ser verdade, a crer nas poucas pesquisas sobre o tema, parecem ser pequenos".

Os aspectos mais discutíveis desses programas são outros: as avaliações feitas sobre os resultados obtidos até agora são céticas quanto a suas consequências de mais longo prazo na redução da pobreza e no aumento do chamado "capital humano". São contraditórias as evidências sobre a melhora do estado nutricional das crianças; apenas o programa mexicano resultou em diminuição da mortalidade e da morbidade infantil. O aumento dos anos de escolaridade foi mínimo (no Brasil cerca de 2%) e o desempenho em testes educacionais estandardizados não avançou. Isso não quer dizer que alguns países tenham deixado de progredir nesta matéria, mas sim que os avanços não devem ser integralmente creditados aos incentivos dados pelos programas de distribuição direta de renda.[6] Nas observações finais de sua avaliação, Sonia Draibe diz que

> as evidências mostram efeitos de mitigação da pobreza e da redução da desigualdade em vários países. Entretanto, mostram também que não só os baixos valores das transferências são incapazes de tirar de fato as famílias da situação de pobreza como os efeitos sobre a renda são *ad hoc*, momentâneos. Ou seja: do ponto de vista da renda não se vislumbram "portas de saída" que permitam às famílias saírem de forma sustentada da situação de dependência.[7]

Os programas de transferência de renda, por significativos que sejam, não são suficientes, portanto, para explicar integralmente a redução da linha de pobreza, nem, menos ainda, o maior acesso à educação, à saúde e ao consumo. Sendo assim, que outras políticas convém levar em conta? Para os fins deste capítulo não é o caso de analisar exaustivamente as várias políticas sociais. Contudo, antes de mencionar as evoluções havidas nas duas principais políticas sociais (educação e saúde) convém assinalar que também houve expansão de programas de previdência social na direção dos mais pobres. Há notadamente dois programas de distribuição direta de renda, um relativamente recente, outro mais antigo, cujos efeitos se acumulam aos obtidos pelos aumentos do salário mínimo e das bolsas: a Lei Orgânica da Assistência Social (LOAS) e a aposentadoria rural. Esta última é assegurada aos trabalhadores rurais em função de um limite de idade (atualmente, a partir dos 60 anos para os homens e 55 anos para as mulheres) ainda que o beneficiário não haja contribuído para o sistema de Previdência Social. Com o nome de Pró-rural este programa foi criado no governo Médici em 1971, em substituição a outro, o Funrural, criado no governo João Goulart em 1963. Sua evolução pode ser vista no gráfico 7 a seguir.

Gráfico 7 Histórico de benefícios previdenciários rurais em manutenção
Quantidade de benefícios em manutenção por grupo de espécies

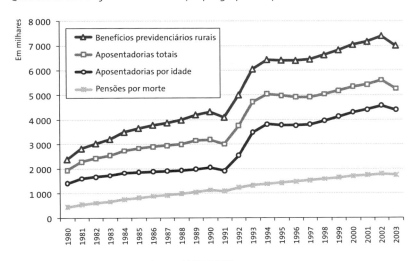

Fonte: Ministério da Previdência e Assistência Social / DATAPREV.

Com menor abrangência do que a aposentadoria rural, a LOAS, aprovada em 1993, no governo Itamar Franco, e iniciada em 1996, ampliou os gastos de assistência social e o número de pessoas atendidas. Ela deu materialidade à disposição constitucional de 1988 (art. 203 da Constituição Federal) que visava a amparar os idosos de famílias carentes. Por intermédio do programa de Benefícios de Prestação Continuada, esta lei assegura para idosos sem acesso ao sistema previdenciário e para pessoas portadoras de necessidades especiais, pertencentes a famílias que recebem até um quarto do salário mínimo *per capita*, uma pensão equivalente a um salário mínimo Entre 1995 e 2005 o número de beneficiários passou de 1,2 milhão de pessoas a 2,8 milhões.[8] (Gráfico 8)

Existe, portanto, todo um arsenal de medidas de proteção às populações mais carentes e de apoio à velhice que, independentemente da Previdência Social, contribuem para mitigar a pobreza e elevar o nível de consumo das massas, à margem da expansão que possa ocorrer via mecanismos de mercado. Os efeitos da Previdência são mais regressivos, bastando dizer que os 20% que recebem pensões maiores se apoderaram de cerca de 40% dos 217 bilhões de reais de dispêndio em 2008, sem levar em conta a Previdência dos servidores públicos. Há que considerar também outros mecanismos baseados em contribuições, como o Seguro-Desemprego, que se ampliou para atender a setores antes não abrangidos, como o dos empregados domésticos, a partir de 2001, e, mais recentemente, por causa da maior formalização das relações de trabalho (trabalhadores com carteira assinada), que ampliou o número das pessoas que fazem jus ao programa de amparo ao desempregado. O Governo Federal aumentou os gastos com este programa e com os abonos salariais e passou a atender, entre 1995 e 2005, de 4,7 milhões para 5,5 milhões de desempregados, e o número dos que recebem abono salarial subiu de 5,3 milhões para 8,4. O total do dispêndio foi de 20 bilhões de reais em 2008. Isto, sem considerar ainda os efeitos positivos da Lei de Participação nos Lucros, aprovada no governo do PSDB. (Gráfico 9)

Não por acaso, portanto, o dispêndio do Governo Federal nas áreas sociais sobe continuamente. Considerando apenas o gasto direto com os programas de bolsas, de apoio aos portadores de deficiência, de apoio aos idosos e de erradicação do trabalho infantil, eles passaram de 1,3 bilhões

Gráfico 8 Histórico de benefícios previdenciários rurais em manutenção

Quantidade de benefícios em manutenção por grupo de espécies

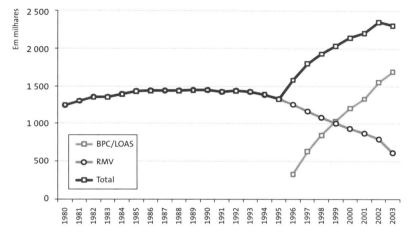

Fonte: Ministério da Previdência e Assistência Social / DATAPREV.

Notas: BPC/LOAS = Benefício de Prestação Continuada / Lei Orgânica da Assistência Social;
RMV = Renda mensal vitalícia.

Gráfico 9 Benefícios concedidos do seguro-desemprego

Em R$ milhões

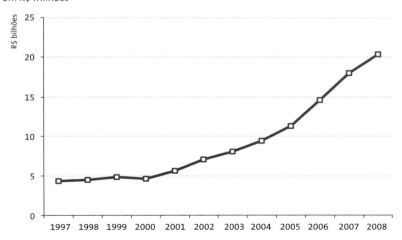

Fonte: Ministério do Trabalho e do Emprego / Sistema de Acompanhamento Estatístico-Gerencial do Seguro-Desemprego (SAEG.net).

de reais em 1995 (em valores constantes, deflacionados mês a mês pelo IPCA de dez/1995) para 7,5 bilhões em 2000, pulando para 12,1 bilhões em 2002, para atingir 18,8 bilhões em 2005. Ou seja, cresceram quase seis vezes entre 1995 e 2000, 50% entre esta data e 2002 (graças à aprovação pelo Congresso da Emenda Constitucional n° 31 criando o Fundo de Combate e Erradicação da Pobreza) e outros 50% entre 2002 e 2005.

Por todos estes motivos o gasto social geral no Brasil é grande e tem crescido continuamente. Esse pendor tem sido muito criticado pelos partidários de um enxugamento do Estado e de um papel maior da iniciativa privada para fazer frente às demandas sociais. Nem sempre o gasto social geral promove uma política coerente de bem-estar para as camadas que mais necessitam (os gastos da Previdência, por exemplo, que correspondem a quase 7% do PIB, são regressivos, como disse acima).[9] Especialmente no atual governo, há uma tendência favorável à expansão da burocracia e à concessão de vantagens pecuniárias a camadas que estão longe de ser as menos aquinhoadas no conjunto da população em detrimento de gastos produtivos em infraestrutura. Mas é inegável, apesar disso, que o dispêndio do Governo Federal em gastos sociais gerais cresce desde a estabilização obtida a partir de 1994 e tem tido efeito positivo sobre o bem-estar das camadas mais pobres. Hoje ele se aproxima do nível de dispêndio dos países da OCDE da década de 1980, cerca de 23% do PIB.[10] (Gráfico 10)

Há outra política, a de reforma agrária, cujas consequências para a melhoria do padrão de vida e para melhor distribuição de renda precisaria ser avaliada. Ela não tem sido objeto de análises adequadas, mesmo porque é difícil obter dados confiáveis a respeito. Na verdade esta política implica, além da distribuição de terras para assentamentos rurais, uma série de outras medidas, como o Programa Nacional de Fortalecimento da Agricultura Familiar (Pronaf) criado em 1995. Até então não havia forma de financiar adequadamente a pequena produção familiar. Já os assentamentos vêm de muito antes, mas sofreram grande impulso a partir do primeiro governo do PSDB e continuam a se expandir. É difícil analisar o dispêndio do Governo Federal em relação com o aumento da produção e mesmo com a elevação do padrão de vida da população rural. Apenas para sugerir os efeitos positivos que estes programas possam ter tido, mas sem poder avaliá-los corretamente, limito-me a resumir a evolução havida, nos gráficos 11 e 12 a seguir.

POLÍTICAS SOCIAIS NO BRASIL   211

Gráfico 10   Variação anual real do GSF (1995-2005)

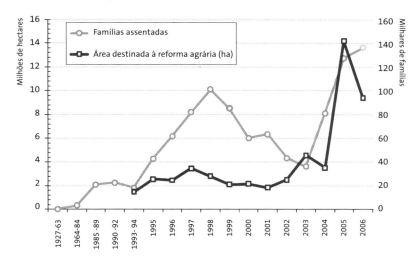

Fonte: Castro et al. (2008) com base em Disoc/IPEA e IBGE.

Gráfico 11   Evolução do nº de assentamentos rurais

Fonte: Ministério do Desenvolvimento Agrário / Balanço MDA 2003-2006 – Capítulo 7.
Nota: Antes de 1995, fonte: Guanziroli (1999) e "Famílias assentadas" = média anual no período.

Gráfico 12   Pronaf – contratos e valores investidos (Brasil)

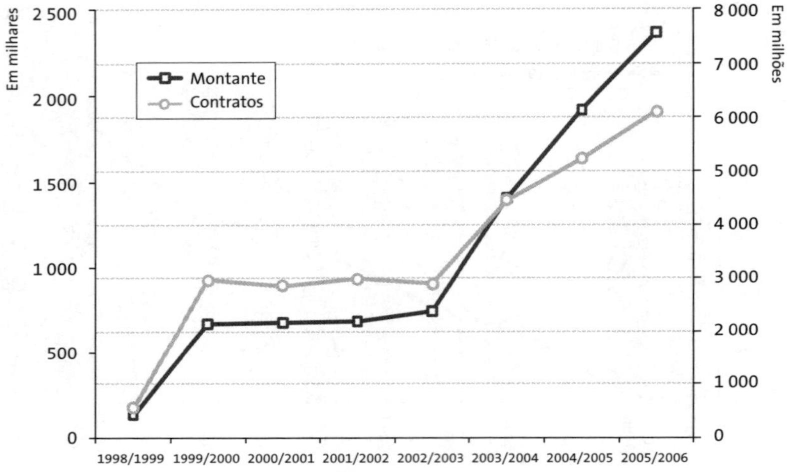

[Gráfico de linhas mostrando Montante e Contratos de 1998/1999 a 2005/2006. Eixo esquerdo "Em milhares" de 0 a 2.500; eixo direito "Em milhões" de 0 a 8.000.]

Fonte: Ministério do Desenvolvimento Agrário / Balanço MDA 2003-2006 – Capítulo 7.

Pelo exposto até agora, carece de fundamento a reiteração de que se é certo que o governo atual (Lula) tenha "olhado para o social", o anterior (FHC), por ter sido "neoliberal", não o fez. Como vimos acima, os gastos com a máquina pública para sustentar políticas sociais foram contínuos, tendo sido algumas vezes até maiores em termos reais no governo FHC. Ademais, foi neste governo que algumas dessas políticas, como os programas de transferência direta de renda, se iniciaram. Sem esquecer que nas áreas de educação e saúde muito do que se prescreveu na Constituição de 1988 só veio a ser efetivado nos governos de Itamar Franco e FHC e tiveram continuidade no governo Lula.

Este foi o caso do Sistema Único de Saúde (SUS), cujo ponto de partida foi a Lei Orgânica de Saúde, de 1990, com medidas aprovadas pelo Congresso que articularam os três níveis administrativos (municipal, estadual e federal) para enfrentar os problemas da saúde e autorizaram a transferência de recursos para que os hospitais privados se articulassem ao SUS. Em 1991, 1992, 1993 e 1996 foram definidas as normas básicas de saúde que compunham o Piso de Assistência Básica (PAB), transformado pela última norma em Piso de Atenção Básica (mudando a ênfase do assistencialismo para a de direito social) cuja efetivação só ganhou impulso com a aprovação da CPMF em 1994, que lhe deu sustentação financeira. Os avanços em alguns dos programas de saúde de maior alcance social foram notáveis, especialmente depois de 1997, quando a norma básica de 1996 começou a ser posta em prática. Poupo o leitor dos pormenores técnicos organizacionais que foram sendo definidos por estas normas.

Para exemplificar os êxitos obtidos cito apenas o Programa de Saúde da Família: em 1995, havia 724 equipes prestando tais serviços; em 2005 elas eram 26 mil, com mais de 200 mil agentes comunitários de saúde, cobrindo a imensa maioria dos municípios do país. Outro exemplo são as várias medidas de saúde pública e de mobilização social para reduzir a mortalidade infantil, cujos êxitos se comprovam pelo gráfico 13 a seguir. Deixo de lado os importantes programas em benefício da saúde das mulheres, de queda da mortalidade infantil, de redução do uso do tabaco, de oferta de medicamentos genéricos, da extensão da gratuidade nos medicamentos, de combate à Aids etc. Em suma, procurou-se, desde a década de 1990 até hoje, dar consequência à máxima constitucional que diz que a saúde deve ser gratuita, universalmente atendida (todos devem ter acesso a seus serviços), descentralizada administrativamente e deve incluir em sua prestação tanto o setor público quanto o privado.[11] (Gráfico 14)

Da mesma forma, no que diz respeito à educação houve um deslocamento do foco de interesse quase exclusivo do Ministério da Educação, que concentrava o grosso de suas energias na área do Ensino Superior, para enfrentar o grande problema nacional do analfabetismo e da generalização do acesso à educação fundamental. Paralelamente, revigorou-se o ensino técnico profissional e o país não se descuidou de reforçar o sistema científico-tecnológico de pesquisas. Exemplificarei a nova ênfase das políticas educacionais mostrando os resultados obtidos na luta contra o analfabetismo e na ampliação das matrículas no ensino fundamental. Deve-se assinalar que, do mesmo modo como ocorreu com as políticas de saúde e de reforma agrária (que exigiram modificações na Constituição e nas leis), no caso da educação foi essencial mudar

Gráfico 13 Mortalidade infantil

Por mil nascidos vivos

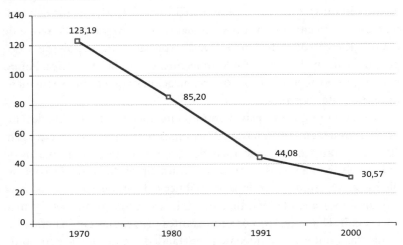

Fonte: Instituto de Pesquisa Econômica Aplicada (IPEA).

Gráfico 14 Cobertura dos programas de atenção básica à saúde

Programa Saúde da Família e Agentes Comunitários de Saúde

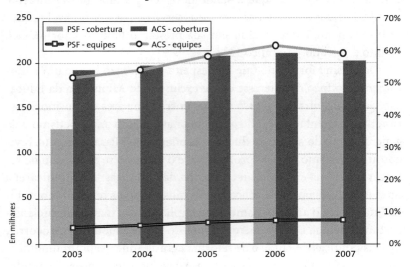

Fonte: Ministério da Saúde / Departamento de Atenção Básica.
Nota: PSF = Programa Saúde da Família e ACS = Agentes Comunitários de Saúde.

a destinação dos recursos orçamentários e canalizá-los para as zonas mais pobres do país e nelas para os setores mais carentes do ensino fundamental. Isso se obteve por intermédio de uma longa negociação no Congresso que aprovou em 1996 uma Emenda Constitucional criando um Fundo (Fundef) composto por 15% da receita dos estados e municípios, o qual seria redistribuído e destinado aos municípios em conformidade com o número de alunos matriculados no ensino fundamental, sendo garantido um gasto mínimo do equivalente, na época, a US$ 100 por ano por aluno. Como os municípios mais pobres não dispõem desses recursos e como a educação pública fundamental se concentra nos municípios, a União complementaria o montante necessário para preencher o ditame constitucional. O diploma legal contém também diretriz que determina a alocação de 60% das verbas no pagamento dos professores, de forma a melhorar-lhes os proventos, sabidamente baixos. Depois de longuíssimas discussões, pois houve resistência de governos estaduais (que perderiam verbas em benefício dos municípios), e houve também muita obstrução político-ideológica por parte da oposição chefiada pelo PT, o Congresso, finalmente, determinou, para abrandar os protestos dos opositores, que a nova legislação vigorasse não imediatamente, mas após janeiro de 1998. Os resultados positivos da nova legislação (bem como o que deverá ocorrer com a modificação recente, de 2006, aprovada no Congresso substituindo o Fundef pelo Fundeb, alcançando o ensino médio) são evidentes, como se pode ver pelos gráficos 15 e 16 a seguir.

As informações oferecidas anteriormente servem apenas para indicar alguns resultados das políticas sociais na direção da melhoria das condições de existência das camadas menos favorecidas. Não discuti, porque ultrapassam os objetivos deste capítulo, as questões relativas à qualidade dos serviços prestados nem as implicações das novas maneiras de conceber a relação entre governo e sociedade na etapa atual do que chamei, talvez abusivamente, de uso do patrimônio de políticas social-democráticas. Seria incorreto, entretanto, depois de haver mostrado avanços alcançados na área social, calar sobre sua insuficiência. A melhoria futura vai depender de maior entrelaçamento entre os formuladores de políticas públicas, seus executores e os beneficiários.

Gráfico 15   Frequência escolar

Pessoas de 7 a 14 anos

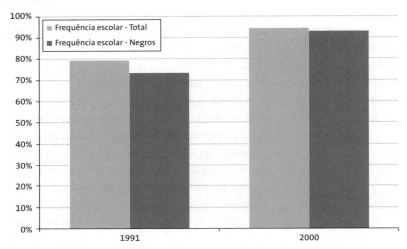

Fonte: Instituto de Pesquisa Econômica Aplicada (IPEA).

Gráfico 16   Analfabetismo no Brasil, de 1900 a 2000

População na faixa de 15 anos ou mais

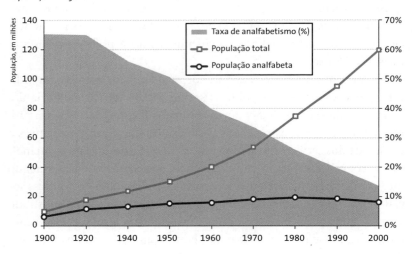

Fonte: Mapa do Analfabetismo no Brasil, MEC/INEP, 2003.

Na verdade, o xis da questão é a própria noção de beneficiário, como se não houvesse uma cidadania ativa. Cada vez mais, a modernidade da sociedade e da cultura exige uma atitude de empenho e de participação por parte de todos. Esta postura está implícita na noção de direitos sociais, em contraposição ao assistencialismo tradicional. Quase toda a engrenagem legal, que foi construída no Brasil depois da Constituição de 1988, supõe alguma forma de participação. Assim é que no SUS existe a previsão de se formarem conselhos compostos pelos usuários e pela sociedade para acompanhar a destinação e o uso dos recursos financeiros, humanos e institucionais e influir sobre eles. De modo similar, no sistema educacional também existem mecanismos de controle das decisões e de seus resultados pelas associações da sociedade civil, como as de pais e mães de alunos nos programas nutricionais. O grau de institucionalização deles é mais precário do que no sistema de saúde, mas, de qualquer forma, a intenção é a mesma: a de entrosar a sociedade com a administração.

O controle social difuso ou mesmo mais direto dos programas ganhou muita visibilidade nos chamados orçamentos participativos postos em prática em alguns municípios e já quase inexistentes. Não obstante, é forçoso reconhecer que esses mecanismos funcionam precariamente. Nas situações em que são ou foram mais efetivos, quase sempre houve o aparelhamento, quando os órgãos de participação popular acabam infiltrados e controlados por interesses partidários ou até mesmo por segmentos sociais com interesses escusos. Estamos longe, portanto, de uma sociedade capaz de decidir autonomamente ou mesmo de dispor de mecanismos de participação para contrabalançar e modificar decisões vindas de cima.

Tanto neste aspecto quanto no da descentralização administrativa e da autonomia local houve e há muitas tentativas. Com o nome antigo Projeto Alvorada, ou com algum outro, o Governo Federal tem estimulado a iniciativa local e, à imagem dos agentes comunitários de saúde, tenta criar "agentes de desenvolvimento" para ativar localmente as comunidades e para criar pontes entre os vários programas sociais, focalizados e universais. Neste sentido as sementes dos programas incentivados pelo Comunidade Solidária, criado por Ruth Cardoso, continuam frutificando. Assim como se tem ampliado a interconexão entre ações do setor privado com o setor público, bem como entre este e o chamado Terceiro Setor (as ONGs). Nota-se, porém, sob o atual governo, uma "oficialização" das ONGs por meio do controle de distribuição dos recursos públicos e com isso sua partidarização.

Visto de um ângulo mais geral, o choque entre políticas sociais de inspiração social-democrática e o clientelismo tradicional (ao qual se somam o corporativismo sindical e o burocratismo embebido na tradição patrimonialista) são obstáculos de peso para que as políticas públicas expressem um direito da cidadania. Direito cuja implementação deveria ser reivindicada, acompanhada em sua execução e modificada à medida que seu curso contrariasse, eventualmente, os interesses dos segmentos da população cobertos por ele. O mesmo se diga quanto ao outro aspecto que deveria caracterizar as políticas social-democráticas, o da descentralização administrativa e da interconexão entre os governos locais, estaduais e o federal, respeitadas as áreas de autonomia e de interesse de cada um. Este processo se iniciou ainda no governo Itamar Franco, mas por motivos semelhantes aos que dificultam a efetiva transformação de uma política assistencialista em uma política de reafirmação dos direitos de cidadania, no governo atual está em curso uma tendência centralizadora, com tudo o que ela acarreta em termos políticos e no jogo de interesses. Ainda assim, é indiscutível que a situação brasileira não responde mais às antigas concepções conservadoras de uma sociedade elitista que não deixava espaço aos menos favorecidos para reivindicações e para o atendimento de suas necessidades sociais básicas.

Em suma, embora a evolução da máquina administrativa, dos propósitos e dos mecanismos de efetivação das políticas públicas caminhe na direção de se constituir uma sociedade do bem-estar social, estamos longe de alcançar resultados, especialmente qualitativos, que permitam inscrever o regime sociopolítico na tradição social-democrática europeia. Nem seria propriamente o caso de se buscar tal resultado, dadas as diferenças de tempo, agentes históricos, necessidades a serem preenchidas e de discurso político cabível. Na situação brasileira a interlocução do Estado se faz mais com "os pobres" do que com "os trabalhadores" e ela se dá mais entre o Estado e as massas do que entre os partidos e as classes. Entretanto o estilo político predominante não corresponde ao dos regimes fundacionais a que me referi em outros capítulos. Nestes, o respeito às regras constitucionais é menor e o caráter da relação direta entre o líder e as massas, maior. Nas situações conservadoras tradicionais, às vezes ditas oligárquicas, o ativismo estatal na área social tende a ser pequeno. Já nos regimes que absorvem pelo menos parte do patrimônio de políticas social-democráticas existe um equilíbrio, mesmo que instável, entre respeito às regras da democracia representativa, forte ação social e participação do Estado – não propriamente do governo – na regulamentação de áreas econômicas consideradas estratégicas, quando não no controle direto de certas atividades produtivas.

A partir da Constituição de 1988 o regime político brasileiro passou a viger nos moldes da democracia representativa. Manteve, contudo, a ambição de ampliar a participação cidadã e de produzir políticas públicas com forte preocupação social. Se é difícil caracterizá-lo nos moldes da tradição social-democrática, *stricto sensu*, tampouco seria justo deixar de dizer que o país caminha para consolidar formas de democracia substantiva. Nestas o conteúdo social das políticas públicas, respeitadas as regras da democracia representativo-constitucional, ultrapassa o que se chamava de democracia formal, ou de democracia restrita, que seria o apanágio das democracias ditas burguesas. Nas sociedades de massas, sobretudo quando se trata de massas pobres, o Estado, para manter legitimidade, deixa de ser apenas a arena onde os partidos se digladiam imbricados nas burocracias e passa a atuar no campo social e no campo econômico. O grau dessa atuação e a forma que ela toma é que caracterizam o regime. Por isso acentuei o caráter representativo-constitucional da vida política brasileira, que não contradiz uma ação social mais efetiva.

Os limites entre estas diferentes situações podem ser tênues, dada a tradição, que ressaltamos, do corporativismo e do patrimonialismo. Entretanto, com o tempo, mantidas as regras do jogo, haverá uma distinção cada vez maior entre as democracias capazes de oferecer resultados concretos à população (*a democracy that delivers*), as democracias formais tradicionais e os regimes baseados na discricionariedade dos Chefes de Estado ou do partido dominante, tenham eles ou não preocupações sociais mais fortes.

Notas

1 Existem vários trabalhos que analisam a natureza e os efeitos sociais dos programas de transferência de renda condicionada. Entre os melhores, e com referências minuciosas aos trabalhos de outros especialistas, estão os de Sonia Draibe.

Dentre eles:
a) "Programas de Transferências Condicionadas de Renda". In: Cardoso, F. H.; Foxley, Alejandro. *América Latina, desafios da democracia e do desenvolvimento (políticas sociais para além da crise)*, v. 2. São Paulo: Elsevier, 2009, p. 103-143.

b) *El Estado de bienestar social en América Latina, una nueva estrategia de desarrollo* (em colaboração com Manuel Riesco), Madrid Fundación Carolina, 2009, Documento de trabalho n. 31.

Neste capítulo usarei apenas o primeiro trabalho citado. Dele retirei as informações que incorporei ao texto do capítulo.

2 Barros, Ricardo Paes de. "A efetividade do salário mínimo em comparação à do Programa Bolsa Família como instrumento de redução da pobreza e da desigualdade". In: Barros, Ricardo Paes de; Foguel, Miguel Nathan; Ulyssea, Gabriel (orgs.). *Desigualdade de renda no Brasil: uma análise da queda recente*, v. 2. Brasília: IPEA, 2007. cap. 34, p. 544.

3 Ver Barros, op. cit.

4 Idem, ibidem, p. 38.

5 Idem, ibidem, p. 40.

6 Idem, ibidem, p. 117-8.

7 Idem, ibidem, p. 138-9.

8 Ver Castro, J. A.; Ribeiro, J. A.; Valente Chaves, J.; Carvalho Duarte, B.; Barbosa Simões. "Gasto social e política macroeconômica: trajetória e tensões no período 1995-2005". Brasília, *Texto para Discussão n. 1324*. IPEA, 2008, p. 16.

9 Esta afirmação, como ponderei antes, deve ser vista com cautela, pois, embora verdadeira quando se considera a proporção dos gastos previdenciários apropriados pelos que estão em melhor condição de renda, não deve obscurecer que a massa de beneficiários passou de 14,5 milhões de pessoas para 21,2 entre 1995 e 2005 e o piso do benefício teve, no mesmo período, um aumento real próximo a 60%. Ver Castro e outros, op. cit., p. 12.

10 Ver Meller, Patrício; Lara, Bernardo. "Gasto social na América Latina: nível, progressividade e componentes". In: Cardoso, F. H. e Foxley, A. op. cit., p. 37 e 45. No caso do Brasil a regressividade desse gasto se deve a que os beneficiários se concentram entre os de renda mais alta da população, ver p. 39. Em parte porque, segundo os autores citados, entre 2004-2005, os gastos com a Previdência Social abrangem mais de 12% do PIB, do total de 23% do PIB que o governo gasta no total.

11 Reporto-me outra vez ao já citado trabalho do IPEA, coordenado por Jorge Abraão de Castro, que nas páginas 15 e 16 resume vários resultados de melhoria na área de saúde pública e mostra a expansão e abrangência do SUS.

Bibliografia

Abdelal, Rawi; Segal, Adam. "Has Globalization Passed its Peak?" *Foreign Affairs*, jan./fev. 2007.

Abranches, Sérgio. "Presidencialismo de coalizão: O dilema institucional brasileiro". *Dados*, v. 31, n. 1, 1988.

Amaral, Sergio. "Internacionalização das empresas brasileiras". *Política Externa*, v. 16, n. 4, mar./maio 2008.

Aron, Raymond. *Une Histoire du XXème siècle*. Paris: Plon, 1996.

Arrighi, Giovanni. *O Longo século XX*. São Paulo: Unesp, 1996.

Barros, Luiz Carlos Mendonça de; Pereira Miguel, Paulo. "É preciso construir o amanhã agora." *Valor*, 15/6/2007.

Barros, Octavio de; Giambiagi, Fabio (orgs.). *Brasil globalizado: o Brasil em um mundo surpreendente*. Prefácio de Henrique de Campos Meirelles. Rio de Janeiro: Elsevier/Campus, 2008.

Barros, Ricardo Paes de. "A efetividade do salário mínimo em comparação à do Programa Bolsa Família como instrumento de redução da pobreza e da desigualdade". In: Barros, Ricardo Paes de; Foguel, Miguel Nathan; Ulyssea, Gabriel (orgs.). *Desigualdade de renda no Brasil: uma análise da queda recente*. v. 2. Brasília: IPEA, 2007. cap. 34.

Cardoso, Fernando Henrique. "A Collaborative Contract: Forget Aid and Trade: What Latin America Most Wants is Washington to Remember its Core Values". *Newsweek*, 2008.

Cardoso, Fernando Henrique. "Caminhos novos? Reflexões sobre alguns desafios da globalização". *Política Externa*. São Paulo: Paz e Terra, v. 16, n. 2, p. 9-24, set./nov. 2007.

Cardoso, Fernando Henrique; Faletto, Enzo. *Dependencia y desarollo en América Latina. Ensaio de interpretación sociologica*. México: Siglo XXI, 1969.

Castells, Manuel. *Desarrollo y democracia en Chile en el contexto mundial*. Santiago: Fondo de Cultura Económica, 2005.

Castells, Manuel. *Globalización, Desarrollo y Democracia: Chile en el Contexto Mundial*. Santiago: Fondo de Cultura Económica, 2008.

Castells, Manuel. *The Rise of Network Society*. Oxford: Blackwell, 1996 [ed. bras. *A sociedade em rede*. São Paulo: Paz e Terra, 2009].

Castells, Manuel; Kiselyova, Emma. *The Collapse of Soviet Communism*. Los Angeles: Figueroa Press, 2003.

Castro, Antonio Barros de. "From Semi-Stagnation to Growth in a Sino-Centric Market". *Revista de Economia Política*, jan./mar. 2008.

Castro, J.A.; Ribeiro, J.A.; Valente Chaves, J.; Carvalho Duarte, B.; Barbosa Simões. "Gasto social e política macroeconômica: trajetória e tensões no período 1995-2005". Brasília, *Texto para Discussão n. 1324*. IPEA, 2008.

Dollar, David. "Asian Century or Multipolar Century", trabalho apresentado na Global Development Network Annual Conference, Beijing, janeiro, 2007.

Draibe, Sonia. *El Estado de bienestar social en América Latina, una nueva estrategia de desarrollo* (em colaboração com Manuel Riesco). Madrid: Fundación Carolina, 2009, Documento de trabalho n. 31.

Draibe, Sonia. "Programas de Transferências Condicionadas de Renda". In: Cardoso, F. H.; Foxley, Alejandro. *América Latina, desafios da democracia e do desenvolvimento (políticas sociais para além da crise)*, v. 2. São Paulo: Elsevier, 2009.

Esping-Andersen, G.; Myles, J.. *The Welfare State and Redistribution*, no prelo.

Font, Maurício. *Transforming Brazil. A Reform Era in Perspective*. Rowman & Littlefield, 2003.

French-Davies, Ricardo. *Reforming Latin America's Economies After Market Fundamentalism*. Nova York: Palgrave Macmillan, 2005.

Giambiagi, Fabio; Reis, José Guilherme; Urani, André (orgs.). *Reformas no Brasil: balanço e agenda*. Rio de Janeiro: Nova Fronteira, 2004.

Gonzalez, Felipe. *Retos ante la crisis*. Madrid: Fundación Carolina, 2009.

Graeff, Eduardo. "Nossa América e a deles", manuscrito, 2006.

Graeff, Eduardo. "The Flight of the Beetle; Party Politics and Decision Making Process in the Cardoso Government". *Paper* elaborado para o V Congress of the Brazilian Studies Association, Recife, Brasil, junho de 2000. Traduzido por Ted Goertzel.

Halliday, Fred. "2006: Los Limites del Poder". *Anuario Internacional CIDOB. Claves para Interpretar la Política Exterior Española y sus Relaciones Internacionales*. Barcelona: Fundación CIDOB, 2007.

Hobsbawm, Eric. *Globalização, democracia e terrorismo*. São Paulo: Companhia das Letras, 2007.
Judt, Tony. "What is Living, What is Dead in Social Democracy". *New York Review of Books*, v. 56, n. 30, 17/12/2009.
Kagan, Robert. *On Paradise and Power*. Nova York: Alfred A. Knopf, 2003.
Kennedy, Paul. *Preparando para o século XXI*. Rio de Janeiro: Campus, 1993.
Kissinger, Henry. *Diplomacia*. Rio de Janeiro: Francisco Alves, 2001.
Lafer, Celso. *A identidade internacional do Brasil e a política externa brasileira*. São Paulo: Perspectiva, 2004.
Llana, Carlos Pérez. "Modelos políticos internos y alianzas externas", manuscrito, 2007.
Mainwaring, Scott P. *Rethinking Party Systems in the Third Wave of Democratization; The Case of Brazil*. Stanford University Press, 1999.
Manjoo, Farhad. *True Enough; Learning to Live in a Post-Fact Society*. New Jersey: John Wiley & Sons, 2008.
Marks, Siegfried (ed.). *Political Constraints on Brazil's Economic Development; Rio de Janeiro Conference edited proceedings and papers*. North-South Center Press, 1993.
Meller, Patrício; Lara, Bernardo. "Gasto social na América Latina: nível, progressividade e componentes". In: Cardoso, F. H.; Foxley, Alejandro. *América Latina, desafios da democracia e do desenvolvimento (políticas sociais para além da crise)*, v. 2. São Paulo: Elsevier, 2009.
Moïsi, Dominique, "The Clash of Emotions". *Foreign Affairs*, fev. 2007.
Morin, Edgar; Deberne, Luc. "Il faut toujours s'attendre à l'imprévu". *Les Temps*, Genebra, 30/12/2008.
Nye, Joseph. *Soft Power, the Means to Success in World Politics*. Nova York: Public Affairs, 2004.
Nye, Joseph. *The Paradox of American Power*. Nova York: Oxford University Press, 2002.
OECD. *Latin American Economic Outlook 2008*. Paris: OECD, 2007.
Parag Khanna. "Waving Goodbye to Hegemony". *The New York Times Magazine*, 27/01/2008 [baseado em Parag Khanna. *The Second World: Empires and Influence in the New Global Order*. Nova York: Random House, 2008.]
Pastore, José. "Industrial Relocation and Labour Relations: The Case of Central and Eastern Europa". *International* Journal of Comparative Labour Law and Industrial Relations. v. 23, n. 1, 2007a.
Pastore, José. "Qualificação e remuneração". *O Estado de S. Paulo*, 10 de julho, 2007b.
Pébereau, Michel. *A evolução do sistema financeiro global e seus desafios*. São Paulo: Instituto Fernando Henrique Cardoso; BNP Paribas, 2007.

Ricupero, Rubens. "Como entender nossos rotos heróis". *O Estado de S. Paulo*, caderno *Aliás*, 2/08/2009.

Sanbrook, Richard; Edelman, Marc; Heller, Patrick; Teichman, Judith. *Social Democracy in the Global Periphery: Origins, Challenges, Prospects*. Cambridge: Cambrige University Press, 2007.

Santiso, Javier. "Latin America's Political Economy of the Possible: Beyond good revolutionaries and free-marketeers". MIT Press Books. The MIT Press, edition 1, v. 1, number 0262693593, March, 2007.

Schorske, Carl. *Fin de Siècle Vienna*. Nova York: Vintage Books, 1981.

Sen, Amartya, "Imperial Illusions". *The New Republic*, 31/12/2007.

Solana, Javier. "La seguridad global en un entorno político cambiante: La perspectiva europea". In Castells, Manuel; Serra, Narcis. *Guerra y Paz en el Siglo XXI*. Barcelona: Kriterios editores, 2003.

Valenzuela, Arturo. "Latin America's Interrupted Presidencies: Alternatives?" In: Stepan, Alfred C. (org.). *Democracies in Danger*. Baltimore, Maryland: Johns Hopkins University Press, 2009.

Watson Institute. "New Paths: Globalization in Historical Perspective". *Studies in Comparative International Development*, v. 44, n. 4, winter, 2009. [Versão preliminar em português: "Caminhos novos? Reflexões sobre alguns desafios da globalização". *Política Externa*. São Paulo: Paz e Terra, v. 16, n. 2, set./nov. 2007, p. 9-24.]

Weber, Max. *Economia y Sociedad*, v. 4. "Los tipos de dominación". México: Fondo de Cultura Económica, 1944.

Impressão e Acabamento